湛庐文化 Cheers Publishing
a mindstyle business
与 思 想 有 关

THE
DIFFERENTIATED
WORKFORCE

Transforming Talent into Strategic Impact

重新定义人才

[美] 布莱恩·贝克尔（Brian E. Becker） 马克·休斯里德（Mark A. Huselid） 理查德·贝蒂（Richard W. Beatty）◎著

曾佳 康至军◎译

浙江人民出版社
ZHEJIANG PEOPLE'S PUBLISHING HOUSE

THE DIFFERENTIATED WORKFORCE

推荐序

TRANSFORMING TALENT INTO STRATEGIC IMPACT

好的人才策略到底是什么

史蒂夫·科尔（Steve Kerr）

高盛集团高级顾问

现金是重要的资产。即使处于困境，除非万不得已，组织也不会轻易动用它。

人也是重要的资产。你一定经常听到身居高位的领导者宣称“员工是最重要的资产”。然而当困难来临时，组织的第一反应往往是打员工的主意。杰克·韦尔奇曾说过：“艰难的时候，更要加大培训投入，而不是相反。”尽管他的话很有道理，但当企业遇到不景气时，首先遭到削减的通常就是培训预算。

困难时期，薪酬政策也会受到牵连。大多数组织都实行绩效工资制，他们投入大量的时间和金钱，来甄别和吸引最优秀的人才，评估业绩并提供反馈，并且为那些拥有最佳业绩的员工提供丰厚的报酬。然而，时局艰难之际，组织往往会放弃依绩效付薪的机制，代之以全面削减预算、冻结招募计划等手段，薪酬调整也不再基于绩效。

与之相反的情形同样存在。也有一些组织信奉“以人为本”，甚至到了即使企业垮掉也在所不惜的地步。尽管初衷很高尚，这些组织却丧失了快速调整战略以适应变化的能力，最终使组织和员工都受到伤害。

这两种做法显然都不可取。如何更好地管理员工呢？本书提供了有效的方法。企业可以基于战略能力制定更加灵活的人才管理策略，以真正助力战略的执行。这种人才管理策略对环境变化的反应更敏捷，所以更能够使资源向优秀人才、关键职位和商业机会倾斜，从而为组织及其员工创造更大的价值。

新的人才管理策略以对员工的差异化管理为特征。虽然书中有很多实用的 HR 实务方法，但是请注意，作者强调：差异化管理并不是新瓶装旧酒，它不是以新潮的方式做传统的人力资源工作。实际上，本书的重要贡献之一就在于其提供了一个 4 阶段模型，并佐以大量实例，阐述了如何设计出一套与组织战略相匹配的人才策略。

本书的另一贡献在于，它简要清晰地阐释了战略的核心要素，以及战略在指引组织实践时所扮演的角色。这让我回想起当年在通用电气的克劳顿管理学院（Crotonville）时，我们所努力寻求的成果。当时，我们经常收到前来参观学习的请求，平均每天有 4 个之多。在欢迎来访的管理者（包括一些大企业的 CEO 和高管团队）时，我的开场是这样的：

> 今天，我的任务并不是让大家印象深刻，尽管我非常自信可以做到。诸位今天不会发现有“神秘的学院”，也不会听到闻所未闻的管理理论。在通用电气，我们所做的都是一些基础工作，只不过我们力求尽善尽美。最重要的是，我们确保所有的实践都能有机地联系在一起，并且与战略相结合。

通用电气的目标不是把事情复杂化，而是杰克·韦尔奇所津津乐道的“勇于简单化”。本书的三位作者所做的也是如此，他们所选择的是一个艰深的主题，但他们成功地将其变得清晰易懂。比如，“企业需要摒弃传统的评估职位价值的方法，而要基于执行战略所需的战略能力来决定职位价值。然后，企业需要对战略性的关键职位进行重点投资，目的是确保把A级人才配置在A类职位上、为A类客户创造价值”。接下来，他们以平实易懂的语言阐述了如何做到这一点。

众所周知，把复杂的事情简单化需要的不仅仅是勇气，所以请允许我再多说几句。本书最吸引人之处，是将学术的严谨性和建议的实用性进行了恰到好处的融合。三位作者均拥有成功的职业生涯，他们在顶级期刊发表研究成果，撰写了对管理实践影响深远的著作，并且为世界级企业提供咨询服务。

本书得益于他们丰富的经历，也充分体现了洞察力和经验的结合。

THE DIFFERENTIATED WORKFORCE

目录

TRANSFORMING TALENT INTO STRATEGIC IMPACT

前言

不是人才争夺战，而是人才经营战

在组织战略的执行过程中，人才管理策略扮演着重要角色。但以我们的经验来看，很多企业没有真正意义上的人才管理策略。他们有关于人才发展的方案，也有诸如“员工是最重要的资产”这样宽泛的表述，还可能会实施一些投资于员工的项目。然而，在这些实践中缺失了被我们称为“人才管理差异化”（workforce differentiation）的内容，而恰恰这一点可以使人才策略对战略执行产生显著影响。坦率地说，传统人才管理实践的关键缺陷在于，它们都是从人入手，而不是从战略入手。

本书把战略放在第一位。人才策略是用来驱动战略执行的。以战略为先，意味着承认不同职位对战略执行的贡献差别很大，相应地，员工也必须实行差异化的管理。**“差异化”是成功的人才管理策略的特征之一，而且是最重要**

的特征。它要求你必须清楚：资源将投向何处、哪些职位是重点、谁将对人才管理的成功负责、如何评估人才策略的成效。这意味着制定和执行人才管理策略，既是人力资源决策，同时也是一个经营决策。因此，本书内容对HR和直线经理同等重要。

本书提供了设计人才管理差异化策略的方法，它建立在坚实的研究基础上，切实可行，而且有效。作为学者，我们长期关注HR职能、人才管理问题与企业绩效的关系，我们的研究成果发表在顶级学术期刊上，并且持续位居管理学领域被引用次数最多的文章之列。同时，在管理咨询和经理人教学实践中，我们也对书中的观点进行了验证和改进。简而言之，本书提供的方法，已经经过充分的检验。

二十多年来，我们一直在努力改变人们对HR职能和人才管理的看法。我们坚信，HR职能和人才管理实践能够为组织发展做出更大的贡献。HR职能不应该仅仅是成本中心，也不应该仅仅是一些专业技术的堆砌。

当我们提到“HR转型”时，我们所指的绝不仅仅是HR职能要扮演一种新角色，而是要以更宽广的视角来看待人力资源管理。HR部门在处理事务性工作、维护企业政策、管理员工关系等传统角色方面将继续发挥作用，项目管理技能也要继续发扬光大。然而，我们坚持认为，HR转型只意味着一件事情：HR与直线经理要全力协作，共同制定和执行人才策略，以促进组织战略的实施。衡量人力资源管理成功与否的最重要指标，就是人才策略是否成功推动了战略的执行。

很多专家将“战略、人力资源、人才”等词语“集合”在一起，似乎这样就能让传统的人力资源实践具有了战略的光泽。这让我们不禁想起“炼金术”。我们提供的方法与此有着本质差异。我们要求你重新思考 HR 职能与人才在你的组织中的价值定位。因此，这种思维方式的转变不应只限于HR,也应该包括直线经理。人才策略要成功，就必须让 HR 和直线经理一起参与并共同担责。

我们有关差异化的人才管理的观点打破了传统观念。**人才是企业竞争优势的来源，与其说人才很重要，不如说企业管理人才的能力更重要**。这不是一场“人才争夺战”，而是一场“人才经营战”。要想赢得竞争优势、取得战略成功，你就要为客户提供一些与众不同的东西。无论差异化战略的基础是什么，它必定需要对应的差异化的人才管理策略来匹配。

我们一直致力于研究“为了建立竞争优势，企业应如何管理其 HR 职能及其人才”这一主题，本书是我们撰写的关于此主题的第三本书，延续了前两本书的主题。第一本书是《HR 计分卡》(*The HR Scorecard*)，其中我们建立了关于 HR 职能战略贡献的研究基础：首先，我们证实了 HR 职能与人才对企业业绩的贡献绝不仅仅来自对费用的控制，而是能对其产生相当积极的影响；然后，基于罗伯特·卡普兰（Robert Kaplan）和大卫·诺顿（David

Norton）的平衡计分卡[1]框架，我们设计了一种方法实现对这种影响的管理和评估。第二本书是《员工计分卡》（*The Workforce Scorecard*），我们把研究的范围从 HR 扩展到直线经理，强调直线经理和 HR 对于成功的员工管理（更进一步说，也就是成功的战略执行）所承担的共同责任。它虽然是第一本书中“计分卡”概念的延伸，但我们重点提出了“人才管理差异化”、“A 类职位”与“A 级员工”这些概念。

本书的重点则在于更清晰地阐述如何制定并实施有效的人才管理策略，以驱动组织战略的执行，并充分体现人才管理的战略贡献。本书还提供了针对人才管理策略有效性的评估机制，这是人才管理策略成功执行的最后一步。近年来，关于如何从财务角度评估 HR 职能和人才的贡献这一方面受到过度重视，而人才管理策略本身是否有效却被大大忽略了。对人才管理工作的效能进行评估，不能忽略对人才管理策略的质量评估。

一张图打通战略和人才的“关节”
扫码关注“庐客汇”，回复“重新定义人才”，
驱动战略执行的人才管理策略，纯干货抢先看！

① 罗伯特·卡普兰和大卫·诺顿的重磅著作《平衡计分卡战略实践》中文简体字版已由湛庐文化策划，中国人民大学出版社出版。——编者注

THE DIFFERENTIATED WORKFORCE

TRANSFORMING TALENT INTO STRATEGIC IMPACT

01

以战略为先，而非人才

差异化人才管理的 4 个阶段

THE DIFFERENTIATED WORKFORCE

人才管理自测

如何判断企业内人才管理差异化程度是否不足?

缺乏正确战略人才观的表现	是	否
没有清晰的人才策略。	□	□
没有人能够说清楚人才策略对战略目标达成的贡献。	□	□
人才管理实践与经营战略之间缺乏直接的联系。	□	□
与 HR 部门的财务对话主要集中在控制总体预算上。	□	□
HR 不清楚如何成为战略性的业务伙伴。	□	□
谈论 HR 转型，却从来没有真正投入时间来行动。	□	□
人才管理工作的价值是通过与外部最佳实践的比较来评估的。	□	□
对某些员工会感到“受冷落”心存顾虑，难以对关键人才进行重点投资。	□	□

在日常人才管理实践中缺乏正确方法的表现	是	否
容忍绩效欠佳的行为，有时甚至是在关键职位上。	□	□
员工的绩效目标和企业战略之间没有明显的关系。	□	□
薪酬调整时，高绩效员工和低绩效员工之间差别不大。	□	□
高级管理者对关键人才的管理不承担责任。	□	□
很少采用发展导向的职位轮换，或者职位轮换并没有向关键人才倾斜。	□	□
HR 和直线经理的对话主要围绕员工关系、成本和预算、人员配置等。	□	□
从财务角度评估人才管理方案时，重点主要放在成本上。	□	□

管理者对这个口号一定不会陌生：“人”是取得竞争优势的新源泉。很多人甚至能在极短的时间内，就让你信服打赢“人才争夺战”的重要性。然而，虽然人们大谈特谈人才的战略价值，但对于如何通过有效的人才管理来取得成功，大部分企业仍然无计可施。

为了在人才争夺战中不落下风，企业往往不吝啬对员工的投入。对于很多企业而言，所谓战略性的人才管理，往往意味着两件事情：推出新的领导力发展项目，努力成为最佳雇主。这些企业强调员工的价值，它们也对员工进行细分管理。比如在领导力项目中，管理者这一传统意义上更为重要的群体会得到优先发展的机会。在通常情况下，这两类人力资源活动也能够为企业带来一定的回报。

然而，以上常见做法的宽泛性和通用性，恰恰使人才策略的价值大打折扣。以“人”为本，虽然让管理者开始重视员工的价值，但却未能让他们改变对人才策略重要性的认识。新的领导力发展计划、对“如何吸引优秀人才”的重视、注重人力资源实践的投资回报等，都是有价值的，或许还能改善运营绩效，但它们未必对战略执行真正有帮助。这些做法与经营战略之间往往没有直接的关系。需要强调的是，取得竞争优势需要正确的人才策略，但这并不意味着简单地强调“以人为本”。正确的逻辑应该是：**以战略为本，将人才作为战略执行的驱动力**。

将战略放在首位，意味着本书的内容对高层领导者同样重要。实际上，本书旨在化解高层领导者面临的严峻挑战。说得具体点，就是他们如何才能更好地让战略得以执行。对大多数组织来说，**人才管理是战略执行的关键成功因素**。就人才策略而言，需要**由直线经理设定战略执行的具体目标，由 HR 来提供解决方案**。因此，直线经理和 HR 都需要以全新的视角来审视人才管理策略。

基于近 20 年的学术研究，以及数以百计的咨询和高管培训项目经历，我们发现，在绝大多数组织中，都缺乏一种真正意义上的“战略性”的人才策略。本书提供了基本理念和可操作的指引，可以帮助各类组织制定人才管理策略。我们通篇都在强调，**以战略为先，而非人才**[①]。这对高层领导者和 HR 都有指导作用，并且能够产生以下价值：

- 改善战略执行的效果，提高达成战略目标的可能性。
- 高层领导能够像关注财务一样，关注战略性人才。
- 直线经理和 HR 能够识别何为战略性的人才投资，不再赶“最佳实践”的时髦。
- 对员工的投资能够聚焦到创造高收益的杠杆点。
- 直线经理和 HR 不再空喊“人是最重要的资产”这样的口号，而代之以实施切实可行的“战略性人力资本规划”[②]。
- HR 部门会更加清楚，自己是在处理事务性工作，还是发挥战略性作用；同时，公司管理层对于 HR 部门工作的战略性、事务性的区别也能形成共识。

---

① 出于业务发展的需要，一些从事人力资源咨询的机构打出“People before strategy”之类的口号。作者是对这一理念的直接反击。——译者注

② 在第 4 章中对此会有详细阐述。——译者注

- HR 职能对组织绩效的贡献将变得更加清晰，而且可以度量。
- 人才管理工作本身对组织绩效的贡献也同样变得清晰和可以度量。

差异化人才策略：一次根本性的变革

我们坚信，制订和执行人才管理策略的方法需要一次根本性的变革。我们将新的更有效的方法称为“差异化的人才管理策略”。好的策略，意味着做出正确的决策，并进行正确的投资。人才管理策略同样如此。它并不是简单地加大对员工的投资，更重要的是**选对特定职位，并对这些职位上的员工进行重点投入**——这些职位和员工对战略目标的达成尤其重要。

没有企业还愿意沿用 20 世纪 50 年代的战略，但很多企业似乎还不能跳出 20 世纪 50 年代的员工管理思维。世易时移，但在制定人才管理策略时，却极少有企业能够像制定经营战略一样，遵循严格的标准和规则。在过去的 50 多年里，人才策略对企业的潜在价值不断增加，但可惜的是这种潜能没有得到有效的利用，甚至没有人意识到这一点。

与其他战略性决策一样，在人才管理方面你也必须做出选择。**人才管理策略的最重要特征就是“差异化”**。差异化的策略要求你回答以下问题：资源将投向何处、哪些职位是关键的、谁对员工的成功负责、如何评估人才管理工作的成果。

差异化的人才策略对经营战略非常重要，因为战略的目的是创造竞争优势：**以创新的方式为顾客创造价值**。持续的竞争优势是获取高于平均水平的增长率和利润率的基础。如果竞争对手能够轻易模仿竞争优势，高于平均水平的收益将会迅速下降。因此，**差异化的人才管理策略不仅能够助力战略的执行，而且不易被竞争对手模仿**。事实上，当人才管理差异化策略得到充分执行时，它必定与企业个性化的战略有机结合，竞争对手的简单模仿难以产生价值。

详见下文“来自《点球成金》的启示”。

人才管理差异化，意味着组织要采取与众不同的方法来设计和管理人才策略，这种独特性的方法是价值创造的关键所在。这种全新的方法意味着什么呢？全新并不意味着换一种花样来开展传统的人力资源实践，如薪酬激励计划、人才发展计划等。这些实践算不上人才策略，而是说它们必须由差异化的人才策略来统领。

差异化的成功与否，将决定你能否真正地将人才策略与经营战略相联系并且相匹配。人才的差异化可能存在于不同组织之间、同一组织的不同部门之间，甚至同一部门的不同员工之间。最有效的人才策略意味着彻底的差异化。如何决定差异化水平，将是本书讨论的重点之一。

THE DIFFERENTIATED WORKFORCE 人才管理洞察

来自《点球成金》的启示

美国职业棒球大联盟提供了一个有趣的例子，可以帮助我们理解“人才争夺战”和“人才管理战”的区别。从迈克尔·刘易斯（Michael Lewis）的畅销书《点球成金》（*Moneyball*）中我们可以看到，大联盟球队都在玩着同一个“游戏”。在这个游戏中，球员被视为商品，对每个球队的价值都是相同的。各个球队哄抬球员价格，最终更富有的球队赢得游戏——获得更多的人才。但奥克兰运动家队并没有加入人才争夺战，而是制定了差异化的人才策略。

奥克兰运动家队为取得比赛胜利制定了一种完全不同的战略。在这一战略体系中，一些在其他俱乐部不被重视的球员发挥了独特的作用。对于大多数组织而言，若想提高战略收益，应该强调投资回报率（ROI）

公式的分子（每个位置的独特价值），而不是分母（该位置的市场价格）。也就是说，要以同样的人才投资来实现最大的组织绩效。因此，奥克兰运动家队转换了竞争策略，以期用较少的球员投资来保持较强的竞争力。①

其实大部分的组织所面临的局面都比奥克兰运动家队要好，因为奥克兰运动家队有一大弱点，它的战略是相对透明的，很容易被模仿。事实上很多球队也是这样干的。相比之下，企业从人才差异化策略中所能获得的竞争优势则更长久：首先，它不容易被模仿，因为它并非源于外部的“最佳实践”，而是来源于企业的竞争战略，因此具有与竞争战略相似的独特性。其次，除非竞争对手也有一套类似的战略体系，否则单纯模仿人才策略没有任何价值。

因此，差异化是唯一的“最佳实践”，它是人才策略的基础。即使其他组织了解到差异化策略的成效——通常这是标杆学习的关注点——也没有太大的价值。

什么是差异化人才策略？

有效的经营战略会使你的企业独具特色，赢得客户的青睐，并让你的竞争对手无法轻易模仿。为了让企业在外部看上去与众不同，需要在内部实行与众不同的管理策略。**内部的差异化，主要体现在如何执行战略。**哈佛大学的战略管理大师迈克尔·波特就高度重视这一点，他强调，战略的本质，就是创造出一系列“独一无二”的活动，以此来满足客户价值主张。这一系列“独一无二”的活动构成了企业的战略执行体系。对很多企业来说，人才管理策略是该体系的核心。

① 这是一个非常经典的案例，但由于棒球运动不为我们所熟知，因此理解起来有些困难。感兴趣的朋友可以观看电影《点球成金》或购买原著 *Money Ball* 进一步阅读。——译者注

成功地执行战略需要一系列独特的业务流程和活动。问题在于，当涉及人才策略时，大多数公司开始强调“最佳实践”和“顺应潮流”。尽管在人才策略中采取差异化方法更符合商业逻辑,但管理者往往会采用行业“最佳做法”。IT 行业有句名言，没有人会因为购买了 IBM 的产品而被解雇。上述管理者的行为可谓是这句经典格言的现代翻版。著名的管理顾问埃里克·博纳博（Eric Bonabeau）在《哈佛商业评论》的一篇文章中指出：“对最佳实践的模仿会让企业逐渐大同小异，这会损害企业的价值，因为它们忽略了战略的本质就是差异化。”人才策略也是如此。

像其他战略一样，人才管理策略也包含两个基本要素：**第一，目标是什么；第二，如何实现目标。**只有目标设立正确了，之后设计的体系和行动计划才有可能正确。所有的人才管理策略都必须回答两个简单的问题：**员工是如何为企业的竞争优势做出贡献的？要使员工做出相应贡献，企业需要如何来管理他们？**换句话说，人才管理策略的规划和执行都很关键。

人才管理策略如何才能为企业赢得竞争优势呢？与罗伯特·卡普兰、大卫·诺顿和拉里·博西迪（Larry Bossidy）一样，我们关注的是“执行”。有些企业能够成功是因为他们拥有行业内最优秀的人才。但是这种建立在“人才争夺战”基础上的人才管理策略，会遇到什么挑战？我们可以推测，市场上优秀人才的供给是相对固定的,随着越来越多的企业追逐“优秀人才”这一竞争优势，争夺人才的竞争也会加剧。激烈的人才竞争导致薪酬水平不断提高，以致能支付起高水平薪酬的企业越来越少。最终，在人才供应停滞不前的情况下，赢得人才争夺战的企业将发现自己陷入了“胜利者的灾难”，因为过高的薪酬支出抵消了来之不易的竞争优势。更致命的是，这种基于人才争夺逻辑的战略，违背了战略的基本原则，因为它很容易被模仿。

显然，在考虑人才管理策略时，我们不能忽视“人才”。然而，**重点不应**

该放在如何争夺人才，而应该放在如何用好人才。人才是战略性资产，与其他资产一样，它的价值是由相对于获取和保留这种资产的成本所获得的预期收益决定的。

由职位等级和资历决定的薪酬体系、对内部公平的过度重视、对严格绩效评估天生的反感以及法律合规性上的要求，这些都是导致“无差异化的”人才管理策略持久存在的主要原因。加上缺乏有效的评估人才策略是否成功的方法，更使得这一现象愈演愈烈。由于没有更好的方法，很多企业在进行人才管理决策时，理所当然地转向外部对比和标杆分析。然而，标杆对比虽然能够提供一些绩效标准，但其本身并无任何战略性可言。很多企业在高回报（真正的战略性）人才身上投资过低，却对非战略性人才进行了过多的投资。究其原因，就是因为没有采取恰当的差异化人才管理策略。

战略的本质是差异化和价值创造，标杆比较的本质是同质化、顺应潮流和成本控制。如果企业战略旨在实现差异化和建立独特的竞争优势，那么，人才作为战略执行的最重要驱动因素，却被当作无差异化的资源来管理，这是否明智呢？传统的人才策略看起来很符合逻辑，但对于如何管理那些具有战略性影响的人才，它却缺乏针对性。若想建立竞争优势，就意味着要像开展其他独特的战略活动一样，实行差异化的人才策略。正是这些独特的活动和策略，才是经营战略的组成部分。

下文“人才管理差异化程度不足的标志”提供了一些指标，可以帮助你评估你所在企业的人才策略现状，以及它的无差异化程度。采取无差异化人才策略的组织，并不一定具备表中的所有特征，但是利用这些指标，你可以做出快速的诊断。请记住这些特征，以便在阅读有关员工差异化策略框架的章节时进行对比。如你所见，差异化的人才策略不仅仅是重新设计传统的员工管理体系。当高级管理者和 HR 探讨人才问题时，如下症状将会显现出来。

THE
DIFFERENTIATED
WORKFORCE
人才管理洞察

人才管理差异化程度不足的标志

组织缺乏正确的战略人才管理的标志有：

- 没有清晰的人才策略。
- 没有人能够清楚地叙述人才策略对战略目标达成的贡献。
- 人才管理实践与经营战略之间缺乏直接的联系。
- 与 HR 部门关于财务的谈话主要集中在控制总体预算上。
- HR 不清楚如何成为战略性的业务伙伴。
- 谈论 HR 转型，却从来没有真正投入时间行动。
- 人才管理工作的价值是通过与外部最佳实践的比较来评估的。
- 对某些员工的“受冷落”心理有顾虑，难以对关键人才进行重点投资。

组织在日常人才管理实践中缺乏正确方法的标志有：

- 容忍绩效欠佳的行为，有时甚至是在关键职位上。
- 员工的绩效目标和企业战略之间没有明显的关系。
- 薪酬调整时，高绩效员工和低绩效员工之间差别不大。
- 高级管理者对关键人才的管理不承担责任。
- 很少采用发展导向的职位轮换，或者职位轮换并没有向关键人才倾斜。
- HR 和直线经理的对话主要围绕员工关系、成本和预算、人员配置等。
- 从财务角度评估人才管理方案时，重点放在成本上。

资料来源：摘自本文作者撰写的《A 级员工还是 A 类职位？人才管理的战略逻辑》,《哈佛商业评论》，2005 年 12 月。

人才管理：差异化的 4 阶段

我们相信，成功的战略执行依赖于深度的人才差异化管理。当然，即使是较小范围的差异化，也能够带来一定的收益。图 1-1 展示了一个 4 阶段的框架，阐述了人才管理差异化与战略成功之间的关系。

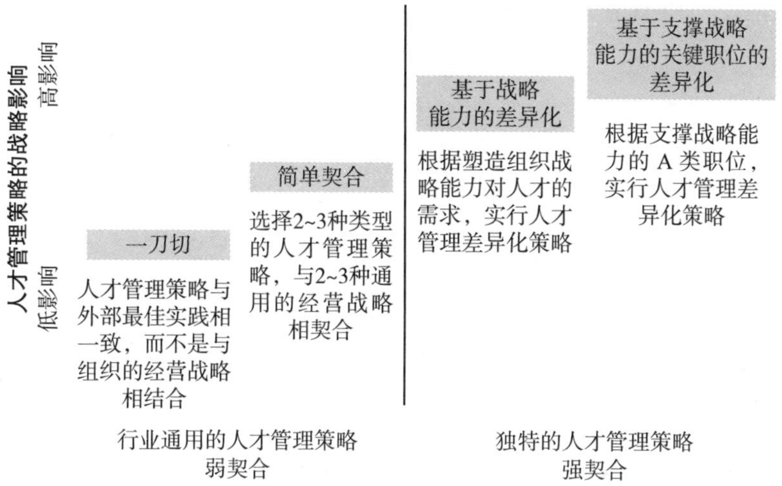

图 1-1　人才管理差异化的 4 阶段

当然，我们并不是说每个企业的人才策略演变都会遵守从第 1 阶段开始，到第 4 阶段结束的过程。很多企业的人才策略往往兼具几个阶段的特点。我们详尽描述了每个阶段的特征，你可以对照它来评估你的人才策略，并且可以反思在推动战略执行方面，目前的人才策略能否产生预期的效果。你还可以比较实践中常见的人才策略与第 4 阶段的方法即人才差异化策略之间的区别。因此，除了帮助你评估目前的人才策略有效性之外，4 阶段框架能够让你认清公司目前所处的位置，以及该往哪个方向发展。

企业实例：AA 公司

在本书中，我们尽可能用企业实例来阐述我们倡导的方法与常见做法的区别。这些实例让概念变得更加生动，并且回答了一个问题：我们的方法如何才能付之于实践呢？但是，这些实例并不是要证明人才差异化策略的效果，本书也不是最佳实践的汇总。我们的目的，是提供一种能引领创新实践的思维理念。因此，如果你希望在书中找到已经充分实践过我们所描述的方法的标杆企业，你恐怕会失望。

很多领先企业已经采用了我们所提供的一部分方法，并按照我们所倡导的人才策略理念进行探索。根据我们的了解，这些公司包括：百健艾迪（Biogen-Idec）、葛兰素史克、通用电气、罗氏制药（Roche Pharmaceuticals）、IBM、惠氏、美国世纪投资（American Century Investments）、高露洁、索尼欧洲、霍尼韦尔（Honeywell）、思科以及美国心脏协会（American Heart Association，AHA）①。

尽管在这些公司当中，人才差异化的具体形式各不相同，但其核心都是注重对关键人才的投资。百健艾迪负责人力资源工作的执行副总裁克雷格·施奈尔（Craig Schneier）从 HR 的角度对这一方法进行了总结："人才是企业制胜的关键。HR 部门工作的重点必须放在优秀人才身上。另外，人才管理需要管理者和员工的共同参与，打造人才队伍不仅仅是 HR 部门的职责。"

我们的实例中的公司名称通常都是虚构的，但却都是真实的。这些实例很好地阐释了人才差异化的不同阶段。很显然，这其中有些人才策略是明智的，另外一些则明显有更好的选择。

在本章中，我们以汽车－航天系统公司（AA 公司）为例，来阐释在不同的"差异化"阶段人才策略的变化。AA 公司是一家为汽车和航天工业提供产品

① 美国心脏协会（AHA，American Heart Association）是心脏病学领域比较重要的学会之一，致力于心脏病和卒中的预防与治疗，提供有关继续教育、流行病学年度报告。——译者注

和系统的领先供应商。该公司在一次跨国合并后建立，经营范围涉及 30 多个国家，年销售额接近 60 亿美元。AA 公司由四个汽车分部（制动系统、电子系统、电气系统与柴油机系统）、一个汽车零配件及售后服务部，以及一个独立的航空航天部组成。作为一级供应商，AA 公司与德国西门子公司、美国德尔福公司（Delphi）、福特公司下属的汽车零件厂商伟世通公司（Visteon）以及德国博世公司（Bosch）在市场上同台竞争。

AA 公司的每个部门都自负盈亏，由一位总经理领导，该总经理向公司首席运营官汇报。首席运营官是高层管理团队的一员，该高层管理团队包括首席执行官、首席财务官、战略规划副总裁、人力资源副总裁。在每个部门内部，人力资源副总经理直接向总经理汇报工作，与公司人力资源副总裁是非直属汇报关系。公司 HR 部门有三项职能：薪酬福利、健康与安全以及领导力发展（包括继任计划）。

低影响力的差异化阶段：一刀切和简单契合

尽管本书的重点在第 3 阶段和第 4 阶段，我们还是要先描述第 1 阶段和第 2 阶段的差异化特点，以便提供一些背景信息。

第 1 阶段：一刀切

第 1 阶段被称为"一刀切"或"一体适用"，其核心是一种最佳实践导向的人才策略。这一策略的含义是：对不同组织而言，人才对战略成功的贡献大同小异。因此，改善人才管理绩效的最佳方式就是了解本行业的最佳实践，并迅速仿效。正因如此，在最佳实践导向的人才策略中，几乎没有任何差异化的成分。随着越来越多的公司采取最佳实践的做法，人才差异化就会消失，保持持续竞争优势的基础也不复存在。**仅仅通过模仿和复制，无法成就伟大的企业。**

实践中通常有一种先发优势。先采用最佳实践的企业能够获得竞争优势，而且能保持相当长的时间。我们的研究表明：部分企业会在第1阶段建立高绩效工作系统，从而与其他企业形成差异化。员工管理系统由多个部分组成，包括公平导向、工作效率、员工关系、遵循法律、健康与安全以及员工绩效等。**高绩效工作系统的最大特征是注重员工绩效。**其他方面也许会受到重视，但对绩效的关注被放在首位。

在高绩效工作系统中，所有工作的重点都在实现卓越的绩效上。比如，相对于新员工雇用周期和成本等HR部门关注的传统指标，高绩效工作系统更关注招聘甄选职能是否达到组织期望的结果。同样地，员工的薪酬完全取决于工作业绩，最不能容忍的是不同绩效表现的员工获得相同的激励。简而言之，**与一般员工管理系统相比，高绩效工作系统表现出强烈的绩效导向。**

高绩效工作系统与企业绩效的关系得到了充分的论证。10多年来，我们收集了3 000多家公司的资料。我们评估了这些公司在员工甄选、培训发展、绩效评估和基于绩效付薪等方面的实践，然后将数据与企业运营和财务绩效信息进行相关性分析，以研究员工管理系统对企业绩效的影响。

我们看到，企业在招聘、培训、绩效等方面的做法没有特别之处。即使在20年前我们刚启动研究时，人们对这些实践已经习以为常，它们也一直被认为对提升员工业绩有帮助。我们的研究新颖之处在于，当你把这些实践看作一个系统而非简单的集合时，它将会对企业业绩产生显著的影响。我们在10多年间开展过5次全美范围内的调研，得出的结论高度一致。具有高绩效工作系统的企业，在各项关键绩效指标上的表现都更加突出，包括市场价值、资产收益率以及人均效能（人均销售额）。例如，在高绩效工作系统评估中高于平均水平35%的公司，其市场价值–账面价值比率要高于平均水平10%~15%。

图 1-2 表明了建立高绩效工作系统的收益是如何随时间的推移而不断增加的。它追踪了自 20 世纪 90 年代至 21 世纪初两组公司的市场价值 – 账面价值比率。第一组公司在高绩效工作系统评估中高于平均水平，第二组公司则低于平均水平。1991 年，两组公司的市场价值 – 账面价值比率几乎没有差别。但是 13 年后，差别增加到 35% 以上。这个简单的对比，并非要说明在某一年里公司的业绩差异，而是表明建立高绩效工作系统的公司能够保持高绩效的水准。

不论是从经济角度还是从统计学角度来看，拥有高水平 HPWS 的企业与较低水平 HPWS 的企业之间的组织绩效差异是相当巨大的：1991~2004 年，高水平 HPWS 企业的人均销售额平均高出低水平企业 90 566 美元，人均市场价值则高出 348 817 美元。

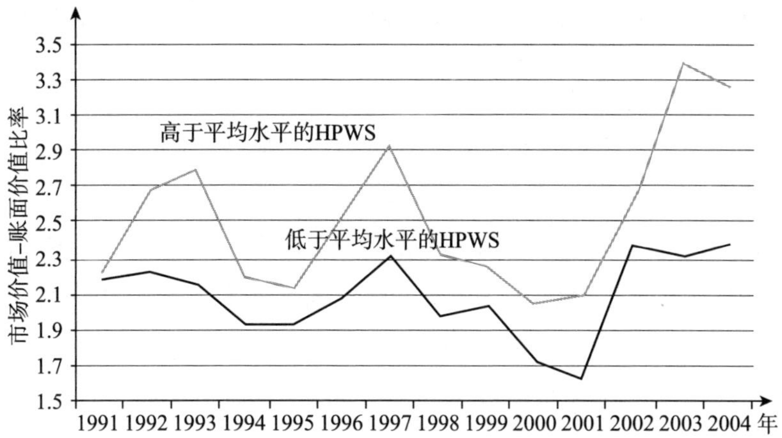

图 1-2　HPWS（高绩效人才管理体系）水平与组织绩效对比（1991~2004）

我们早期的研究已发现有关人才差异化策略的两个事实。**第一，差异化有价值，即使是最简单的形式。**研究结果显示，企业在设计 HR 体系时，对绩效的强调程度各不相同。审视一下你的 HR 体系，你会发现很多方面并没有体现绩效导向。但是，如果在设计 HR 体系的过程中秉持绩效导向的原则，并将其作为差异化的基石，企业将会从中获得巨大的回报。

在20世纪90年代早期，公司的HR体系能够对经营业绩做出巨大贡献的观点遭到强烈质疑。今天，HR管理具有驱动公司业绩的潜在价值这一观点已经被广泛接受。管理者和专家都认识到，传统上能够带来竞争优势的资源，其价值在逐渐减少，无形资产尤其是人力资本变得越来越重要。10多年来的研究已经证明了这一点。

第二，差异化有价值，因为它能保持相当长的时间。从理论上讲，最佳实践的流行会造成公司之间的差别越来越小。随着越来越多的企业采取同样的人才策略，它们可能会实现迈克尔·波特所说的“卓越运营”，但是同质化也阻碍了持续竞争优势的建立。采纳最佳实践并不意味着成功，而仅仅意味着拿到了竞争的入场券。但是，忽略最佳实践的后果却非常严重，可能会令组织陷入劣势。

在20世纪90年代初，高绩效工作系统这一理念还没有成型，我们发现企业间的员工管理实践差别很大。此后的10多年间，高绩效工作系统得到了广泛的推广，但企业间的实践差别不是变小，而是变得更大了。最佳实践的传播为何没有导致同质化呢？杰弗瑞·菲佛（Jeffrey Pfeffer）[①]和罗伯特·萨顿（Robert I. Sutton）在《工作最怕光说不练》（*The Knowing-Doing Gap*）一书中揭示了知识传播的障碍。这种知识的缓慢传播并不只限于管理领域。领先的医疗保健研究成果在17年后才被广泛接受，财务领域的创新可能要经过20年的时间才能得到深入地应用。

我们无意探究高绩效工作系统传播缓慢的原因，而是要提醒你：**知识的缓慢传播意味着重大的机会。**HR和直线经理必须认识到这种机遇，快速出击，而不是等到一项最佳实践被竞争对手们广泛采用，感觉足够安全之后再投入行动。你不会因为很多投资者没有进行多元化的投资，就否认多元化投资组合的

① 杰弗瑞·菲佛的另一本经典著作《权力》（*Power*）中文简体字版（经典版）已由湛庐文化策划，浙江人民出版社出版。——编者注

价值。同样，人才管理策略的价值由实施这一策略的企业所获得的有效成果体现，而不是由采纳它的公司数量所决定的。

AA 公司：第 1 阶段的局限性

作为一家跨国企业，AA 公司具有在全球范围内学习最佳实践的能力，对此他们也颇为自豪。高级管理者经常与各领域的领袖进行交流，HR 也定期到被视为典范的企业进行参观。AA 公司的任何一项 HR 实践，都体现了 HR 领域当下最流行的做法。这些 HR 实践的价值有多大呢？

AA 公司的薪酬体系遵循最佳实践，薪酬向关键人才倾斜。但是这些关键人才（总经理及其下属）是由职位决定的，而非取决于他们对战略执行的价值。这个级别之内的员工，即使从战略上讲无足轻重，也被划入关键人才之列。下一个级别的员工，即使具有战略性价值，却被排除在关键人才之外。

因此，尽管 AA 公司制定了一个精巧的激励制度，试图将薪酬与绩效有效结合，它却在所有高级经理当中“一刀切”地采用了相同的政策。它关注的重点在于人，而不是战略，因此结果事与愿违也就不足为奇了。缺乏战略性价值的管理者获得 200% 的奖金，愉快地开着宝马和奔驰；那些肩负公司未来增长责任的管理者，尽管为工作殚精竭虑，却往往拿不到任何奖金。

该公司在聘用终止协议中采取了同样的“一刀切”的方法。并购是 AA 公司取得业务增长的主要手段，在这些被收购的公司中，经验丰富的人才流失是一个巨大的风险。为此，AA 公司制定了一项慷慨的聘用终止政策，向离职员工支付高额离职金，以确保其遵守竞业禁止协议。又一次，它没有在不同战略价值的员工之间实行差异化。有些员工的离职对公司的影响无足轻重，但是 AA 公司却向这些员工支付了过多的费用。显然，最佳实践导向的员工管理系统让 AA 公司有所获益，但也带来了很多显而易见的损失。

第 2 阶段：简单契合

组织为什么需要实行差异化的员工战略，或者更重要的问题是，组织应该如何实行差异化战略？ HR 专业人士和直线经理在战略性 HR 转型过程中，首先要考虑的通常是员工战略的“最佳实践”这一方法，即第 1 阶段。但是，我们已经知道，“最佳实践”这一方法从根本上来说并不是差异化的方法，因此对建立可持续的竞争优势所做的贡献极其有限。最佳实践的一般方法和特定组织战略的独特要求相结合，直接导致了有限的差异化的产生。

组织为什么需要实行差异化的人才策略呢？或者更为重要的问题是，组织该如何实行差异化？面对人才管理问题，HR 和直线经理首先考虑的是学习最佳实践。但是正如我们看到的，仿效最佳实践从根本上讲不是差异化的方法，对建立可持续的竞争优势贡献不大。具有通用性特征的最佳实践，并不能契合经营战略对人才策略的个性化要求，因此也就无法形成差异化。

从第 2 阶段到第 4 阶段超越了仿效最佳实践的方法，开始把人才策略与经营战略更加紧密地结合起来。尽管建立高绩效工作系统可以提升企业绩效，但把注意力局限在“最佳实践”上，意味着会错失很多机会。首先，随着越来越多的公司采用最佳实践，高绩效工作系统带来的收益会逐渐减少。其次，即使仿效最佳实践能带来一定的收益，但如果不实行更高层次的差异化策略，将不能建立可持续的竞争优势，无法赢得长期的回报。**我们坚信，差异化程度越高，组织的收益将会越大。**

真正实现差异化的人才策略，需要我们像实现差异化的经营战略一样做。它意味着**将经营战略中的差异化特征作为起点，来设计相应的人才策略**。我们把第 2 阶段称为“简单契合”，或者“一般性的经营战略与一般性的人才策略相契合”，因为它体现了两者之间的初步结合。很显然，没有唯一正确的最佳实践、高绩效工作系统。从理论上讲，**对每一个经营战略而言，都应该有特定**

的人才策略与之相匹配。

美国学者特里西（Treacy）和威尔斯玛（Wiersema）提出的三种战略选择：**卓越运营**（operational excellence）、**产品领先**（product leadership）和**亲近顾客**（customer intimacy），为了与这三种战略类型相契合，理查德·贝蒂和克雷格·施奈尔提出了三种不同的员工战略，包括员工思维和相应的员工能力等员工特征。例如，产品领先战略下的员工思维包括愿意承担风险和放眼长远，相应的员工能力包括问题解决和勇于创新。

在第 2 阶段，企业开始采取人才差异化策略，但这只是浅层次的做法。很显然，这些员工特征与经营战略之间有关系，但如果希望将人才变成竞争优势的来源，这个层次的差异化作用有限。首先，它与第 1 阶段一样，很容易被模仿。这一阶段的差异化做法很浅显，而且对于那些采取同样的经营战略（如亲近顾客）的企业来说，它又是一刀切的解决方案。

其次，第 2 阶段没有实现人才策略与经营战略的系统性契合，人才差异化策略巨大的潜在价值并没有得到充分释放。从第 1 阶段上升到第 2 阶段，就好像开车从纽约到加利福尼亚，选择在哥伦布市停留，毫无疑问，虽然你的方向是正确的，但还有很长的路要走。回想一下埃里克·博纳博的告诫：战略的同质化会损害公司的价值。**只有高度的差异化，才能充分实现人才策略的战略性价值。**

“没有行动的梦想只是海市蜃楼”，托马斯·爱迪生（Thomas Edison）的这句名言对于企业的战略管理很有启发。我们认为，战略失败的原因很少是因为目标不正确，而往往是执行出了问题。因此，一项人才策略若想对战略成功有贡献，它必须能够提高组织执行战略的能力。也就是说，**人才策略的贡献大小，取决于它和战略执行环节的关键活动的契合程度。**提升人才策略的差异化水平，就是让人才策略更加符合战略执行的关键要求。

第 1 阶段和第 2 阶段只提供了人才策略与经营战略间宽泛的契合。当 HR 副总裁向 CEO 解释 HR 职能对战略的贡献时，还是会因为两者之间模糊的联系而缺乏底气。

AA 公司：第 2 阶段的局限性

AA 公司的例子说明，一个公司的人才策略即使没有经过精心设计，在实践中也会同时包含几个阶段的差异化。它也表明了在一个大型企业中，将人才策略按照四个阶段进行分类的难度。AA 公司并不完全符合三种战略类型中的任何一种。它的客户，即汽车和航空航天行业的企业，都无情地要求 AA 公司降低成本。因此，它特别强调卓越运营，绩效考核也越来越注重效率、质量和结果等。同时，只有充分重视产品开发，才可能实现利润的增长。成功的产品开发取决于高效的跨部门协作，人才策略也反映了这一重点。AA 公司投资于旨在提升员工系统思考能力的人才发展项目，而且新招募了 300 名系统工程师来支持产品开发工作。

在卓越运营和产品创新两个方面，AA 公司都采取了相应的人才差异化策略。相对于仿效最佳实践而言，这是很大的进步。但是，AA 公司是否已经竭尽所能通过人才策略来驱动战略成功了呢？在员工管理过程中，如何处理卓越运营和亲近客户带来的冲突呢？也许，AA 公司需要一个差异化更高的人才策略。

高影响力的差异化阶段：基于战略能力和战略性职位

尽管第 1 阶段和第 2 阶段的差异化做法有一定价值，但本书的重点是第 3 阶段和第 4 阶段。基于经营战略的需求，我们可以制定相应的差异化人才策略，这也使得人才策略与战略成功之间建立更加清晰的联系。**设计人才策略的唯一准则，就是提升它与促进战略实现的关键活动之间的契合度。**因此，你的关注点不是其他公司的最佳实践，而是自己的经营战略对人才管理的需求。唯一的最佳实践，就是设计差异化人才策略的方法。**没有绝对正确或错误的人才策略，只有设计人才策略的正确或错误的方法。**

差异化的经营战略降低了组织外部的同质化，同样，内部的同质化，即“一刀切”的 HR 政策，也应当改变。为了更好地促进战略的执行，企业对人才的投资需要向特定的职位和员工倾斜。**人才固然重要，但识别和管理关键人才更重要。**很多企业都有向特定人才倾斜的差异化策略，问题在于，差异化的基础是什么。成功的人才策略，基于职位和人才在战略执行中的重要性来进行差异化。差异化水平越高，对战略执行的促进作用越大。何种差异化程度可以称得上最合理？这个问题没有答案。但是大部分企业需要改善现有人才策略的差异化水平。

第 3 阶段：基于战略能力的差异化

基于无形资产的竞争、人力资本的战略价值、人才争夺战等概念层出不穷，鼓吹者宣称找到了管理员工的灵丹妙药，并信誓旦旦地承诺一旦按照他们说的去做，就能取得巨大的效益回报。这激起了管理者极大的兴趣，但是大部分人才管理方法与战略目标达成之间缺乏直接的联系，人才策略有力地促进了战略成功的说法很难令人信服。我们认为，**人才策略只有聚焦于如何驱动战略执行，才可能真正创造价值。**

首先，我们要缩短人才策略与战略成功间的距离。传统的 HR 活动，如员工甄选、绩效管理、领导力发展等，很少能对公司业绩产生直接的影响，这让我们很难看清它们与战略成功之间的因果关系。最合理的解释是，HR 系统和人才策略可以作用于战略价值链的关键点，从而创造价值。人才策略很少能对公司业绩产生直接的影响，但可以通过对战略执行的推动而产生间接的影响。如果问 10 个管理者，人才是如何创造股东价值的，你可能会得到 10 种不同的答案；如果问他们人才是如何满足客户价值主张，或是驱动产品创新的，你会得到更一致的看法。通过聚焦于战略执行过程中的关键点，人才策略与最终的战略成功之间就建立了更加清晰的关系。

在第 3 阶段，人才策略与经营战略间的关系更加清晰，因为它进一步与战略价值链相契合，将促进战略执行作为核心。在第 1 阶段，人才策略与经营战略基本没有关系。在第 2 阶段，人才策略与两三种通用战略相联系。在第 3 阶段，差异化的基础是对战略执行至关重要的战略能力（Strategic capabilities）。**我们将战略价值链上的关键点称为战略能力，它是影响战略执行成败的关键所在。**

那么，什么是“战略能力”呢？这一术语经常被使用，意思也千差万别。我们希望尽量具体而不是抽象地定义它。组织能力是指影响战略执行的核心业务流程。你的公司在执行战略时所做的关键活动，就是组织能力。它是竞争优势的基础，不仅能让公司在竞争中立足，而且让公司年复一年赢得平均水平之上的利润。

战略能力通常能把系统和人结合起来。大型制药公司（Big Pharma）的研发流程，尤其是开发具有商业价值的产品的能力，就是一种战略能力。沃尔玛（Wal-Mart）的物流配送能力也是一个典型的例子。有些企业主要靠并购来成长，在这些公司，兼并收购能力，或者说得具体一点，有效识别具有相似文化的并购对象、对收购对象的跨文化整合等，是对战略成功至关重要的战略能力。对于奥克兰运动家队来说，竞争优势的来源不是运动员，而是比赛和球员分析系统，以及操作这套系统的场外人员。

在第 3 阶段，关键是做出合适的决策。对于人才策略来说，就是要找到对战略执行至关重要的环节，进行重点投资。唯有如此，你才有望获得最大的回报。第 3 阶段的核心是，**战略能力为呈现人才策略的影响提供了清晰的逻辑**。一旦将重点放在通过战略能力来驱动绩效，HR 与高级管理者的对话将会改变。例如，他们现在了解到人才策略的战略价值在于：它对商业化研发流程或从新并购的公司中获利的影响。对话的重点再也不会是“通过成为最佳雇主来管理关键人才”这样宽泛的议题。

AA 公司：在第 3 阶段错失的机会

在员工管理中关注少数关键人才，这很常见。问题在于，应该关注哪些人才。很多企业确定的关键职位和人才与组织能力无关。在这些情况下，**错误的“差异化”，甚至不如不实行“差异化”**。AA 公司就是一个典型的例子。首席财务官是个相当独断自信的人，喜欢抓住一切机会宣布财务职能的战略重要性。他声称：财务部门不仅需要高于市场的薪酬水平以避免关键人才的流失，同时需要大量的培训发展机会，以建立充沛的人才梯队。在没有一个逻辑清晰的方法来确定关键人才时，个人的职权和影响力就占据了上风。是不是听起来有些熟悉？AA 公司把投资重点放在了错误的地方。公司财务是必要的，但对 AA 公司来说，它并不是取得竞争优势的源泉。

如果 AA 公司采用我们的方法，它会发现，最重要的组织能力之一是新产品导入流程，而不是公司财务。事实上，它也在某种程度上认识到新产品导入的重要性，类似于我们所说的第 2 阶段。基于此，它在培养员工的系统思考能力方面进行了投入。但是，管理层并没有把新产品导入流程作为一项战略能力，也没有认真想过人才策略该如何促进这项能力的提升。作为最简单的方法，你可以思考这样的问题来识别一项战略能力：在我们执行战略时所做的工作中，哪些是构成竞争优势的基础？对 AA 公司来说，新产品导入就是答案之一。因为它的经营战略的核心要求，就是快速改进产品并将其引入新的生产线，以快速响应客户的需求。

一旦对哪些业务流程是战略能力有了更好的理解，公司就能更清晰地看到实施恰当的人才差异化策略的基础。AA 公司本应该将人才策略聚焦于提升新产品导入流程的绩效，而不是放在财务职能上。提供高于市场水平的薪酬、开展培训发展活动、建立继任计划等，这些在财务部门的投资本来应该放在那些对战略执行至关重要的活动上。因为它没有这样做，所以新产品导入流程依然问题重重，AA 公司无法满足客户的价值主张，财务表现因此也是令人失望的。

第 4 阶段：基于战略性职位的差异化

简而言之，人才差异化策略就是对那些具有战略性价值的员工，进行倾斜性投资。但是，我们要清楚，**投资的对象不是人，而是组织的战略**。第 2 阶段算是简单版，一旦确定了某一种战略，就会找到一些相应重要的职位和人才。例如，在 AA 公司中，系统工程师在刚被识别的新产品导入流程中起到战略性作用。

但差异化的真正机遇是在第 3 阶段和第 4 阶段实现的。虽然这两个阶段都始于注重战略能力，但第 4 阶段的差异化更进一步，深入到职位层面。在第 3 阶段，你的公司可能在战略能力和非战略能力之间实行人才差异化策略，但这一阶段的人才差异化策略是将战略能力作为一个整体。例如，在 AA 公司中，第 3 阶段的特点是将新产品导入阶段的所有职位都作为关键职位。在第 4 阶段，我们会在一个更深的层次，即“职位”这一层次实行差异化。

在第 4 阶段，差异化的重点不是战略能力，而是**影响战略能力的重要职位**。因为它们的战略价值，我们将这些职位称为 A 类职位（这是相对于 B 类和 C 类职位而言。我们在第 3 章将会探讨如何识别这些职位，以及如何在差异化的人才策略中管理这些职位）。在职位层次实行差异化有两个原因：

- 职位是人才策略和经营战略的交叉点，在这一交叉点上，人才被转化为战略影响力。
- 通过聚焦于战略性职位，人才策略与经营战略建立了清晰明了的联系。一旦组织界定出战略能力，聚焦于关键职位就为人才策略提供了具体、切实可行的方向。

A 类职位是战略资产，但是有效管理这些职位，只需要一个新的视角，不需要任何新的能力。在 A 类职位被识别出来之后，传统的人才管理实践如绩效管理、薪酬激励等，都有了一个清晰的战略重点。因为人才与战略成功的联系变得很清晰，因此无论是设计人才管理系统来驱动战略绩效也好，评估人才管理的绩效也罢，都变得真正可以操作。

在第 4 阶段，即使职位以及职位上的员工有相似的教育和培训背景，也将实行差异化的管理。例如，对软件开发程序员和 IT 支持职能的程序员，就实行不同的管理。银行内某一营业部的客户关系经理的职位属于 A 类职位，是因为它们决定着某一关键业务领域的增长。同一银行内的信贷部门的客户关系经理职位则不是 A 类职位，因为他们的业务开展得越平稳越好。即使具有相似的职位名称，也不代表都是关键职位。

我们再次强调，这种方法是将战略（而不是人才）放在第一位。人才只有在驱动战略执行时，才有战略价值。识别出你应该真正关注的关键人才，是成功的人才策略的基础。罗氏制药有限公司高级 HR 副总裁保罗·牛顿 - 西姆斯（Paul Newton-Syms）指出："在建设员工队伍时，我们首先界定哪些是关键职位，然后再探讨人才的问题。"索尼欧洲分公司采用了相似的理念，高级 HR 副总裁罗伊·怀特（Roy White）认为："为了应对公司面临的竞争挑战，我们必须重塑员工队伍。为此，我们必须首先确定关键职位，然后评估这些岗位上的人才的胜任情况。"

AA 公司：第 4 阶段的差异化原本可以更深入

在认识到新产品导入流程的战略价值之后，AA 公司能够实行第 3 阶段的员工差异化。但是它可以做得更深入。新产品开发中出现的问题与少数工程师职位直接相关，但等 AA 公司认识到这一点为时已晚。这些职位上的人才承担着将新设计理念转化为现实产品的关键职责，并且他们也承担着改进现有产品来满足客户新产品线需求的重大责任。可惜，有限的资源已经被投入到财务部门，而不是这些真正重要的职位。不出意外，AA 公司业绩暗淡，关键职位人员流动频繁，更不用谈后备梯队了。

在第 4 阶段对人才策略实行恰当的差异化，不仅可以增加对关键工程师人才的重视和投资，而且可以避免对财务部门的错误投资。倾斜性投资并不意味着增加对员工的总体投资，而是一种更加明智的战略性投资。在 AA 公司，重点投资的对象并不包括所有工程师职位，而是对组织能力有重大影响的 A 类职位。因此，像负责为非核心产品降低成本的机械工程师职位就不属于 A 类职位。

本章小结 THE DIFFERENTIATED WORKFORCE

我们有关员工差异化的观点打破了传统观念。人才是公司竞争优势的来源，与其说人才很重要，不如说公司管理人才的能力更重要。这不是一场“人才争夺战”，而是一场“人才经营战”。赢得竞争优势、取得战略成功要求你为客户提供一些与众不同的东西。无论差异化战略的基础是什么，它肯定需要对应的人才差异化策略来匹配。

通过以上内容，你对差异化的人才策略有了初步的了解。下面的五章将围绕实施过程中的五个核心步骤展开。

THE DIFFERENTIATED WORKFORCE

TRANSFORMING TALENT INTO STRATEGIC IMPACT

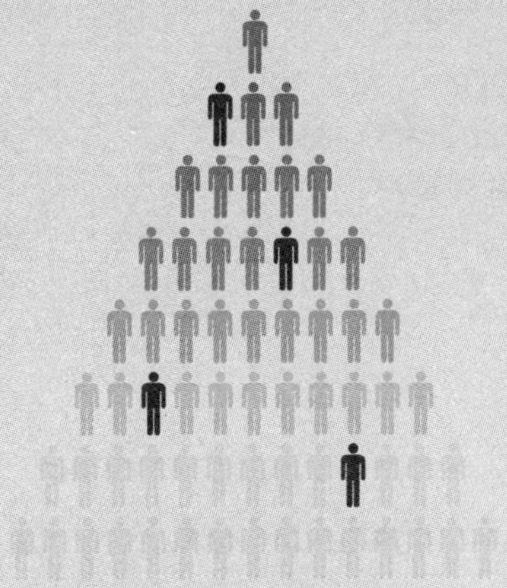

02

将人才转化为战略影响力

步骤 1：界定战略能力

THE DIFFERENTIATED WORKFORCE

人才管理自测

想与众不同，绝不仅是“做得更好”，以下 4 个问题可诊断你的战略能力：

评估某项能力是否属于战略能力	是	否
这项能力是你向客户提供的价值主张的重要源泉吗？	□	□
与竞争对手相比，这项能力具有独特性吗？	□	□
如果竞争对手都依赖类似的能力，你的企业在这项能力的执行力方面能遥遥领先吗？	□	□
如果竞争对手都依赖类似的能力，你的企业在执行这种能力时，能达到优秀水平以保持盈利吗？	□	□

在本章中，我们重点解决在人才差异化策略设计中的两个基础问题：为什么要把人才策略与战略能力相链接？如何决定人才策略的差异化程度？首先，我们会列举一些案例来说明战略能力的重要性。简而言之，人才策略本身不具有战略重要性，只有当它们影响战略执行时，战略重要性才会体现出来。通过与战略能力的链接，它实现了对战略执行的影响。其次，我们提供了集中确定战略能力的方法，目的是让你的人才策略能够更好地聚焦于战略，从而提高它的质量。最后，我们展示了通过聚焦于战略能力，一个差异化的人才策略的架构将是什么样子的。在接下来的几章中，我们将探讨如何设计、实施差异化人才管理策略，如何衡量差异化人才管理策略的有效性。

在前一章我们已经指出：最重要的是，以全新的视角来审视员工策略，也就是以战略为本，从战略出发。突破传统人才策略的原因有很多。下面的两个例子就展示了完全不同的动机。在“实现全球化梦想”一例中，一家非常成功的公司想要成为全球领导品牌。而在“走出业绩低谷”一例中的公司则经历了劫后余生。两家公司都设计了全新的人才策略，这些人才策略的基础与我们前面讨论的原则很一致。

THE DIFFERENTIATED WORKFORCE
人才管理洞察

实现全球化梦想

德国制药巨头勃林格殷格翰公司（Boehringer Ingelheim）有志于成为全球领导品牌。它调整人才策略的动因不是遭遇了财务危机，而是努力实现从优秀到卓越的雄心。勃林格公司很快就意识到，他们缺乏能够执行战略的关键人才。勃林格之前的人才策略是一系列最佳实践的集合，尤其强调长期雇用和员工敬业度。

勃林格公司之前将“人”放在首位，现在它认识到，应当以“战略”为先。它的目标是实现第 4 阶段的差异化：首先，它确定了几项战略能力，包括新药研发、处方药营销能力等。其次，它识别出战略能力内对创造客户价值至关重要的职位（A 类职位）。再次，它优化了人才管理体系，并建立起 HR 和直线经理对人才管理的共同责任，以更好地管理人才。最后，它对关键人才进行了重点投资，以支撑新的人才策略。

走出业绩低谷

以全新的“战略为先”的视角来审视人才策略并不是一件容易的事。但如果不以战略为先，结果会非常糟糕。对一家领先的办公用品生产商来说，这是一个沉痛但很有价值的教训。这家公司刚刚脱离财务危机，并经历了一场裁员风暴。没有人愿意再发生这样的事情，公司也意识到必须要改变目前的人才策略。正如 HR 高级副总裁所指出的：

> 我们开始注重真正的，也是唯一的客户——购买我们产品的人。我们不再讨论直线经理、员工等内部客户，而是将重点放在外部客户上。我们要跳出职能专业的局限，打造整合的 HR 团队，将为客户和投资者创造价值作为最重要的目标。
>
> 为了做到这一点，我们正在把人才策略与经营战略直接联

系起来，并以是否为股东创造价值作为评估自身工作的主要标准。HR部门最重要的贡献就是满足公司战略对关键人才的需求。我们的核心责任是为公司管理关键人才。

人才管理：以战略能力为起点

人才差异化策略代表着一种独特的人才管理方法。设计战略时，需要对关键因素和非关键因素进行区分。因此，制定人才策略的第一步，就是要确定哪些人才做出了战略性的贡献。**所有的职位都有价值，但不是所有的职位都具有战略价值。**实现这种区分，需要从战略能力入手，进行自上而下的分析。战略能力是指影响战略执行的关键业务流程，这些流程也是公司竞争优势的来源。这与战略管理大师迈克尔·波特的观点颇为相似，他认为：有效的经营战略，是指“执行与竞争对手不同的活动，或者以不同的方式执行相似的活动”。**那些决定关键活动成败的人才，就是关键人才。**

迈克尔·波特同时指出，与关注成本领先、差异化、聚焦等一般性战略相比，对战略性活动的关注能够为战略性思考带来“更高层次上的独特性”。执行这些一般性战略的方法不止一种，这些方法之间的差别会不断增加公司的独特性。按照波特的定义，“竞争战略，是指精心选择一系列不同的活动，以创造独特的价值组合。”

这些“一系列的活动”与我们所说的“战略能力”极为相似。战略能力对人才策略的制定有两个方面的意义。第一，人才策略应当与战略能力对人才的需求直接相联系。第二，与竞争对手相比，这些战略能力是独特的、差异化的，人才策略也应当相应地实行差异化。**战略能力是确定人才管理的战略重点的基础。只有聚焦于战略能力，人才策略才能具备战略性高度。**

是否采取差异化策略已经不是问题，问题是采取何种程度的差异化。尤其是，人才策略的差异化程度与组织内关键职位的数量有关。在某些情况下，只有一项战略能力，在这之中也只有一个关键职位；在另外一些情况下，或许有多项战略能力，每项能力又涉及多个职位。**要想确定人才策略的差异化程度，首先要界定你的战略能力。**

人才策略：让人力资本的投资回报更清晰

在过去的 10 多年里，HR 职能和人才的战略价值引起了人们的极大兴趣。但更为常见的情形是，由此产生的问题远远多于解决方案，或者更确切地说，各种解决方案其实并不能解决问题。HR 和管理者都在思考同一个核心问题：人才和 HR 职能如何才能对公司业绩做出贡献？不幸的是，答案都集中在如何让一些人事决策（如薪酬、员工配置或人才发展项目）看起来更有战略性。这往往意味着把这些活动的财务影响，比如降低成本，等同于战略价值。当然，这其中的某些决策可能是战略性的，因为一块坏了的手表每天都有两次指向正确的时间。

不幸的是，做出员工管理决策时，往往对成本的影响是清晰而且立竿见影的，而这些决策的收益是模糊和不确定的，并且要在将来才能见到成效。**让人力资本的投资回报更加清晰，关键不在于决策的影响力大小，而在于找到投资的杠杆点。**这是本章的核心内容之一。我们的方法不会增加实施人才策略的成本，但可能会导致预算的重新分配。我们的方法也不会改变时间框架，像大多数投资一样，只有当成本发生之后，才会产生效益。然而，我们的方法的关键，是弄清楚哪些是战略性收益，哪些不是。我们最大的假设是，人才策略的价值在于提升企业战略的执行效果。这意味着设计人才策略时，将经营战略放在中心位置。**每一项人才管理决策的价值，都要以它是否能促进战略的执行来加以判断。**

现在，不妨将我们的方法与常见的人才管理规划进行比较。也许它是一个令人瞩目的领导力发展计划，甚至针对的也是看起来很合理的少数职位。通常管理者和HR都很担心这个计划的价值，因为收益是模糊的。在做出开展此类项目的决策时，人们往往只是因为觉得要做一些人才发展的工作，而没有想清楚它是否能促进战略的执行。采用我们的方法，你将不会从人才入手，而是从战略出发。换句话说，在思考人才策略时，你恰巧要从人才之外着手。事实上，是**从战略执行中的关键业务流程着手**。组织面对的战略性挑战往往藏身于此。

问题在于：你应当如何有效地执行战略？一旦这些作为竞争优势基础的关键流程或战略能力得到清晰的界定，人才管理活动、其潜在收益及衡量标准的设计将会变得非常容易。战略性地思考人才问题，意味着放弃从职能出发看待人才问题的传统视角。战略性人才管理并不是一项特定的计划或HR职能，而是影响战略执行的人才管理决策构成的体系。

战略能力：有效识别，清晰界定

战略能力的概念已经以各种形式存在了20多年。它是基于这样一个前提：在某种程度上，公司的竞争优势是基于驱动战略执行的关键业务流程的独特运作能力。我们使用“能力”这一术语，因为它是由人才、信息、技术、程序规则等结合形成的组织资产。我们并非要提出看待战略能力的新视角，而是把它作为人才策略的基础。为此，战略能力的概念必须是具体和切实可行的。HR和直线经理需要掌握有效的方法，来识别自己公司所特有的战略能力。我们无法告诉你，每个组织要获得成功，必须具备六项战略能力，你该如何衡量和管理这些能力。相反，我们认为不同公司的战略能力截然不同，战略能力的执行方式也有很大差异。**正是战略能力执行方式的不同，才使得企业能够建立差异化的人才策略，并可能形成竞争优势。**

例如，我们并不主张将速度、创新、灵活性等作为典型的战略能力。尽管它们可能是理想的组织特性，甚至代表了战略能力得到良好执行的结果，但当进一步设计人才策略时,这些概念的用处又非常有限了。因为它们既不具体，也不可行。首先，这些特性很难成为管理策略的立足点，人才管理决策与这些概念之间充其量也不过是间接关系。其次，任何“最佳清单”都意味着所有的组织应当通过相同的战略能力进行竞争。这样的话，当你和竞争对手采用相同的方法，战略能力就很难成为差异化的来源。

以产品创新为例。向客户推出新产品、新服务和解决方案的能力，以及现有产品的新应用，对实现诸多“顾客价值主张”都是基础的要求。然而，对一个特定的公司而言，创新的特性、创新的执行以及向客户提供创新产品的方式都是完全个性化的。只有在这个特定公司的战略执行层面，所谓的创新才是竞争优势的基础。设计人才策略时需要聚焦到这个层面。接下来我们将看到一个实例。BankCo 是一家大型区域性银行，其战略重点是中级商业信贷市场。对这家银行来说，创新与推出新产品或新服务无关。创新在银行的经营战略中所起的作用，主要体现在客户关系经理基于的标准化产品组合,为客户提供创新性的解决方案。因此,银行的人才策略之一，就是重点投资于商业信贷业务的客户关系经理职位。衡量人才的战略价值标准之一是：客户对其提供创新性解决方案的能力的评价。

从战略入手

列出一张战略能力清单很容易，我们至少可以列出 30 多项战略能力，它们中的每一项都至少适用于某一行业的某一家公司。基于这些清单，你可以从中寻找更适合你的公司的能力项，也可能会被适用于任何一家公司的能力所吸引，比如产品与服务创新。然后，你会做些什么呢？你会认真分析这项能力在你的公司中到底起到什么样的作用。或许这些清单可以让你很快上手，但如果你进一步思考如何使用它时，我们认为你会发现自己已经回归到经营战略，将其中的独特因素作为决策依据。这也是我们建议你的入手之处。

为了使人才策略与战略能力相链接，有几种明确战略能力的方法。请记住，明确战略能力不是目的，这一过程的目的是**让你重新审视人才策略**。本书的重点不是讨论战略规划，或者是你的企业应当将哪些战略能力作为建立竞争优势的基础。相反，我们先假设你的组织已经具备某些竞争优势，无论是明确的还是暗含的。即使没有清晰表述，实际上你的组织在何处以及如何参与竞争也已经确定，只是缺乏对如何执行战略的系统讨论。明确战略能力的过程就是从现有的战略中发现和阐述战略能力，然后这些战略能力就可以成为人才策略的基石。

不存在适合所有组织的、唯一有效的方法。有些组织的客户价值主张相对简单，战略能力也很容易确定。它们能够轻而易举地找到驱动战略执行、构成竞争优势的关键业务流程。这种情况在一些服务型组织，特别是非营利性组织中很常见，因为人才和战略成功之间的关系简洁明了。

当你去确定战略能力时，可以参考表 2-1 中的问题。这些问题可以帮助你区分哪些是战略能力，哪些仅仅是普通的业务流程。只有当一个流程具有战略性价值时，问题 1 的答案才是肯定的。正如我们前面提到的，有价值并不等同于具有战略性。**战略能力必须是实现客户价值主张的最重要的源泉。**

表 2-1　　战略能力诊断表①

你可以参考以下四个问题来评估某项能力是否属于战略能力	是	否
1. 这项能力是你向客户提供的价值主张的重要源泉吗？	□	□
2. 与竞争对手相比，这项能力具有独特性吗？	□	□
3. 如果竞争对手都依赖类似的能力，你的企业在这项能力的执行力方面能遥遥领先吗？	□	□
4. 如果竞争对手都依赖类似的能力，你的企业在执行这种能力时，能达到优秀水平以保持盈利吗？	□	□

① 本书作者更倾向于将战略能力定义为“最关键的业务流程”。在使用本表时，可将“能力”改为“流程”以便于理解。——译者注

问题2~4可以帮助你进一步判断哪些流程具有更大的战略性价值。你寻找的不仅是最有价值的能力，而且是**相对于竞争对手而言，能创造最大的差异化价值并且具有持续性的能力**。如果你对问题2的回答是肯定的，这项能力就具有最重要的战略性价值。你正在做一些与众不同的事情，这让你不仅可以为客户创造更大的价值，而且也让竞争对手很难模仿你的战略。在某些情况下，例如在服务业，恰恰是“与众不同地执行”这种能力，使企业提供的客户价值具有了独特而可贵的品质。因此，**要与众不同，所要做的绝不仅是“做得更好”**。

例如，在大型零售行业，物流和配送是必要的业务流程，但是大型零售商沃尔玛已经成功地通过差异化管理，把这个普通的业务流程转化成一项战略能力。与之类似，我们前面提到的一家大型区域性银行BankCo，在一个每家银行都把客户关系管理作为关键业务流程的行业中进行竞争。但是，在BankCo，客户关系管理是一项战略能力，因为它能以没有差别的标准化产品为基础，设计创新性的解决方案，更好地契合客户价值主张。

如果你对问题2的回答是否定的，而对问题3的回答是肯定的，那么这项战略能力的战略价值就很有限。你和竞争对手以同样的方式进行竞争，只不过你做得更好一些而已。问题2和问题3的差别是微妙的。重要的是，你要关注如何才能与竞争对手形成差异化，竞争优势的落脚点在哪里。

有一种极端情况（对问题2是完全肯定的回答），是这样的：你所在的组织是一家地区性银行，在商业贷款市场，竞争者都试图提供创新性的产品和服务。你的银行的产品在不断更新，但它们会被认为是行业相对标准的产品。为了赢得竞争，你依靠客户关系经理，基于这些标准化产品，为客户设计出创新性的解决方案。竞争优势的落脚点是客户关系管理能力，而不是创新性的产品研发（R&D）。那么，你的战略能力与竞争对手是不同的。

当你和竞争对手把同样的业务流程作为战略能力，但你执行流程的方法却与它们截然不同时，更加微妙的差异就出现了。再以 BankCo 为例，假设 BankCo 的竞争对手都强调客户关系管理。BankCo 强调的是客户关系经理在满足客户价值主张方面的作用，而竞争对手则可能更加注重产品信息的质量和客户获取信息的便利性。如果你和竞争对手在现实中的差距像上述情形，那么你的公司可能处在第 2 种和第 3 种情况之间。

尽管可能会有中间阶段，但如果你对问题 3 的回答是肯定的，你的战略能力与竞争对手完全相同，能力架构也完全一样，只是你的流程执行能力强于竞争对手，你的组织就完全处于第 3 种情况。再以 BankCo 为例。上述情形就相当于 BankCo 和竞争对手都通过提供创新性的解决方案进行竞争，但是 BankCo 拥有竞争优势，因为它是第一家为客户提供更具创新性服务的银行。但是，这种战略能力的竞争优势很有限，因为一旦这种做法被证明有效，BankCo 的竞争对手可以轻而易举地加以模仿。

最后一个层次可以称为同质化竞争（对问题 4 的回答是肯定的）。战略能力是客户价值主张的一部分，但你的做法与竞争对手没有任何差别。你与竞争对手通过相同的方式，为客户提供相同的价值。这种从众的策略能让你暂时拥有参与竞争的资格，但不会赢得长期的、高于平均水平的业绩。

从战略地图到人才地图

如前所述，在实践中确定企业的战略能力可能会比理论上更容易。尽管战略能力这样的说法在一些企业中不常见，但大部分领导者发现，按照表 2-1 中问题的引导，他们能够轻而易举地确定自己的战略能力。但是，从给战略能力贴上标签，到设计出差异化的人才策略，是一个巨大的飞跃。这中间缺少的，是人才如何对战略能力的成功做出贡献的逻辑。

清晰界定人才在组织中的战略作用，或者说明确人才差异化策略的潜在价值，是一个两阶段的过程。第一阶段，需要更加清晰地阐明战略能力是如何对实现战略目标做出贡献的，以及哪些驱动因素能够提升该项战略能力的有效性。为了创造预期的客户价值主张，应当如何执行战略能力？执行成功的战略影响是什么？正是战略能力能够使公司拥有与众不同的经营战略，对我们而言更为重要的是，它也是人才管理差异化的基础。战略能力为人才策略提供了战略性的聚焦点。第二阶段，就是要阐明人才将在哪些环节起到驱动作用以及如何驱动战略能力的成功。

表 2-1 中的问题是检验战略能力的试金石，这些战略能力将是设计人才策略的基础。制定正确的人才策略，要求你必须清楚：**在组织中，人才是如何创造战略性价值的**。在实践中，这意味着要确定哪些员工对驱动战略能力的责任最大，以及对这些职位的关键绩效要求是什么。若想明确定义关键绩效——也就是我们前面所说的员工成功，需要同样清晰地描述组织战略的关键驱动因素。罗伯特·卡普兰、大卫·诺顿提供的**战略地图**（strategy map）流程是界定这些战略驱动因素的最好方法。

在绘制战略地图的过程中，你会被迫思考两个与人才策略密切相关的战略问题。第一，绘制战略地图会激励你不仅思考战略的财务维度，而且会思考非财务维度（如客户体验、品牌等）。第二，绘制战略地图突出了价值创造的时间顺序。达成最终绩效成果的驱动因素会更加清晰。卡普兰和诺顿把这种差别称为领先和滞后指标[①]，这对阐明人才的战略性价值很有用，因为人才是衡量战略成功的典型的领先指标。**战略地图使人才和战略成功间的关系更加明确。**

① 滞后指标是反映公司过去的财务情况的指标，如财务指标；领先指标是影响公司未来收益的指标，涉及客户、内部经营、学习与成长方面的过程性指标，具体可参见《平衡计分卡战略实践》一书。——译者注

为了绘制战略地图，**第一步要从战略成功的最终绩效标准入手，探寻其背后的关键驱动因素**。对企业来说，战略成功几乎全部是通过财务绩效来衡量的。这些组织大都不缺乏财务指标，问题是如何将这些指标去芜存菁。对非营利性组织而言，战略成功可以通过服务目标来衡量。对于上述两类组织而言，这些都是组织成功的底线。

第二步是找到组织获得底线成功的直接驱动因素。特别是要思考，为了实现第一步中界定的财务成果,需要在客户和市场方面取得怎样的成果。例如，到底需要怎样的市场成功？增长是通过开发新客户来提升市场份额的，究竟是提升现有客户的荷包占有率（wallet share），还是基于在新市场开拓新客户？为了获得市场成功，你必须满足哪些客户价值主张？

到目前为止，你已经定义了战略成功的财务绩效，明确了取得财务成果所需的市场绩效，并阐明了达成市场绩效所需要满足的客户价值主张。**最后一步是聚焦到驱动市场和客户绩效达成的内部运营体系**。在这一阶段，通常被强调的特征是：可靠性、质量、速度和效率，等等。但是，这些通用因素应该根据你所在组织的价值主张的具体细节，进行个性化的调整，以具有独特性。

正如我们前面总结的那样，战略地图描述了从组织内部流程到客户价值主张，再到财务绩效的因果逻辑。尽管我们使用的是大家较为熟悉的术语“战略地图”，但更确切地说，我们的方法会产生“人才地图（talent map）”。它或许没有真正的战略地图那样全面，因为它的目标不是提供一个全面的模板以管理整个战略。我们只是试图阐明战略的人才维度——我们称为“人才策略”。人才地图中的因果关系旨在揭示人才的战略影响力。例如在 BankCo 一例中，公司可以为各个业务部门开发单独的人才地图。

既然绘制地图的目的是揭示人才是如何驱动战略成功的，那么，在地图中阐述人才影响的方法就与传统的战略地图有所不同。在通常情况下，有关人才的主题出现在战略地图的第4阶段。诸如“战略思维”等一些与“人”有关的宽泛议题，被作为人才策略和HR职能关注的核心。在我们的方法中，人才被看作是一个更系统、更聚焦的（或者说差异化的）战略驱动因素。因此，在我们的方法中，人才的影响不仅仅出现在第4阶段，也是内部运营和客户层面的驱动力。这反映了我们绘制人才地图的初衷：**尽可能清晰地阐明人才对战略执行的影响，包括影响的程度和落脚点。**如果不能清晰地阐明这一点，人才策略中的差异化就失去了最重要的基础，也就无从谈起。

如果执行得当，绘制战略地图将囊括战略执行过程的各个方面（和各个层级），并能建立共识，以便所有关键职位上的员工都能明白，若想取得战略成功，需要做哪些事情。一旦你也认可那些具有战略重要性的工作事项，那么人才策略就有了焦点，也就很容易与之相结合。对于人才在哪里以及怎样产生战略影响，你就会有一个更加清晰的理解。**在这个过程中的每一个阶段，直线经理和HR的共同参与最为重要。**

集团层面的战略与人才地图

对于多业务集团，在哪一个层面进行战略地图聚焦跟其具体业务特点有关。我们回到之前的AA公司的例子。作为一家多业务的零部件供应商，它在集团层面管理自己的战略。战略地图的重点是跨业务单元的战略能力。图2-1是AA公司的战略地图。我们做了一些处理，让这份地图简便易懂，同时又能展示它对于制定人才策略的价值。

增加收入是AA公司的核心目标。由于AA公司的客户是世界领先的汽车–航空航天公司，所以增加收入就意味着增加对现有客户的销售额，而不是增加客户数量。因此AA公司要进一步满足这些客户的价值主张。AA公司发现，它的客户需要质量上乘、品质可靠的产品，新产品的交付周期要尽可能短，所有的产品都必须保证低成本，并且能够及时供货。AA公司认识到，满足客户价值主张的关键是它的产品创新流程—— 一项必须完美无瑕地执行的战略能力。这一流程的核心是一套同步工程系统，它在设计和制造上兼顾了系统和客户两方面的需求。来自五个业务部门和财务、营销部门的员工组成了几个跨职能的产品开发小组，共同管理这一系统，并时刻关注和回应客户的需求。

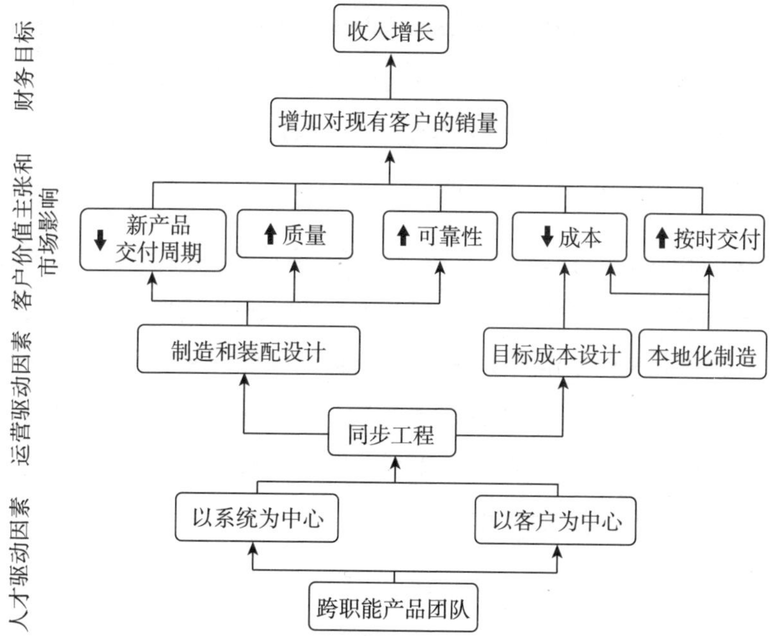

图 2-1 AA 公司的战略地图——产品开发能力

这一简化的分析始于底线财务目标，明确了为实现这些目标必须向顾客提供什么价值，描述了提供这些价值的内部流程，最终把重点放在对整个流程具有最大影响的那部分员工身上。在绘制地图及相应的探讨过程中得出了两个重要的结论：第一，该流程揭示了战略能力的范围和结构，在本例中，即产品创新流程。一旦你开始思考该因果逻辑中的战略驱动因素，真正战略性的业务流程，即公司的战略能力，就会被挖掘出来。同样，那些非关键的流程和职能也会变得更清晰。第二，通过将这个分析进一步延伸至对战略能力至关重要的职位，你已经开始揭示人才策略是如何对战略成功做出贡献的了。

通过以上过程，AA 公司界定了两个关键职位，也就是我们所说的 A 类职位。在 A 类职位上的员工，工作绩效可能会存在巨大的差异，而且这种差异会对战略能力的执行产生重大的影响。明确 A 类职位是实现第 1 章中所描述的人才差异化第 4 阶段的关键（关于确定 A 类职位的过程，我们在第 3 章中会展开更详细的讨论）。AA 公司界定了产品创新流程中的两个关键职位：新产品导入项目经理和高级工程经理。

我们在图 2-1 中可以看到，最后一个战略驱动因素是跨职能产品团队，它是由新产品导入经理领导的。当 AA 公司评估产品开发流程时，它发现这些团队的绩效存在巨大的差异，而这种差异大部分可归因于团队的领导者——新产品导入项目经理。这是一个典型的关键职位。AA 公司也发现，在公司 700 多名工程师中间，有 20 名左右的工程经理对新产品导入流程的执行起到关键作用。这些职位对应于战略地图的运营层面。

图 2-1 使整个流程看起来令人却步，实际上并非如此。重要的是直线经理和 HR 之间围绕地图绘制开展的研讨。正是通过研讨，使他们在什么是战略性因素、人才策略如何驱动企业战略等问题上达成共识。战略地图本身只是呈现研讨结果的工具，但是针对你在制定员工策略时应当考虑的重要问题，它也提供了一些重要的答案。这些问题包括：

- 人才策略应该关注的重点是什么？在 AA 公司中，重点是如何让两个 A 类职位——新产品导入经理和高级工程经理创造卓越绩效。
- 为什么这些职位如此有价值？因为这些职位上的人才对我们的战略能力——新产品导入流程有着最重要的影响。

- 为什么产品创新如此重要？因为它是 AA 公司满足客户价值主张的关键所在，也是竞争优势的来源。
- 这对 AA 公司的其他职位意味着什么？这并不意味着你要忽略其他职位，而是说它们不会得到和 A 类职位同样的重点投资，至少应当削减对财务部门员工的投资。

业务单元层面的战略与人才地图

在业务单元的层面思考战略问题会更简单一些。不同业务单元的产品和服务各不相同，所以关注公司层面的战略能力价值不大。AA 公司最终将自己定位为一家“工程企业”，因此在集团范围内聚焦于工程能力是有现实意义的。在像 BankCo 这样的区域性银行中，情况则有所不同：战略能力体现在业务单元层面，因此在进行战略能力分析的时候，可以把业务单元作为重点。当将某一业务单元作为对象时，引入战略地图的概念可能会更容易一些，HR 部门可以在其中发挥积极作用。

BankCo 银行就是很好的例子。银行的 HR 高级副总裁希望 HR 职能能够发挥战略性作用，但是他需要一个对直线经理和 HR 同样有吸引力的方法。人才差异化策略在理论上行得通，但是他们想看看实践中的效果。最终他们决定，先在商业信贷部门实施一个示范项目。第一步就是绘制图 2-2 中的战略地图。

绘制战略地图可以直观地呈现领导者在这一过程中的思考成果。HR 和商业贷款部门的管理团队展开了研讨，很快就辨别出财务目标。常规的收入增长、盈利性、成本管理等内容都是高管们所关注的，但管理团队最关注的是收入增长。业务该如何取得增长？下沉到客户层面，他们认为并购是一种可能的手段，但更有潜力的方法是增加对现有客户的销售额。这意味着基于现有的贷款产品取得更大的荷包占有率，也意味着将银行的其他产品销售给现有的客户。

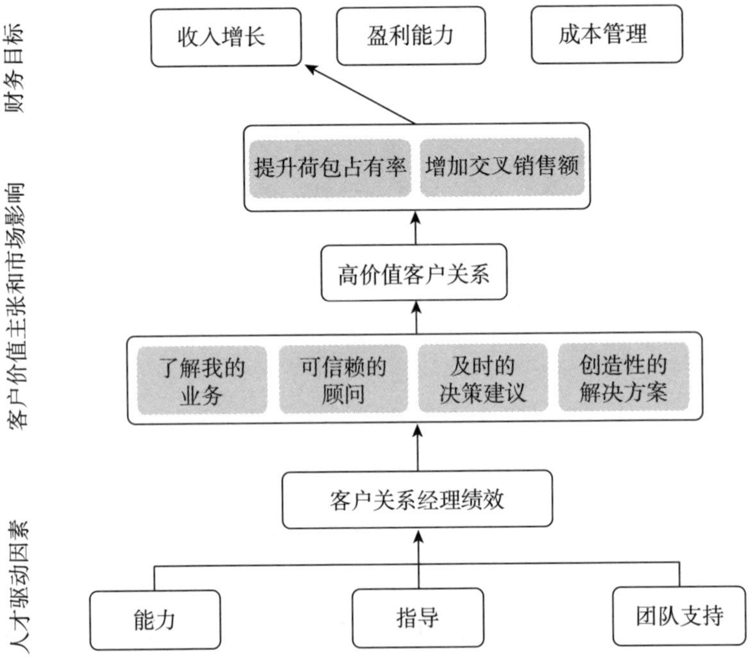

图 2-2　BankCo 商业信贷部门的战略地图（节选）

BankCo 有几种选择。它可以把重点放在开发新产品上，但高管团队认为这并不是自己的竞争优势。因此，它选择了“与客户建立高价值的关系”这一路径。接下来，BankCo 明确了实现这一价值主张的关键性驱动因素。客户需要银行理解他们的业务，能够成为一个可靠的顾问，能够及时提供决策建议，最重要的是，能针对他们的业务提供创造性的解决方案。通过分析可以看到，尽管商业贷款客户和 BankCo 之间建立了正式的关系，但这种关系的价值是由客户关系经理创造的。对 BankCo 来说，它显然是一个关键职位。在 BankCo 的人才地图中，没有包括传统战略地图中常见的内部运营层面。这种省略强调了客户关系经理对满足客户价值主张的直接和有力的影响。在这个案例中，人才的战略影响正好发生在组织与客户的接触点上。

案例：BankCo 如何提升人才策略的差异化水平

到目前为止，我们已说明了界定战略能力与 A 类职位的重要性。下面我们简要描述一下，如何以战略能力为基础，设计人才差异化策略。我们在本书后面的章节中会展开更详细的讨论，这里以 BankCo 为例，来概括一下人才差异化策略的主要特征。

确定战略重点

建立差异化的人才策略，第一步是确定战略重点（Strategic Focus）。确定恰当的战略重点意味着识别出正确的战略能力和正确的职位。人才管理策略要具体可操作，它所管理的不是抽象的"人"，它要管理的是"将人才转化为战略成功"这一过程，是在具体职位中的具体员工的业绩。很多组织有数以千计的职位和数以万计的员工。第一步是将关注点放在具有战略价值的关键职位上。为此，我们首先识别正确的战略能力，然后找到正确的职位。在 BankCo 的商业贷款部门，客户关系管理被视为战略能力（如图 2-2 所示），这意味着客户关系经理职位应成为人才策略关注的重点。

整合人才管理体系，与战略重点保持一致

建立差异化的人才管理策略的第二步，是调整人才管理策略，使其执行方向与战略重点保持一致。那么，调整什么呢？首先是体系契合（systems alignment），即要将人才管理体系与战略性职位管理的需求相结合。HR 职能与人才管理体系中，影响战略性职位绩效的各个方面必须得到有效的整合，以促进战略性职位绩效的最大化。整合各项 HR 实践以创造价值就像打造一根连环链条：现行的薪酬体系是如何激发战略性职位上的员工绩效的，又是如何保留高绩效人才的？培训发展项目是服务于宽泛的"高潜力人才"，还是聚焦于战略性职位上员工的能力发展？人才搜寻所关注的具体职位要求，是确保战略

性职位创造绩效所需要的那些要求吗？要记住，任何一个环节出现问题，都会破坏整个系统的价值。

当 BankCo 明白了自己的战略能力所在，认识到了客户关系经理这一职位的重要性，它就发现人才管理体系中有几个方面缺少战略性的整合。例如，客户关系经理这一职位所适用的薪酬和职业发展体系不具有针对性，是在整个银行范围内的统一框架下（别忘了，我们现在讨论的只是商业信贷部门），而且在很多其他银行都能看到相同的这种体系。

这套整体薪酬和职业发展体系强调整个银行间的统一性，看起来运作良好，但它并没有提升客户关系经理的绩效。BankCo 失去了太多经验丰富的客户关系经理，失去的这些人通常都是这个职位上最具价值的员工，而且这种流失还在持续。为什么会这样呢？因为他们都转向了管理职位，那里有更诱人的奖金和发展机会。也就是说，BankCo 的员工职业发展体系的导向与经营战略的目标实际上是南辕北辙的。

明确直线经理的人才管理责任

实现人才差异化管理，要求在管理者和关键职位之间建立更紧密的联系。**直线经理必须对关键人才的发展和绩效负责**。对管理者的绩效考核和激励必须体现他们在关键人才管理中的角色和责任。

在 BankCo，将客户关系管理确定为战略能力之后，管理者阶层对部门业绩的影响就显而易见了。客户关系管理人才的培养主要是通过实践，而不是正式的培训。管理者对客户关系经理的日常辅导和培养，对于他们在实践中的成长非常重要。但是管理者并不认为他们要对下属的发展负责，也不会因为做了这部分工作而受到奖励。当一位经验丰富的客户关系经理离开该部门时，团队领导也很后悔，但是他们并不认为减少人才流失是自己的职责。他们对此采取的行动只是尽快告知 HR 部门，并让他们安排接替的人。这样的做法造成了潜在的巨大损失。

围绕战略能力，再造 HR 职能

差异化的人才策略需要全新的 HR 部门。在通常情况下，一个松散的 HR 体系是 HR 职能按传统、按功能模块分割设计的自然结果。当 HR 和直线经理都认为 HR 部门的首要责任是提供专业技术（薪酬、培训发展、员工关系等），而不是战略绩效时，问题就产生了。

职能型结构决定了 HR 活动的理念和重点。在此结构下，对员工的投资缺乏战略重点。你是否曾考虑一个新的人才发展项目，或者是否需要一个这样的项目？首先要考虑的问题是，它是否会提升关键职位的绩效？一旦有了战略逻辑，如何评估这些发展项目的效果也就变得很清楚了。传统上你可能会追踪接受培训的员工数量，或者将人均培训成本与行业标准进行对比，但这些都不是关键的衡量标准。如果你在 BankCo 银行，并为客户关系经理制订了一项培训计划，那么衡量培训效果的唯一标准，就是它是否提升了客户关系经理的工作业绩。

建立正确的效果评估标准

设计人才差异化策略的最后一步，是建立正确的效果评估标准。关注哪些指标可以更好地评估人才管理工作的有效性，通常能够引发我们对整个人才管理体系的思考。如果前面提到的所有的差异化要素都做到了，确定恰当的衡量指标就变得很容易。回顾一下我们前面提到的几个步骤：确定战略重点、整合人才管理体系、赋予直线经理恰当的责任、重新设计 HR 职能等。很显然，**应当评估关键职位的绩效而不是关注人均招聘成本等指标。评估标准就是问题的答案。找到答案的关键，是提出正确的问题。**确定战略重点、整合管理体系使你提出正确问题的几率大大增加。一旦提出了正确的问题，你就不会在一大堆员工调查结果面前无所适从了。

本章小结 THE DIFFERENTIATED WORKFORCE

“差异化”的过程，包含着一系列根据战略逻辑进行的选择。现在你已经知道，为什么差异化的人才管理策略不仅仅是成功执行组织战略必不可少的支持，也是提升人才和 HR 职能的战略贡献的最有效途径。你可以从战略逻辑出发，首先确定哪些战略能力是人才管理策略的关注重点，然后将人才管理策略的各模块与战略重点相匹配，所有这些选择、决策都意味着更深入的差异化。最后，建立恰当的绩效标准来管理和评估人才管理策略。本章提供了一个宏观的整体画面。在后面的章节中，我们将继续细化这些观点，并重点阐述差异化的人才管理策略的实施。

THE DIFFERENTIATED WORKFORCE

TRANSFORMING TALENT INTO STRATEGIC IMPACT

03

把 A 级人才放在 A 类职位上，为 A 类客户创造价值

步骤 2：识别战略性职位

THE DIFFERENTIATED WORKFORCE **人才管理自测**

4 个要素，识别战略性职位：

战略影响力	是	否
这种能力能使我们夺得目前市场上高比例的财富份额吗？	□	□
这种能力能使我们在未来的市场上夺得高比例的财富份额吗？	□	□
这种能力对我们企业的品牌形象有积极的影响作用吗？	□	□
这种能力能为我们企业的资本市值增加大量的无形价值吗？	□	□
这种能力能增加收入，从而对企业的价值创造产生显著的影响吗？	□	□
这种能力能减少成本，从而对企业的价值创造产生显著的影响吗？	□	□
这种能力是否主要存在于我们企业所特有的价值创造流程中、难以被他人复制？	□	□
这种能力是否主要存在于那些对企业创造财富的能力具有重大影响的职位中？	□	□

绩效变动性	是	否
在这一职位上，最高绩效和最低绩效者之间的绩效差距很大吗？有多大？	□	□
确认某人“绩效差”是否很难？	□	□

顶级人才影响	是	否
在这一职位上，员工绩效的改善会在很大程度上提高企业绩效吗？	□	□

顶级人才稀缺性	是	否
这一职位上的顶级人才是否很难被吸引和留住？	□	□

在制定差异化的人才管理策略的过程中，关键的第一步是澄清企业战略，并界定对战略执行至关重要的战略能力。第二步是识别出那些决定战略能力有效性的战略性职位，并要明确这些职位上的员工需要具备的胜任能力和行为标准。本章将讨论这些话题。我们以选择“识别战略性职位在成功实行差异化人才管理策略的过程中所扮演的角色”作为出发点。

战略性职位对人才管理策略的影响

识别战略性职位，首先要阐明企业战略（我们将如何参与竞争）以及相应的战略能力（为了在竞争中获胜，我们必须在哪些方面做得格外出色）。一旦明确了这两个因素，就能识别出战略性职位了。然后，就可以着手改善这些战略性职位上的员工绩效了。也就是说，识别战略性职位（即 A 类职位）的目的就是：**将 A 级员工配置在 A 类职位上，为 A 类客户服务，最终是增强企业的竞争优势、为企业创造更多的价值。**

差异化的人才管理策略中的职位价值评价方法要求从战略出发评价职位价值，在此基础上，将人才管理的焦点与投资向价值高的职位倾斜。那么如何判断职位的战略性价值呢?

传统职位评价方法的致命缺陷

传统的工作设计以员工自身特点及其工作环境（而不是他们要执行的战略）为基础。一直以来，绝大多数大型企业都采用复杂的职位评价系统来给职位打分和排序，然后依照打分结果决定它们在薪酬体系中的位置。例如，海氏职位评估系统（the Hay System）用知识技能、解决问题能力、责任心以及工作环境等四个要素对职位进行评价，对不同的职位，每个评价要素的得分会有所不同。典型的职位评价流程会先选出标杆职位并对其进行打分，然后其他职位通过与标杆职位的比较进入职位等级体系。职位评价的结果影响着诸多人事决策，尤其是薪酬体系。

近年来，职位职责的范围有了大幅扩展，变化节奏也在急剧加快。因此，就像传统的会计系统过于关注有形资产而忽略了无形资产一样，传统职位评价系统的作用也大不如前。传统的职位评价方法注重从企业内部和历史的角度来定义价值，但现在必须找到一种更注重面向未来的价值创造以及职位的战略价值的方法。更具体地说，传统方法可能在稳定的环境下有效，如稳定的公司、职位及（当地的）劳动力供给，这种“稳定”与当下竞争日趋激烈，形势瞬息万变的环境已经完全不同，所以我们需要一种全新的，更具战略性的方法来设计工作以及对职位价值进行评估。

在我们与许多企业高管共事的经历中，我们发现，很多大型企业已经在实践中得出了相同的结论，并且正在大幅改变他们针对工作和人才管理体系的设计与管理手段。在美国世纪投资、美国心脏协会、百健艾迪、思科、高露洁、帝亚吉欧（Diageo）、通用电气、葛兰素史克、海尔、霍尼韦尔、IBM、大都会人寿保险有限公司（Met Life）、罗氏制药、意大利电信集团（Telecom Italia）以及惠氏等企业，管理者们正在重新思考应该如何对员工进行投资。他们已经清楚地认识到，不同职位对战略成功的贡献各不相同，对它们的管理也应当有所差别。在“对战略性职位进行差异化管理”中，一些 HR 高管阐述了识别战略性职位的重要性。

THE DIFFERENTIATED WORKFORCE
人才管理洞察

对战略性职位进行差异化管理

我们必须建立管理员工的新方针，以确保我们未来在美国和欧洲市场的竞争力。

——丹·费伦（Dan Phelan）
葛兰素史克公司高级 HR 副总裁

在意大利电信集团，我们关注的是在职位上配置更多的A级员工，特别是在A类职位上。为此，我们建立了“管理评审”流程。

——卡洛·博蒂里尼（Carlo Bertelegni）
意大利电信集团 HR 副总裁

仅仅确定战略性职位是不够的。你必须在招募、甄选、发展与激励等方面多管齐下，以确保在这些职位上有较高比例的顶级人才，并且要让他们知道公司非常重视他们，这样公司才能留住他们。

——雷·卡森（Ray Carson）
惠氏保健品公司高级 HR 副总裁

资料来源：所有引言均来自其个人与作者之间的私人交流。

这些引言指出了传统职位评价方法的潜在问题：它们显得过于迟缓、僵化，以牺牲战略能力、价值创造和市场竞争力为代价，把重点放在了内部公平上。职位在企业中的形成历史与其天生的抗拒变动的惰性，对企业影响巨大：在很多企业，工作职责一旦确定，再想调整会碰上不小的麻烦，这一点可谓众所周知，所以企业有必要定期检查工作和职位的设计情况，不过大部分企业都没有这么做。当内部调整跟不上企业战略和外部环境的变化速度时，问题就变得非常突出。企业的工作设计应具有更强的适应能力，问题是，如何才能增强适应能力呢？

其实，企业可以借鉴供应链管理的做法来管理人才。在供应链管理中，企业优先考虑进行获取并配送的，一定是最有利可图的产品或服务：它不会采用“一刀切”的方法，相反，它会花相当大的精力来理解业务的价值链与利润来源，然后根据核心客户的需求来设计（调整）相应的采购、配送和物流策略。

将这种流程与企业的人才供应管理进行比较，我们会发现，许多企业的人员配置策略类似于“先进先出法”。例如，很多战略性职位上一直空缺着，与此同时企业却忙着为其他非战略性职位填补空缺。设想一下，如果企业以类似的方法来管理自己的热门新产品（例如任天堂 Wii 游戏机或者苹果笔记本电脑）的供应链流程，结果将会怎么样？在人才管理方面的投资必须基于战略能力，或者更具体地说，必须基于战略性职位。

从战略能力到战略性职位

在大多数企业中，员工是最昂贵但又是管理最薄弱的资产。在全球化竞争时代，为了员工和公司的共同利益，企业需要采取全新的方式来管理人才。我们相信，**采取更加差异化的人才管理策略是大势所趋，企业将越来越注重公平，而非平等。**

想一想我们常见的情况：企业在发展过程中，逐渐丧失了对不同职位的战略重要性差异的关注，代之以官僚层级进行区分；在发展过程中，企业日益趋于建立标准化的 HR 管理流程和体系，甚至刻意消除系统中的差别，以显得更加整齐；企业也会重视流程改善，却往往以牺牲战略价值为代价（六西格玛运动在这其中起到了推波助澜的作用）……这种情况所导致的结果就是：人才管理策略越来越同质化和平庸，并与企业战略完全脱节。怎么办？

企业应当摒弃传统采取一种新模式。在这种模式中，职位价值由实现战略成功所需的战略能力所决定；然后，企业需要将投资向战略性职位倾斜，确保把 A 级员工放在 A 类职位上，为 A 类客户服务。同时，他们也必须有效地管理 B 类和 C 类工作职位，尽快淘汰 A 类职位上的 C 级员工（代之以 A 级员工），并确保 A 类职位上的 B 级员工能够尽快改善自己的绩效。同样，B 类职位上的 A 级员工要尽快安排到 A 类职位上，以充分利用他们的技能。这一过程就是人才管理差异化，在表 3-1 中，我们简要地描述了这一过程的关键要素和程序。

在提供单一产品或服务的企业或部门中，确定战略性职位通常很直接，因为直接影响财务目标的职位很少，对于管理者来说是显而易见的（只要他们能开始寻找）。但是当一个职位（不论它是不是战略性的）影响多项战略能力时，情况就会变得复杂起来。

无论情况有多复杂，我们都建议管理者多花一些时间，彻底想清楚哪些是对战略成功最为重要的战略能力和战略性职位。管理者们有时会迫于某种压力而跳过这一步骤，直接将一些似乎是显而易见的职位指定为战略性职位。这种做法从长期来看是短视行为，因为他们往往会漏掉一些真正有战略价值的职位。他们可能会过于关注高级管理职位，而忽视了那些层级较低但与客户直接打交道的职位。我们建议管理者严格遵循表 3-1 中所述的流程，以确保识别出业务中真正的战略性职位。

确定了战略性职位之后，下一步就是以清晰的行为式的表述方式，详细说明这些职位上的“A”级绩效所应包含的产出和关键行为。在 A 类职位上，

A 级员工和 C 级员工的绩效差值可能是 20 倍，甚至更大。因此，关注 A 类职位面临的阻碍以及可以采取的改善措施应当是重中之重，因为对企业来说，此处的改善需求迫切，且回报丰厚。我们在表 3-2 中提供了一些成功实现人才管理差异化的企业实例，看看它们是如何聚焦 A 类职位进行人才管理的。这些企业有一个共同特点，即都认识到确定 A 类职位以及针对 A 类职位制订行动计划的重要性。关于 A、B、C 三类职位的关键特点将在后文详述。

表 3-1　　差异化人才管理体系的构建流程

	澄清企业战略	界定战略能力	识别战略性职位	评定员工（级别）	针对战略性职位上的员工的调整措施
	• 卓越运营 • 产品领先 • 亲近客户	• 列出可能的战略能力 • 审核战略能力的评估标准 • 评估每项战略能力对（现在及未来）价值创造的影响 • 确定 3~5 项战略能力	• 列出每项战略能力内的所有职位 • 评估每个职位对（现在及未来）价值创造的影响，初步确定战略性职位 • 明确这些战略性职位的绩效变动性[①] • 最终确认战略性职位 • 检查其他职位（不在战略能力之内，但有影响价值创造的潜能）	• 制定 A、B、C 类职位的评定标准 • 根据评定标准评价所有职位 • 将所有职位按 A、B、C 类进行归类 • 评定所有职位上的所有员工 • 确定所有职位上 A、B、C 三个级别的员工比例	• 撤销 C 类职位 • 将 A 类职位上的 C 级员工调离 • 将 A 级员工放在 A 类职位上 • 发展 A 类职位上的 B 级员工，使其成为 A 级员工
高管团队	√	√	√		
直线经理			√	√	√
HR 部门			√	√	√

① 绩效变动性（performance variability）是本书提出的重要概念，指特定职位上的高水平绩效与低水平绩效之间的差异大小，下一节“战略性职位的两大特点：战略影响力与绩效变动性”中有详述。——译者注

表 3-2 成功实现人才管理差异化的企业对 A 类职位的管理

企业名称	关于 A 类职位的观点	针对 A 类职位的行动计划	点评
美国世纪投资	• 要实行细致且外显的人才和职位的差异化管理	• 界定战略性职位 • 对战略性人才进行严格的绩效评价 • 制订缩小绩效差距的行动计划	严格的绩效评价和激励体系全力关注的重点是投资类职位（即战略性职位）以及如何确保这些职位上拥有“顶级人才”
百健艾迪	• 并非每个职位都对战略能力有贡献	• 继任计划以战略性职位为优先重点 • 具有战略性职位潜力的人员发展与晋升是重点工作，并要进行细致跟踪	根据职位的战略价值给予差异化的投资和激励
思科	• 基于业绩表现确定并淘汰 C 级员工 • 绩效评价的重点是那些影响客户成功或价值创造的中高层管理职位	• 领导力建设重点关注直面客户的战略性职位，重新设计激励机制，确保其能够强化增加客户价值（企业财富）的关键行为	“所有高管都必须实现客户的目标，否则就没有奖金。”——CEO，约翰·钱伯斯（John Chambers）清楚地认识到，在高科技行业，真正实现财富创造的职位是那些为客户提供解决方案的职位，而不是解决技术问题的职位
高露洁	• 明确界定战略能力和战略性职位	• 为战略能力范围内的战略性职位设计清晰的职业发展模型（素质模型和职业发展通道） • 对职业发展进行严格的评定 • 确保直线经理知道战略性职位（是哪个职位以及为什么的原因）	职业发展模型很好地保证了将战略性人才配置在战略性职位上（如消费者洞察职位），因此在职业发展上的投资得到了显著的回报
帝亚吉欧	• 聚焦战略性职位	• 重新界定 HRBP（Buisness Partner 业务伙伴）的角色，使其注意力集中到战略性职位上	已经界定了市场营销、消费者洞察和供应链管理等职能的战略性职位。业务线（Line of business）的 HR 经理对这些职位能力的快速提升负责，“及时满足战略性职位的人才需求”是其绩效指标之一
通用电气	• 首创 ABC 级员工（组织活力）的概念 • 开始注重战略性职位	• 对员工使用 ABC 评价法 • 集团对战略性职位（如领导层、并购管理等）实行统一管理	“我们可负担不起给所有职位都配上 A 级员工。”因此通用电气也在调整，其五个事业部群中的一个正在将重点放在 A 类职位上，并且以 A 类职位为核心重新调整人才管理策略

续前表

企业名称	关于 A 类职位的观点	针对 A 类职位的行动计划	点评
葛兰素史克	• 突出战略性职位的人才管理理念	• 已经分别界定了公司层面和业务线层面的战略性职位 • 直线经理承担明确的人才管理责任	在进行人才管理方面的投资决策前，公司会依照从战略能力到战略性职位再到战略性人才的顺序开展一系列评定，目的是最大化提升投资回报
海尔	• 撤销“无增值”职位	• 对创造财富的工作进行严格的绩效评定	不允许“无增值”职位和 C 级员工的存在，因而实现财富的两种类型（即增加收益与节约成本）得以强化。特别重视“增加价值”的工作
霍尼韦尔	• 将通用电气模式引入霍尼韦尔	• 采用通用电气的标准来对 A 类职位上的员工进行严格的评定，以此找到并留住 A 级员工，避免因“新人新政”导致员工评级标准发生偏离	“差异化是哺育高绩效文化的乳汁。”——CEO 拉里·博西迪（Larry Bossidy） 评定战略性职位的价值与评定员工价值都很重要，但要分别进行
IBM	• 对战略性人才实行弹性管理，而不是“终身雇用制”	• 认可“战略性人才的能力要求是动态变化的” • 认可“从外部获取战略性人才”的方式	围绕战略性职位和支持性职位，建立敏捷化的人才管理机制。IBM 明确提出，战略性工作不是一成不变的，人才管理的灵活性非常重要，这样才能保证战略性人才能够得到快速、持续的供应，同时又免去了建设昂贵的、嵌入式的人才管理平台的成本
罗氏制药	• 完成从素质模型到战略性职位模型的转变	• 去除无增值工作 • 将 HR 方面的投资向战略性职位倾斜	在欧洲的艰难经济环境中，首先剔除了无增值工作（即多余职位），然后淘汰 C 级员工。尽管仍然有很多问题待解决，但他们已经开始通过新的人才管理体系对战略性人才进行识别及差异化管理
惠氏	• 战略性职位要求 HR 职能进行相应的差异化调整	• 对战略性的创造财富职位给予认可、强调 • HR 实行差异化策略，战略性人才是其投资重点	高管团队在公开场合强调财富创造职位的价值，并且支持采用非传统的 / 差异化的人才投资管理体系对这些职位进行差异化投资

案例：好市多 VS 诺德斯特龙

将好市多（Costco）和诺德斯特龙（Nordstrom）[①]进行比较，我们可以发现战略能力和战略性职位是如何结合起来的。这两家知名的零售商在市场上都获得了极大的成功，而且都以令顾客满意而出名。尽管它们销售的产品极少有重叠，但它们却有着高度重叠的客户群（至少对本书的三位作者来说是这样，我们经常在两家商店购物，有时是在同一天）。但相似点也仅此而已：尽管两家公司都注重零售和让顾客满意，但它们实现这一战略的路径却截然不同。

诺德斯特龙采取的是亲近客户（customer intimacy）战略，即：它需要提供最新式、最高品质、最时尚的商品，由专业顾问（即那些让商店名声远扬的私人购物助理）提供个性化的服务。要实现这些承诺，公司必须在终端销售、购买、供应链及市场营销等方面具备世界级的战略能力。因此，下列职位对诺德斯特龙的成功至关重要：专业顾问、时尚买手、系统设计师（供应链管理领域）和消费者洞察专家（营销领域）。

相比之下，好市多采取的是卓越运营（operational excellence）战略。这意味着它必须在客户心目中建立性价比最高、产品多样、购买便利和交易便捷的形象。在好市多，最重要的战略能力包括选址、采购、物流、促销策划和会员管理（每年50美元的会员费是好市多重要的收入来源）。因此，好市多的战略性职位包括：店面选址分析师和品类采购、物流、促销策划和会员管理方面的专家。

对诺德斯特龙而言，个性化服务是关键；而在好市多，产品供货能力和低价位最重要。因此，两家公司的战略性职位也有所不同。表3-3描述了这两家公司在人才管理理念、员工思维、文化以及员工管理系统方面的差异。

---

① 诺德斯特龙（Nordstrom）是美国的高档连锁百货店，经营的产品包括服装、饰品、包包、珠宝、化妆品、香水、家居用品等。——译者注

表 3-3 创造财富的员工构成

诺德斯特龙					战略选择：亲近客户	
客户对公司特征的感知	战略能力	1. 终端销售	2. 购买	3. 供应链	4. 营销	5. 领导力
• 最佳解决方案 • 时尚前卫 • 专家 • 个性化服务	战略性职位 • 财富影响力① • 绩效变动性	1. A. 销售顾问 1. B. 品类主管	2. A. 时尚买手 2. B. 购货合约管理员	3. A. 系统架构师 3. B. 物流师	4. A.VP 营销 4. B. 消费者洞察专家 4. C. 品牌经理	5. A.CEO 5. B. 店长
好市多					**战略选择：卓越运营**	
客户对公司特征的感知	战略能力	1. 不动产	2. 采购	3. 物流、配送及信息系统	4. 促销策划	5. 会员管理
• 超值 • 便利 • 多样性 • 快捷	战略性职位 • 财富影响力 • 绩效变动性	1. A. 选址分析专家	2. A. 品类采购专家	3. A. 物流分析师 3. B. 分销合同谈判员	4. A. 布局专家 4. B. 店长 4. C. 促销专家	5. A. 会员营销专家 5. B. 会员系统管理员

战略性职位的两大特征：战略影响力与绩效变动性

战略性职位（即 A 类职位）有两大特征：战略影响力与绩效变动性。

战略性职位的一大特征是战略影响力，是指它们对企业的一项或多项战略能力有重大影响。它们可能存在于企业的任意层级。在大型制药企业，新产品研发科学家属于战略性职位。在诺德斯特龙，战略性职位是专业顾问（即私人购物助理）。在沃尔玛，战略性职位则是配送和物流专家。

战略影响力

当某一职位对企业的战略能力有相当大的影响时，它就具有战略性。例如，在一家聚焦新产品开发的制药企业，研发能力往往是重要的战略能力，而相应的战略性职位很可能就是研发科学家。然而并不是所有的研发科学家都属于 A

① “财富影响力”与“绩效变动性”是判断职位战略性价值的两大因素，“财富影响力”包括创造财富、损毁财富及财富中立三种类型，“战略性职位的两大特征”章节有详述。——译者注

类职位，只是那些在特定领域（例如心脏病治疗）从事新产品开发的研究员才是。与之类似，在一个软件公司，负责核心产品开发的程序员，显然比 IT 管理部的程序员具有更大的战略价值。

正如我们在第 1 章里提到过的，所有的职位都有价值，但不是所有的职位都具有战略性。这种差别对设计和实施有效的人才管理体系至关重要。战略性职位指极少数（通常少于企业职位总数的 15%）能直接增强战略能力的职位。战略性职位可以出现在企业的任何层面，会影响一项或多项战略能力。而那种**能同时影响多项战略能力的战略性职位尤其重要，因为它们可能是提升企业业绩与组织协同性的杠杆点。**

绩效变动性

除了对战略能力有直接影响之外，战略性职位的另一特征是有显著的绩效变动性（performance variability）。**所谓绩效变动性，是指特定职位上的高水平绩效与低水平绩效之间的差异幅度。**以销售人员的绩效为例，销售人员的绩效可能存在巨大的差别：一位顶级销售人员可以轻松地卖出一般销售人员 10 倍甚至 20 倍的产品。微软前首席技术官纳森·梅尔沃德（Nathan Myhrvold）说过："顶级软件开发人员比一般软件开发人员的工作效率不是高出 10 倍或 100 倍，而是高出 1 000 倍，甚至可能达到 10 000 倍。"

当然，只有极少数职位存在如此惊人的绩效水平差异。但是，绩效差别在 20~50 倍是很常见的，尤其是知识密集型职位，或是管控幅度或影响范围较大的职位（即其工作业绩会影响下级或者价值链中其他同事的绩效）。要想获得这些潜在的巨大收益，我们首先要找到战略性职位，然后采取差异化的管理方式，而实施差异化管理的依据就是员工绩效。按照我们的定义，只要是战略性职位，不仅业绩最好的员工与业绩最差的员工之间差距很大，平均水平的员工与顶级员工之间的差距也相当大。

绩效变动性能够对企业业绩产生很大的影响，但是并不只有高级程序员、研发科学家这类工作高度复杂的职位才具有这种绩效变动性。即使是一些工作比较简单的职位（如客服代表）上的员工，其绩效变动性也能提供相当大的改善企业业绩的机会。图 3-1 是一份来自盖洛普咨询公司（Gallup）的研究成果，由此可以明白为什么管理者需要真正理解“员工绩效变动性”。

对客户态度得分的影响

这家公司高度重视客户服务，他们调查了大约 45 000 名客户，以评估其 4 583 名客服代表对客户态度的影响情况。调查发现，排名前 10% 的客服代表对他们交谈过的客户产生积极影响的比例是 71%；排名前 7 位的客服代表对每位客户都会产生积极影响。与之相反，排名倒数 10% 的员工使客户态度得分下降了 14%；排名垫底的 3 位员工则得罪了所有与之交谈过的客户。

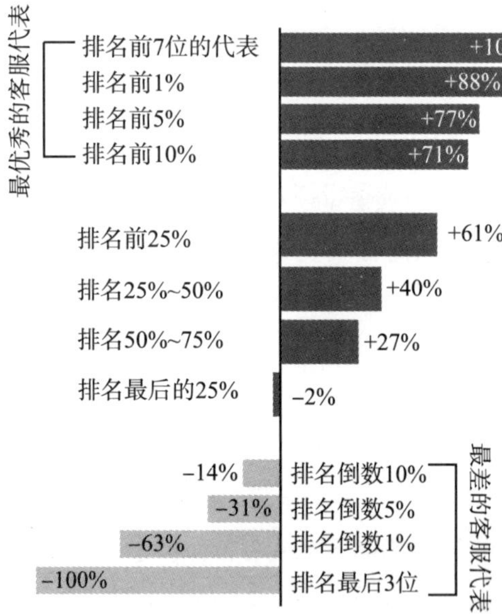

图 3-1　绩效变动性是识别战略性职位的关键因素

资料来源：《绩效管理的基本原则》（*Fundamentals of Performance Management*），《盖洛普管理杂志》，2005 年第 10 期，第 1~4 页。

根据图中的数据我们可以得出结论，公司如果给排名最后的10%员工支付工资，让他们待在家里不去上班，公司境况会更好！每位员工的年度薪酬总额大约是35 000美元，这些员工（458人）每年耗费公司1 600万美元。正如研究人员指出的那样，他们大大破坏了公司的价值，因此，更好的办法或许是你来支付薪水，让这些人为你的竞争对手工作！

根据我们与数以千计的管理者合作的经验表明，员工的绩效变动性比很多管理者认识到的更大。随着人才的重要性增加，我们相信这种绩效变动性会越来越大。**人才对公司的战略成功越重要，员工的绩效变动就越大。**因为人力资本在公司的价值创造中扮演的角色越来越重要，对这些资产进行战略性管理的重要性也在增强。

由于员工绩效的变动性很大，因此最好的员工，尤其在关键职位上的员工，变得更有价值，而最差的员工给公司造成的损失也会更大。这意味着管理者未来应该把重点放在管理员工的绩效变动上。

绩效变动性对财富创造的影响

绩效变动性所提供的是创造更多股东财富的机会，因为增加股东财富的最快路径就是增加战略性职位上的员工绩效。根据我们与数以千计的管理者合作的经验以及研究，我们认为**绩效变动性是一个被很多管理者忽视的关键因素。**这里面存在着提高人才管理策略的投资回报的巨大潜力。

绩效变动性高的职位，通常具有典型的特点：高绩效表现的员工可能会给公司带来巨大的财富；同样，低绩效表现的员工可能会给公司带来巨大的损失。对于这些职位，我们要做的是**提高这些职位上的员工的平均绩效水平，同时尽可能降低绩效变动性。**

以对冲基金经理为例。你很可能不得不支付高额的薪酬，并在能力发展投入大量的资金。只有这样，才能保证你所吸引、甄选和留住的都是最优秀的人才。这种投资是值得的，因为这一职位的低绩效是绝对不能被接受的（对企业造成的损失太大）。

还有一些职位，它的绩效即使得到极大的提升对公司也不会有多大价值，但如果它绩效水平较低，却可能带来灾难性的后果。绩效变动性的差别，即职位对财富的影响差异是 ABC 职位分类必须考虑的一大因素。我们根据职位对财富创造的影响，将职位分为三大类：创造财富型职位，财富中立型职位，毁灭财富型职位（此类职位具有破坏财富的“潜质”，具体取决于员工的绩效水平，如表 3-4 所述）。

创造财富型职位（wealth-creating jobs）。对于一个 A 类职位，其员工的绩效提升会带来战略能力的加强，进而带来战略执行的优化，最终带来收入、现金流与股东财富的增加。所以，A 类职位中含有大量的创造财富型职位。举例来说，在航空公司，燃油对冲基金经理就是这种职位；在仓储式折扣店，是渠道经理或者供应链经理；在制药公司，是新药研发副总裁；在时装业，是设计师或买手。

每个职位不仅在各自所在行业中属于 A 类职位，即自身工作绩效的提高能够带来股东价值的提升，而且这些职位所能实现的绩效提升是没有上限的。也就是说，对于这些职位，财富创造的机会没有任何固有的限制，应当鼓励管理者不断努力提升 A 类职位上的员工的绩效。

财富中立型职位（wealth-neutral jobs）。与创造财富型职位相比，有些职位很少有机会提升股东财富，尽管这些职位很重要，但却不是战略性的。例如，航空公司的客舱清洁员，仓储式折扣店的收银员，制药公司的现场销售培训师，以及时装业的店面销售人员。这些都是必要的角色，但要若用对战略性职位的投资水平来对他们进行投资的话，那就不值得了。

在财富中立型职位中，大大提升员工绩效水平不大可能创造更多的财富，而较低的绩效水平则很可能对企业的长远发展带来极大的破坏作用。我们要确保这些职位上的员工能达到标准，但是受工作本身的结构及其在价值创造过程中的地位所限，即使花费很大努力来提升员工的绩效，也不大可能产生什么影响。

毁灭财富型职位（wealth-destroying jobs）。第三种类别有可能对股东财富造成严重破坏，例如，航空公司的飞行员，仓储式折扣店的店长，制药公司的质量控制工程师，以及时装业的买手或设计师。

即使飞行员或者燃油对冲基金经理的平均绩效水平很高，但只要出现一个或两个绩效较低的人，就会对股东财富产生灾难性的影响。例如，在航空公司，尽管大多数飞行员在加入航空公司前都已经在军队受过训练并拿到证书，飞行员训练所需要的投资仍然是巨大的。所以，对飞行员的投资水平相当高，而他们的出错率也相当低。结论就是，对飞行员的发展进行加倍投资不大可能为股东创造更大的价值，但反过来，减少投资也是错误的：减少对飞行员在安全和技能方面的训练，完全可以想象得到，这将导致出错率增加以及发生潜在事故，对所有人造成灾难性后果。

表 3-4　　绩效水平的影响如何随职位不同而变化

	航空公司	大型仓储式折扣店	制药公司	时装业
如果职位绩效水平如右栏，标准将会产生的影响差异	显著高于			
	创造财富型	创造财富型	创造财富型	创造财富型
	• 消费者洞察副总裁 • 品牌经理 • 燃油对冲基金经理 • 市场策划 / 经纪	• 配送 / 供应链经理 • 采购经理 • 促销经理 • 销售规划经理 • 不动产副总裁（VPreal estate）	• 新药研发副总裁（VP Discovery） • 营销副总裁 • 现场销售经理 • 现场销售员	• 设计师 • 买手 • 供应链经理 • 店面销售员

续前表

		航空公司	大型仓储式折扣店	制药公司	时装业
如果职位绩效水平如右栏，将会产生的影响差异	达到标准	财富中立型	财富中立型	财富中立型	财富中立型
		• 客舱清洁员 • 地勤人员 • 消费者洞察副总裁	• 收银员 • 分部经理	• 现场销售培训师 • 营销副总裁	• 店面销售员
	未达到标准	毁灭财富型	毁灭财富型	毁灭财富型	毁灭财富型
		• 飞行员 • 地勤人员 • 燃油对冲基金经理	• 店长 • 不动产副总裁	• 现场销售员 • 新药研发副总裁 • 营销副总裁 • 质量控制工程师	• 买手 • 设计师 • 供应链经理

ABC 类职位：人才管理的差异化基础

若要实施差异化的人才管理策略，企业就必须清楚哪些职位是战略性的，哪些不是。第一步就是了解每个职位对业务成功的影响力。职位的影响力取决于很多因素，其中最为重要的是它的战略影响力和绩效变动性（见表 3-5）。我们将这两点视为提升人才管理策略有效性的主要杠杆因子，其中，对绩效变动性的管理是常被忽视的“差异化”因子，具有提升企业绩效的潜力，前文已做过深度分析。

表 3-5　　A、B、C 类职位的特征差异

决定一个职位战略性价值的最主要因素有两个：战略影响力与该职位上员工的绩效变动性。由这两个因素可以引出一系列其他特性，从而帮助我们进一步将 A 类职位与 B 类、C 类职位区别开来。

定义特征	A 类职位 战略性	B 类职位 支持性	C 类职位 多余
授权程度	对战略能力有直接影响，这些职位上的员工绩效变动性非常高，说明有巨大的提升潜力	能够对战略性职位提供支持，能够为战略行动提供减小绩效下滑风险的基础条件，从而对战略能力产生间接影响；或者虽然有战略影响力，但这些职位上的员工绩效变动性很低（很平稳）	可能是为保证企业正常运转而设，但对战略能力基本没有影响
	自主决策	遵循明确的工作流程	工作中基本没有自主权

续前表

定义特征	A类职位 战略性	B类职位 支持性	C类职位 多余
薪酬的主要决定因素	工作业绩	职位级别	市场价格
对价值创造的影响	能够通过显著地增加收入或降低成本来创造价值	对创造价值的职位提供支持	至少对企业没有消极的经济影响
工作失误的后果	失误本身可能造成高昂的代价，而更大的损失是企业因为失误而错失了增加收入的机会	可能造成高昂的代价，会严重损毁价值（财富）	不是必然造成损失
聘用错误人员的后果	巨大的支出：损失了创造收入的机会，浪费了培训投资	补救比较容易，通过换人即可	补救非常容易，通过换人即可

资料来源：摘自本书作者撰写的“A级员工还是A类职位？人才管理的战略逻辑”,《哈佛商业评论》，2005年12月。

A类职位的主要特征

如上文所述，两大因素对识别A类职位至关重要。第一，该工作必须有战略影响力，即对某项战略能力有直接影响。第二，这些职位上的员工绩效变动性必须非常高。

对A类职位的确定，部分基于分析，部分则来自经验判断。除了上述主要特征——影响战略能力，且这些职位上的员工绩效差别很大，A类职位还有以下几个次要特征：

- 如果把顶级人才配置在A类职位上，达成战略目标的可能性会大大增加。
- 人才难求：很难吸引和留住顶级人才。
- 职位创造财富（通过显著地增加收入或降低成本）。
- 员工犯错可能会付出代价，但是错过增加收入的机会将给企业造成更大的潜在损失。
- 选错人的代价很高，浪费了培训投资，更重要的是机会成本。

- 业绩不佳能够很快被看到。
- 战略性的职位，对企业增加收入或者降低成本具有重大影响（可能是未来的收入或成本）。
- 对企业的客户具有重大的战略性影响。
- 不同员工的绩效表现差别很大。
- 占企业全部职位的比重通常少于 15%。
- 不是由其在企业管理层级中的地位决定的。

B 类职位的主要特征

A 类职位影响战略目标达成，B 类职位通常支持 A 类职位的绩效。即使 B 类职位上的员工创造了最佳业绩，也只能对企业绩效产生有限的积极影响。另外，有些 B 类职位是以其能够破坏的，而非能够创造的价值定义的。换句话说，这些 B 类职位的绩效未必会助你成功，你却可能因它而失败。

例如，制药厂的质量检验员。这毫无疑问是一个重要的角色。如果药品出现导致召回的质量缺陷，可能会给企业造成数十亿美元的损失。对于质量检验员来说，其工作表现从良好提升为优秀，对降低产品召回的几率帮助不大。但如果让其工作表现降低到不合格，就可能造成极大的损失。

除了上面指出的主要特征之外，B 类职位也表现出许多次要特征。没有任何 B 类职位可能具有全部这些特征，通常它们只符合其中的几条描述：

- 支持 A 类职位。
- 员工不胜任时可能会造成巨大损失。
- 如果选错了人，比较容易补救。
- 员工业绩不理想时，可能会被看到。
- 遵守明确的工作流程和标准。
- 职位级别是决定薪酬的最重要因素。

- 绩效达到良好以后，更优秀的表现对公司价值创造不大。
- 绩效变动可能是巨大的，但超出基本要求的绩效表现价值不大。
- 大多数职位都是B类职位。

C类职位的主要特征

企业的成功既取决于战略成功，也取决于卓越运营。很多C类职位尽管对战略成功作用很小，却对卓越运营至关重要。公司可能不愿意给这类职位贴上“C”类的标签，他们有时会把这类职位分为两类：能促进战略成功的职位和对卓越运营有重要影响的职位。无论哪种情况，C类职位都具有以下主要特征：

- 公司为了正常运行，通常需要这类工作，但是它们具有极小的战略影响。
- 这些职位的绩效变动性较小。

同时，C类职位具有如下次要特征：

- C类职位的经济影响不大。
- 员工犯错造成的损失不大。
- 如果选错了人，很容易补救。
- 通常可以容忍业绩不佳。
- 工作需遵循明确的规章制度。
- 薪酬水平由市场价格决定。

确定ABC类职位的4个要素

要实行人才管理差异化，你首先要对两点有清晰的认识：第一，在企业战略的执行过程中，每个职位发挥的作用是什么；第二，员工在这些职位上应当提供什么样的绩效。这一确定各职位的战略影响的过程，既有客观分析，也有经验判断,你必须非常仔细地进行评估。确定最初的几个职位是相对简单的，在这之后，就会变得越来越有挑战性。

职位价值评定的 4 个要素

接下来,我们将根据前文已提到的关键要素来评定职位,即：战略影响力、绩效变动性、顶级人才影响以及顶级人才稀缺性。令人吃惊的是，就连“我们有多少职位？”这样简单的问题，很多企业都回答不出来。有时，同样的职位名称在企业不同的地方具有不同的工作内涵，原因则可归结为历史、并购、调动的员工将他原来的职位名称带入新职位，等等。而在另一些时候，也是由于许多同样的原因，相同的工作（职位）在不同的地方却有不同的名称。因此，开展职位价值评估的第一步，就是在全企业范围内，将那些有着相似工作内容的职位归类为具体的职位簇或职位族。下一步则是评价每一个职位的战略影响力和绩效变动性。

这方面最有效的方法是在调查数据的基础上进行诊断和分析。首先，从明确定义公司的战略能力和列出潜在的战略职位清单入手，由事先选定的主题专家（subject-matter expert）基于特定的标准，对每个职位（或职位簇）进行评价。在这些评价维度上，排名在 70 分上下甚至更高的那些职位，将进一步交由专门的委员会（通常由 5~10 位专家组成）进行评价，他们将确定顶级的职位并说明理由。最后，职位清单返回到最初的主题专家手中，他们再进行一轮点评并反馈意见。下面是诊断过程中可以使用的问题实例。

战略影响力

- 这种能力能使我们夺得目前市场上高比例的财富份额吗?
- 这种能力能使我们在未来的市场上夺得高比例的财富份额吗?
- 这种能力对我们企业的品牌形象有积极的影响作用吗?

- 这种能力能为我们企业的资本市值增加大量的无形价值吗？
- 这种能力能增加收入，从而对企业的价值创造产生显著的影响吗？
- 这种能力能减少成本，从而对企业的价值创造产生显著的影响吗？
- 这种能力是否主要存在于我们企业所特有的价值创造流程中、难以被他人复制？
- 这种能力是否主要存在于那些对企业创造财富的能力具有重大影响的职位中？

绩效变动性

- 在这一职位上，最高绩效和最低绩效者之间的绩效差距有多大？
- 确认某人“绩效差”难不难？

在BankCo的例子中，客户关系经理职位上有250人，当BankCo根据这些客户关系经理所创造的年收入进行分类时，发现排位在前25%的高绩效人员所创造的平均收入，是排位在后50%的人员的平均收入的10倍。

在实际操作层面，可能会出现这样一种局面：对某些职位上的员工，要评定他们的个人绩效是很困难的。然而，对于真正具有战略性的职位，“绩效不佳”是相当明显的。最重要的是，被评价的是与战略相关的绩效，而不是我们经常在很多绩效评价系统中看到的那些与战略不相关的度量指标。

顶级人才影响

- 在这一职位上，员工绩效的改善会在多大程度上提高企业绩效呢？

这是某一职位的战略影响和其绩效的潜在变动性相结合的产物。如何确认各职位的战略贡献，这一能力是传统的评价过程中所缺失的。但不管怎样，我们现在已经很清楚“高绩效”的含义，以及更重要的，它有什么价值。接下来请看一个简单的分析：将排名在后50%的员工的平均绩效提高到现在前

50% 的员工的平均绩效水平，这有什么价值？或者，你也可以假想一下：如果用一个排名在前 25% 的员工绩效来替换一个排名在后 25% 的员工绩效（不论你是通过能力发展还是通过人员替换的方式），将会产生什么结果？

顶级人才稀缺性

- 这一职位上的顶级人才是否很难被吸引和留住？（见图 3-2 对此过程的总结）

要点总结

除了上面列出的标准之外，以下几点也很重要：

- 战略性职位以其绩效的高度变动性为重要特征，哪怕这一职位上只有一名在职者。
- 战略性职位通常需要高水平的专业知识。
- 战略性职位不由职位的管理层级决定。
- 战略性职位跟填补职位空缺的难易程度无关，员工稀缺程度不等于员工价值大小。
- 在同一个职位族内，不必因为其中有一部分职位具有战略性，就将该职位族中的所有职位都视为战略性职位。
- 战略性职位通常在全部职位中所占的比例不到 15%。

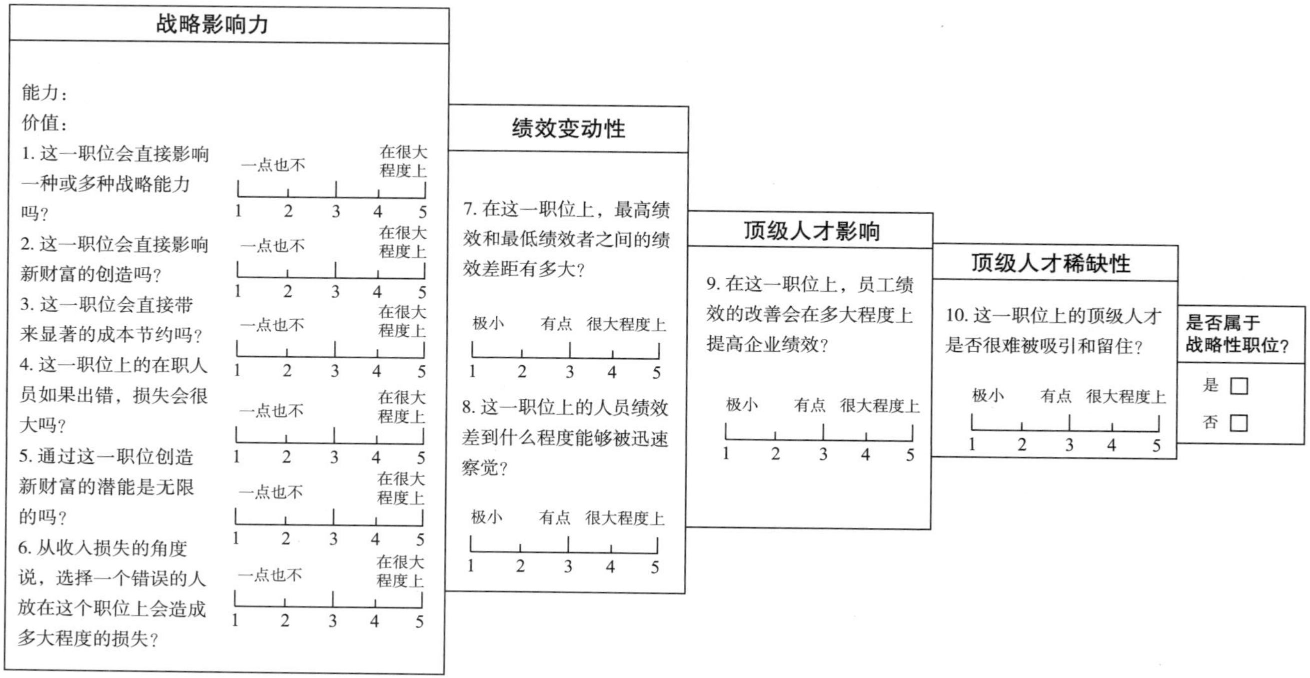
战略影响力
能力：
价值：
1. 这一职位会直接影响一种或多种战略能力吗？
2. 这一职位会直接影响新财富的创造吗？
3. 这一职位会直接带来显著的成本节约吗？
4. 这一职位上的在职人员如果出错，损失会很大吗？
5. 通过这一职位创造新财富的潜能是无限的吗？
6. 从收入损失的角度说，选择一个错误的人放在这个职位上会造成多大程度的损失？
一点也不
在很大程度上
1 2 3 4 5
绩效变动性
7. 在这一职位上，最高绩效和最低绩效者之间的绩效差距有多大？
8. 这一职位上的人员绩效差到什么程度能够被迅速察觉？
极小 有点 很大程度上
1 2 3 4 5
顶级人才影响
9. 在这一职位上，员工绩效的改善会在多大程度上提高企业绩效？
顶级人才稀缺性
10. 这一职位上的顶级人才是否很难被吸引和留住？
是否属于战略性职位？
是
否

图3-2 A类职位评定表

所有的领导职位都是战略性职位吗？

一个职位是否属于A类职位跟它在组织中的层级水平没有必然的关系。事实上，我们曾共事过的很多企业在战略性职位的评定过程中，都会争论是否所有领导职位都属于战略性职位。其实，出现肯定答案的情况是非常少见的（见表3-6）。我们认为，**大部分领导职位是战略性的，但绝不是全部。**

关键在于：职位所位于的管理层级虽然会影响它的战略重要性，但它不是决定性因素，真正重要的因素我们已提过多次，是战略影响力和绩效变动性。战略性职位可以出现在组织中的任何一个层级上，它们在不同的行业，甚至在同一行业的不同企业之间都会有很大的不同。

表3-6　创造财富型的领导职位

行业	创造财富型的领导者角色			非创造财富型的领导者角色		
医药	首席科学家（发现过程）	产品开发副总裁	产品营销副总裁	首席营养师	房屋维修总监	首席法律顾问
汽车	总裁（北美运营）	品牌总监	车辆首席工程师	安全服务总监	客户调查经理	医疗服务总监
金融服务	首席投资官	经纪交易管理负责人	执行合伙人（并购业务）	柜面服务经理	员工事务服务技术经理	员工出版物总监
洛克希德·马丁	首席推进系统工程师	政府关系首席游说专家	首席合同谈判官	司机服务经理	公司财务经理	场地管理主任
制造业	产品工程师主任	品牌管理总监	首席采购官	工厂安全总监	多元化员工管理总监	薪酬经理
医院	宾客关系经理	肿瘤学科负责人	首席医疗官	安保主任	轮床服务经理	污衣处理经理
技术	新产品开发总监	高级软件工程师	产品设计师主任	EAP总监（即员工心理援助项目总监）	福利主管	应付账款经理
时装设计	高级服装设计师	品牌管理负责人	纽约展室经理	维修总监	首席税务师	员工信用联盟经理
航空	航空燃油对冲基金经理	大型活动策划经理	特别促销总监	航空公司机长	行李服务经理	飞机清洁主管

案例：IBM如何界定和管理A类职位

IBM公司已经完成了对A类职位的确认工作，2009年正在对这些职位实行差异化的管理，而差异化管理的基础就是它们对IBM战略成功的贡献差异。最近，IBM完成了战略性人才管理发展计划，对相应的人员、薪酬及职位等进行倾斜性投资，这些发展计划已取得了显著的成效。

管理A类职位：IBM中欧、东欧、中东和非洲

2005年，IBM在中欧、东欧、中东和非洲市场（Central and Eastern Europe, Middle East and Africa，下面简称CEMA）的很多业务正经历着巨大且快速膨胀的增长。对于IBM，"成长"是在预期之内的，其真正的核心目标是：在成长型的市场上建立起有章法的增长模式并进行管理。IBM在2005年刚"登陆"欧洲时，CEMA的HR总监加勒特·沃克（Garrett Walker）与总经理布伦登·赖利（Brendon Riley）共同对局势进行了仔细分析，并得出一致的结论：要在CEMA这一区域建立业务增长模式并保持增长，IBM的人员与业务管理体系必须进行一场重大的变革。沃克与赖利在就任新职后的一个月内，成立了一个国家总经理董事会（country GM board），重点关注战略性的人才管理问题以及可在全区域内使用的扩展性解决方案。

2008年2月，IBM决定：将全球范围内所有的成长型市场集中至一个领导者之下进行管理。这一变革不仅有助于推动IBM向成长型市场进行重点投资这一战略任务，而且对"完善人才供应链与人才发展的'生态系统'"这一工作提供了极大的便利。

然而，高速增长的市场使IBM在关键人才的发展方面面临着大量的挑战，而IBM对于"建立一个可持续且处于管理控制之下的增长模式"的高度偏好，使得这方面的挑战更加严峻。沃克与赖利发现，CEMA的范围涉及41个国家，

其中领导团队的管理经验、专业技术水平参差不齐。这些市场的增长加速如此之快，要跟上市场的增长加速度的话，IBM 对当地领导人才的能力水平的要求也必将很快提高（这种事情以前已经发生过了）。沃克认为，在这种环境下的管理与领导工作就类似“每天捕捉快速球”（IBM 的一种技能组合，用来应付高速增长市场上的供不应求问题），所以，赖利和沃克工作的重中之重，就是确保公司在恰当的职位上有恰当的人才，以此来“建立一个可持续且处于管理控制之下的增长模式”。

解决这些问题的第一步是要认识到，成长型市场的领导力、能力发展需求以及技术与能力等方面与主要市场存在着巨大的差异，而且，东欧、俄罗斯以及中东市场获得成功所需的战略能力也各不相同。确实，IBM 在亚太与拉美市场上已有类似的发现。由于这些高速成长的市场所需的战略能力各有不同，创造财富的职位和作用也就各不相同。因此得出的结论就是，针对两种类型的市场——成长型市场与主要市场，必须在职位与员工管理方面采取截然不同的方式。这一结论代表了 IBM 在管理理念上的一个重大改变，现在它的 HR 职能将成长型区域定为人才发展投资的目标区域。

赖利提出一个观点：“如果你试图将经济发达地区的思维方式应用到经济发展中的地区，你就会陷入圈套。例如，旨在产生渐进式变化的管理系统，在一个高速增长的市场上是不大可能取得成功的。光有渐进式的思维是不够的，假如说我们的预期是业务能在今后 5 年内翻三番，我们就需要开始思考：对于现在就需要的人才，我们要如何发展他们的能力。”此外，在 IBM 更广泛的范围内，执行高管们要具有在拉美、亚太以及东欧这些高速成长市场上的管理经验，这一点已经变得日益重要。赖利相信一点：“使人才发展方式更科学，是保证我们能够在市场上持续领先的最重要因素之一。”

赖利与沃克非常具体地评价了他们的成长型区域，将它们细分为：增长型市场、高速增长型市场、有条件增长型市场、发展中市场和新兴市场五类。

在市场、文化、人才水平及人才可获得性等方面，每个国家或地区都有其独有的特征。与主要市场（如北美市场）相比，以上每一个成长型市场所面临的挑战和机遇都有巨大的差异，必须针对每个市场的不同成长阶段，对招募与雇用、管理能力发展、报酬、奖励以及表彰等管理体系进行细致的针对性调整，如图 3-3 所示。

组织结构选项 / HR变革		成长型市场				
	主要市场	增长型市场	高速增长型市场	有条件增长型市场	发展中市场	新兴市场
招募与雇用	保持并增强	整合招募流程与高校关系管理流程，目的是优化IBM雇主品牌、校园内品牌能见度、影响课程设置、顶级人才接触通道、实习管理以及研究管理				
管理能力发展		突破传统的组织结构的限制，对关键职位与领导层职位提供“持续的高强度投资”① 与定制化的能力发展计划，以加速他们的成长				
报酬/奖励/表彰		在当地雇员中实行差异化的、更灵活的报酬体系，以保持竞争性				

图 3-3　IBM 的市场类型

IBM 管理者还得出结论，不仅对成长周期中每个阶段的管理系统要实行差异化管理，还需要根据员工在不同市场上所担当的角色差异，对员工实行差异化的投资。在高速增长的环境中创造最大财富的职位与主要市场上创造财富的职位之间的差异非常巨大，事实上，在充分发展的主要市场的组织体系中，前一种职位可能根本就不存在。

例如在确定 A 类职位的过程中，沃克发现，在东欧和俄罗斯，很多创造财富的职位都是较低级别的职位。如此一来，很多高潜能的 IBM 的经理们根

① 持续的高强度投资（sustained overinvestment）是 IBM 针对关键领导职位设计的一种加快能力发展的模式，这个模式的一个重要作用是使这些职位对高潜能的候选人具有足够的吸引力。——译者注

本不会被这些职位吸引，公司在吸引内部候选人选择进入这些职位方面经历了一段相当艰难的时期。如果这一问题得不到解决，就会对业务增长带来负面影响。成长型市场需要从其他地区输入经验丰富的技术工程师、销售人才及领导型人才，因为在这种地区，当地人才的成长速度通常滞后于业务的增长速度。沃克与赖利针对这一挑战制订了相应的改进计划与流程，以使成长型区域内的这些机会具有足够的“可视性”，从而吸引适合这些职位的高技能人才的目光，进一步吸引他们前来应聘。

目前，IBM 正运作着一个高度复杂的“全球机会市场”（Global Opportunity Marketplace），它的目的是保证身处全球不同角落的每一个 IBM 人都能在线了解 IBM 全球范围内的所有空缺职位，同时，这一“全球机会市场”也能通过自动化的程序匹配到符合空缺职位相应条件的候选人，完全不受地区的限制。

举例来说，这个系统对每个国家的关键职位进行了详细的评估，也对在职者和顶级人才的现有绩效和发展潜能两项进行了评估。然后，他们针对评定等级最高的管理者们（他们注定是要进入关键职位的潜在执行高管）制定了个性化的能力发展项目，大量增加在岗训练机会、强化导师指导、增加派往本国其他地区或者世界其他地区承担短期任务的机会——他们相信，这些短期任务可以让这些人才在实践中学会：如何在新兴市场上管理增长并创造财富。

他们还专门为 IBM 的关键职位建立了一个“成长型市场总经理学院”（Growth Market General Manager Academy），旨在汇集各地年轻的高潜能管理者，帮助他们为担当新角色（即 IBM 成长型市场上的领导者）做好准备。这一过程使一些在 IBM 某处被认为是“低水平”的管理者凸显出来，进而为他们提供了大量的指导以及高级管理人员发展计划（这一发展计划是特别针对高速增长型市场上的管理角色所面对的独特挑战而制订的)。前 IBM 主席和首席执行官郭士纳（Lou Gerstner）与彭明盛（Sam Palmisano）都曾前往学院与这些年轻的未来领导者们谈话，这一点对于在整个公司层面强化对他们的绩效、成长与发展方面的期望和支持起到了切实的帮助作用。这些项目得到了很高的评价，还在亚洲和南美地区进行了复制。

管理 A 类职位：IBM 俄罗斯

IBM 的俄罗斯区域总经理基里尔·科尼列夫（Kirill Korniliev），也成功地应用了差异化的人才管理策略。IBM 俄罗斯近几年业务增长了 6 倍，他们认为在很大程度上这要归功于人才发展过程中直线领导人的角色转变。快速增长带来了一个结果，就是 IBM 俄罗斯变得更加复杂，管理者所负责的区域范围更广——的确，IBM 俄罗斯现在的经理数量跟其 6 年前的全部员工数量一样多。IBM 俄罗斯发现这一市场对于技术人才和管理人才的需求“火爆”，要想雇到现成的管理人才是非常困难的。这意味着 IBM 俄罗斯需要加快他们发展人才的步伐，包括新获得的人才与现有人才，还要充分利用从 IBM 其他地区挖掘的人才。

从根本上讲，关键的挑战是：IBM 俄罗斯的人才需求的增长速度，超过了他们在获取与发展关键技能和人员方面的能力的成长速度。

认识到 IBM 俄罗斯面临的人才管理挑战之后，科尼列夫与沃克不但制定并落实了一个关于快速建立当前及三年后所需技术与能力的战略和计划，而且实施了一个着眼当前的战术层面的计划，以解决他们正面临的招募、雇用以及保留人才的问题。

据沃克所说，在 IBM，一个领导职位从人员招募到使人员准备充分、能够胜任在 IBM 的复杂环境下担当领导的工作，通常要花 2~3 年的时间。沃克曾说："在主要市场上，这一人才发展流程运行良好，各环节定义非常清晰，然而在一个成长型市场上，时间就是敌人。"IBM 俄罗斯也发现：如果不给新经理提供大量的发展资源、不对他们下足够的功夫的话，那么在这种环境下，5 名新经理中将有 4 位会面临失败。IBM 俄罗斯还发现，在员工发展方面进行的投资降低了人员流动率，并使生产率获得显著的提高，只不过有一点不容忽视：所有这些发展方面的工作都是以战略为焦点的，而不是泛化的。

在 IBM，管理者对那些向他们汇报的员工（即他们的下属）具有不可推卸的责任，公司会用各种方式传播对管理者在这方面的期望，比如，执行高管们的每周例会对相关问题进行通报，定期召开聚焦人才与文化的电话会议。发展软技能可能会是 IBM 俄罗斯在接下来的几年中将面临的最重大的挑战。

为了给这些领导者的发展提供便利，IBM 俄罗斯的 HR 领导人索尼娅·巴扎科娃（Sonia Budjacova）充分利用 IBM 的 HR 部门对成长型市场的投资，与 IBM 环球学习组织一起，针对 IBM 俄罗斯的需求制订了一个定制化的解决方案。

HR 构建了领导者技能模型，开发了一系列的结构化面试方法以在应聘者中识别这些技能。随后，为了迅速发展所需的技能，HR 又实施了一系列个人领导力发展计划，其中包括一个领导力发展中心的应用和一个为期三天的评估研讨会。主题专家被引入该过程，提供关于整个项目方案的设计和实施方面的咨询服务。到 2008 年年底，排名前 100 位的领导者（例如领导层团队）都接触到了这一流程。这一项目结束之后，大多数管理者都得到提升、被调入更高层级的管理职位。在不久的将来，这一流程将会进行修改，以便用于较低层级的管理者发展方面。

同样，IBM 斯洛伐克区域总经理罗曼·布雷托瓦斯基（Roman Brestovansky）与 HR 领导人塔蒂亚娜·科楚索娃（Tatiana Kotrusova）在他们所在的业务区域内也完成了很多重要的变革。他们确定了关键职位，并在IBM斯洛伐克区域建立了战略人才清单（strategic talent inventory）。他们也明确了组织结构图，根据战略能力对工作职位进行了分类。此外，他们还做了下面的工作：

- 向员工清晰地传达公司的战略重点，即在未来三年内成为市场第一名。
- 按产品线对收入和盈利能力分别进行细致分析。
- 实施人事审计（personnel audit），以便按职位确认人才清单。
- 推动必要的人事变革。
- 设定优先顺序并遵照执行。

IBM斯洛伐克的领导团队并未自诩已把所有事情都完成得很出色，但他们确实认为他们做得非常棒的是：集中主要精力、首先做好“最基本的事情”。而这些变革产生的结果，几乎是立刻呈现：企业的生产能力得到戏剧性的提高，员工士气的提升也清晰可见，而管理团队对绩效差异化的重视可以说达到“狂热”的程度。

管理A类职位：IBM中东和北非

IBM中东和北非（Middle East and North Africa，下文简称MENA）区域总经理塔克雷姆·艾尔托哈梅（Takreem El-Tohamy）在人才管理的战略重要性方面同样得出类似的结论。MENA地区市场竞争非常激烈，GDP每年以6%~7%的速度增长，与此同时，IT方面的支出每年以10%~11%的速度增长。在艾尔托哈梅运营的这个市场区域，公司渴望得到的那类技术和销售人才的失业率几乎为0，这就导致了极度惨烈的人才争夺战以及对获得与留住顶级人才的能力的需要，而这一能力具有决定性的作用。

在MENA地区，艾尔托哈梅将客户关系经理（relationship managers）与全球企业咨询服务经理（global business servicesmanagers）确定为战略性职位。

从历史上看，客户关系经理从未获得过执行团队的注意，但现在这个职位被视为一把关键的“椅子”——凡是要在组织中获得成功的人都必须在上面坐过。同样，全球企业咨询服务经理的角色在历史上都是由外籍人员担任的，但现在，IBM MENA 明确定义了这一角色在公司内部的成长阶梯，并在此职位上配置了本地员工。对于 MENA 团队，这些都是重大的进步，不仅是因为这些角色在主要市场上基本是不存在的，而且更重要的原因是，在这些职位被确认为战略性职位之前，几乎没有经理人对这些职位感兴趣。

这一过程的成果之一，就是IBM MENA形成了“高绩效”导向的文化。此外，该业务单位采用了“强化直线管理者的人才管理责任”的管理模式：在 IBM，如果你没有充分地发展人才，即使你“达到了你的业绩目标”，也不可能继续待在自己的位置上。公司的宗旨是：不能承受失去优秀人员，或者由于人才管理工作欠佳而使优秀人员无法得到迅速发展所带来的机会成本。目前，在人才发展过程中，关键职位的候选人受到了高度重视，更多重点工作集中在如何确保他们为下一步的提升做好准备这一方面。这还带来另一个好处，就是低潜能的员工根本就不想去申请这类职位。艾尔托哈梅唯一的遗憾，就是他没有更早行动去推行这些变革。确实，他最初预料可能会有员工反对这些概念，但实际上，当这些概念向员工进行清晰地传播并得到员工的理解之后，他受到的阻碍少之又少。

管理 A 类职位：IBM 的 IT 服务执行部

IBM 在欧洲和 MENA 成功实行人才管理差异化策略之后，又在 IT 服务交付部门（IT Delivery Business）复制了人才管理差异化这一方法。这项工作是在加勒特·沃克（曾担任 CEMA 的 HR 总监）回到美国就任 IBM IT 服务交付部门的 HR 副总裁后，由他带领团队完成的。与在 CEMA 一样，IBM 首先集中精力确认 A 类职位——对 IBM 创造新财富（通过增加收入或减少成本）

具有重大影响的职位，同时精确定位目前这些职位上的员工绩效何处存在显著的变动性。也就是说，这一职位上的不良绩效对什么有巨大影响且会直接毁损价值，而这一职位上的员工绩效提升对什么具有重大的经济意义。IBM 的目标是把最优秀的员工放在这些战略性职位上，或者放在战略性职位的“供给职位”上（这些职位上的员工正在为进入战略性职位做着准备），同时还要再制订一个行动计划，以确保这些职位能被员工们看到，或者如沃克所说，“让这些职位成为每个人都想竞争的对象”。

该团队发现，在 IT 服务交付部门，一些最重要的职位不再位于公司总部，而是位于现场、位于成长型市场中。实现并维持设定的经营绩效目标，意味着 IT 服务交付部门必须帮助这些职位上的员工发展更强的管理注意力（managerial attention）。

IBM 还发现，实施过程中的一个重要环节是确保这些职位对高潜能的候选人具有足够的吸引力。解决办法是针对这些重要的领导候选人开发了一种“持续的高强度投资”模式，目的不仅仅是形成管理技能，而且也是为了保证 IBM 的价值观、领导力 DNA 能慢慢地灌输给这些高潜能的管理者。同时，IBM 制定了系统的“职业生涯路线图”，帮助高潜能的员工更好地理解公司已确定的那些 A 类职位的成功路径。随后，IBM 不仅提供了大量与 IBM 领导层的“面对面时间”，而且提供了大量的培训机会。

沃克将这一过程比喻为制造“跑车领先者——它为尚未完全开发的跑道而生”。更宽泛地说，IBM 管理者们用“巨大的成功”来形容由于他们对 A 类职位的新式关注而获得的那些成果。

管理 A 类职位：IBM 的软件集团销售部

加勒特·沃克在担任 IBM 软件集团销售部（Software Group Sales，下文简称SWG销售部）的HR副总裁期间，带领他的团队集中精力确认A类职位（内涵跟IT服务交付部门的A类职位的定义相同）。

SWG销售部成功的核心在于：在发展、部署及激励方面对企业中最优秀的销售领导者进行投资。SWG销售部的A类职位在成长型市场与主要市场的组织模式中均有明确的定义，这些职位与在职的员工都会得到SWG销售部内的高级执行主管的精心管理。

例如，SWG销售部对未来的销售领导者进行重点投资。其中，Delta项目由50名全球范围内潜能最高的销售领导者组成。Delta项目的成员每年由所在区域的总经理提名，然后经过高级销售领导的严格审查才能被选入。每年Delta项目的班级都从零位成员开始。Delta项目为每位成员提供专门化的销售和领导力培训，每个Delta项目成员都会被指派一个高级执行主管作为教练和导师。这一项目的目标是找出SWG销售人员中的优秀人才，然后帮助他们做得更出色。加勒特·沃克形容这一项目为“精英销售领导者计划”。作为一名Delta项目成员，就是要发展精英销售的领导者技能，潜能开发是有趣的，但是，绩效才是这一项目的全部。在Delta项目中获得成功者，将被提升到世界某个地方的一个属于A类的SWG销售领导职位上。

“A”类职位的职业发展路径。SWG销售部已经为专业销售人员制定了一个双通道的职业发展路径：一条通道是从销售人员到传统的销售管理职位，另一条通道则引向销售高管的职位。而从销售高管这一职位为IBM业务的客户所带来的价值来看，它被定为A类职位。这些职位上的人员被称为“商界的呼风唤雨者”，世界级的行业技术知识加上超常的咨询式销售技巧，是能够被提升至这类精英职位所必须的基础。在SWG销售部，这些职位位于那些被称为“飞虎队”的顶端。这些“老虎”们拥有独特的薪酬模式、定制化的发展模式、持续的培训和辅导，他们已成为SWG销售部销售人员的职业梦想。

本章小结 THE DIFFERENTIATED WORKFORCE

本章阐述的主要内容是，若想有效地执行人才管理策略，必须首先明白哪些职位能产生最大的战略影响（A类职位）。我们也描述了一个切实可行的流程，既可用来识别A类职位，也可用来澄清B类和C类职位的战略影响。在后面的章节中，我们将展示如何通过一种我们称之为“战略性人力资本规划”（strategic human capital planning）的过程，来确保公司把A级员工放在A类职位上，为公司的A级客户服务。

THE DIFFERENTIATED WORKFORCE

TRANSFORMING TALENT INTO STRATEGIC IMPACT

04

人才管理，直线经理与 HR 缺一不可

步骤 3：让业务领导者担责

7 个角度，让直属下级评价直线经理的 HR 职责

沟通交流：这个经理……	是	否
为这个团队提供了战略方向？	□	□
不断地提醒我们应当怎样发展（提升团队的贡献）？	□	□
提醒我们面临何种障碍，以及告诉我们该怎么做以消除它们？	□	□
用具体指标来警示我们，告诉我们是否成功以及我们位于何处？	□	□

工作设计 / 重新设计：这个经理……	是	否
为了增加更多的战略价值，会不断地重新设计工作？	□	□
消除那些不再增加价值的工作？	□	□

绩效管理：我的上级……	是	否
详细描述对我的工作的期望？	□	□
详细描述我做得如何？	□	□
关于我工作情况的反馈是贯穿全年的？	□	□
对年底工作回顾时不会有令我吃惊的结论？	□	□

甄选 / 配置：这个经理……	是	否
在为人员配置 / 甄选方面的决策做准备时，会详细描述绩效与胜任能力方面的要求？	□	□
面试候选人并向 HR 反馈详细信息？	□	□
请 HR 提供内部候选人名单？	□	□
评估内部候选人并提供针对各候选人的反馈？	□	□

发展：这个经理……	是	否
对我的职业发展表现出兴趣，为我提供富有挑战并充分发挥自己潜能的机会？	□	□
在绩效评估之外，进行“一对一”的个人发展讨论？	□	□
与我讨论事业机遇并在分配工作时考虑能力的发展，以增加我适应未来更多机会的能力？	□	□
联系他的上级来帮助雇员的职业成长？	□	□
关于职业提升的现实性，提供坦率的反馈？	□	□

报酬与认可：这个经理……	是	否
在整个绩效周期内都对我给予认可？	□	□
会告诉我，我在哪方面做得更好就可以获得更多的报酬？	□	□
在公开场合对卓越的绩效表现给予表扬？	□	□
与我们沟通交流团队奖金的价值以及为什么我们能够获得这个奖金？	□	□
基于我的绩效表现提供公平的报酬与认可？	□	□

战略性 HR 规划：我的上级……	是	否
能够识别出创造财富的战略性职位？	□	□
能够识别出对客户有重要影响力的战略性职位？	□	□
确保公司在战略性职位上拥有“顶级人才”？	□	□
淘汰在战略性角色上的 C 级与 B 级员工？	□	□
能够识别新星型战略性人才并帮助他们快速成长为“顶级人才”？	□	□
确保战略性职位上的“一般水平”人才也是卓越绩效者？	□	□

我们需要确保整个企业都能够清晰地理解，实现自身经营战略需要什么样的独特战略能力，并在此基础上推进差异化的人才管理策略。那么，应当怎样推进和落实这一工作呢？

首先，企业必须认识到：人才管理绝不仅是 HR 部门的责任，在整个企业的人才发展方面，直线经理与 HR 承担着连带责任，缺一不可。对大多数企业而言，人力成本支出是最大的单项支出（平均下来，在所有费用中所占比例接近 70%），它却又是大多数企业的一项“责任不明”的资源，因对其他资源的管理责任或早或晚都已明确了。企业应该采取实质行动，真正贯彻**“管理者的人才管理责任”**，让管理者知道对员工实现差异化管理将能创造更大的客户价值与企业效益，并让他们了解应该如何去做。

有效的战略性人才管理体系必须确保：将顶级人才配置在那些为公司创造最大价值的战略性职位上，因为这些职位能够驱动公司战略能力并能直接创造客户与投资者财富。这一体系运转的一大前提就是明确直线管理者的人才管理责任，并让他们切实担当。我们总结了以下五个关键点：

- 直线经理及领导层对员工思维与能力的影响力，超过 HR 职能体系的管理者们的影响。

- 要建立成功的人才管理体系，直线经理与 HR 两者都有相应的责任。
- 人才管理责任制的建立，起点是直线经理与 HR 共同确立对人才的绩效期望。
- 人才管理责任制必须包含配套的检查手段，以判断人才管理工作是否达到了事先设定的期望值。
- 人才管理责任制必须包含配套的考核奖惩措施：人才管理的绩效结果与期望值间的不同差距（达到、超过或是低于期望值）必须与直线经理与 HR 两者的考核都有关联。

在本章，我们将关注直线领导职位在人才管理策略执行中的角色，以及现实中的领导者、直线经理们如何在其业务单元内创建差异化的人才管理体系以实现成功的战略执行。

直线经理是人才管理的主角

对“管理”的经典定义是“借助他人完成你的任务”。管理学一入门，你就会看到这样的描述：管理者与非管理者的工作差别就在于对人（即员工）的责任。但是大多数企业并未将这个管理责任视为与其他资源（如金融资源、物料资源、信息、时间等）的管理责任体系同等重要。企业中的大多数资源都有针对性的配置、管理及对管理有效性的评价体系、奖惩体系。但是总体来看，对人才的管理则缺少类似的资源管理体系和责任体系，管理不善成为了常态，其直接后果就是伤害了战略执行。

但正因如此，**对管理水平最低的资源（人才）进行管理提升，能够成为帮助企业战略成功的重大机会**。在企业内建立直线经理的人才管理责任制就是一种有效的优化途径，只是这种企业必须具有战略远见、意愿与勇气。这不是什么复杂的高科技，它非常简单：首先是确立期望目标，然后是对这些目标进行检查，而最重要的是使管理者对他们的员工承担明确的管理责任，就如同他们在其他管理领域承担的责任一样。**人才管理工作的完成结果必须与配套的奖惩相对应。**但要建立这样一套责任体系——对人才管理工作的成果进行评定、进而对人才管理成功（或不成功）的管理者实施相应量级的奖惩，就必须在时间与资源方面进行投资。这就是领导者要担当的责任。

那么，在人才管理策略的执行过程中，哪些事情是领导者必须关注的重点？

首先，有效的战略执行始于优秀的领导团队——领导者们能够深刻理解企业的战略追求以及那些能够体现战略、增加客户价值与公司收益的工作。领导者们应该扪心自问，员工们是否理解战略，在业务层面是否"**位有其人、人适其位**"。此处的主要挑战在于**领导者要有勇气传播战略**，使员工能够清晰理解并且接受战略，进而实现这个战略。**领导者还要有勇气推动变革**——为了持续为客户及投资者创造价值所必须推进的变革。而这种变革需要领导层在对待他们所管理的各项资源时采取差异化的管理策略，其中也包括人才资源。

领导者要负责创建一种员工思维，这种思维能够促使员工从战略角度来理解各个职位的工作以及客户与投资者的期望。这种员工思维要遍布整个组织，包括最基层。例如，在金爵曼（Zingerman's）餐厅，即使是洗碗工也知道餐厅的营业利润以及他们做什么可以帮助餐厅提高盈利。企业需要下点功夫，努力使企业内遍布战略"传教士"——他们会充满自豪地、发自内心地向企业的股东们解释：企业是做什么的，为什么要做这个，为什么企业是很好的生意伙伴，等等。**持续传播公司战略和相关的战略议题是管理者们的重要责任。**

除了创建员工思维，**领导者在构建人才队伍方面也承担着重要责任。**人员配置上应该优先保证在战略性职位上配有高比例的顶级人才，以最快最好地建立起创造预期价值所必需的战略能力。此外，企业中的战略性职位上的新星人才（emerging talent，指具有 A 级潜能的 B 级人才）应该"数量过剩"。人才应该成为管理者（与 HR 职能）的主要关注对象，特别是那些直接传递企业价值主张的人才，即我们所说的战略性人才。因为这些战略性人才对客户与投资者的影响深度远远超过其他，所以对这部分战略性的、创造财富的人才的关心、培育、发展及保留至关重要，领导者要建立起与此相匹配的直线经理人才管理责任制及相应的绩效度量标准。

THE DIFFERENTIATED WORKFORCE 人才管理洞察

A 级领导者与 B 级领导者的对比

A 级领导者

A 级领导者持续关注如何为客户增加价值、如何为投资者增加财富，从而不断增强企业竞争优势。A 级领导者会努力确保企业员工，特别是那些位于战略性职位上的员工清楚地知道企业的经营战略。A 级领导者会持续改进工作，目的是不断寻找新途径来为客户增加更多的战略价值，同时清除那些不再具有增值能力的工作（与官僚机构）。

A 级领导者能够辨识出增加战略价值的职位，并会明确要求在这些职位上配置人才市场上最优秀的人才，找不到最好的绝不罢休。

A 级领导者会设定清晰的绩效目标并保持有序的提升；A 级领导者会根据设定的目标不断检查员工绩效，并有针对性地提供绩效反馈。奖金不是平均分配的，奖金的分配应当体现出员工的战略贡献与绩效。

A 级领导者有相当多的时间用在发展战略性员工方面，采取的手段包括教练辅导、轮岗、外部培训等。

管理人员的领导能力会被予以评价，A 级领导者会采用一种 90 度评定工具（即来自于管理者的直接下级）来评定他们在管理人才方面的战略能力到底如何。

B 级领导者

B 级领导者喜欢维持现状，不愿发起“改变”。他们认为员工的注意力应该集中在企业内部、以当前工作为主。工作主要基于职位描述（即它过去是怎样完成的）展开，而不考虑未来为客户提供什么样的增值服务或产品。职位和工作内容一旦被确定，差不多就成为永久性存在了，很少会调整或撤掉。为了填补职位空缺而甄选员工时，经常是基于“政治”方面的考虑，而不是通过严格挑选找到最佳的候选人（不管是来自企业内部还是外部）。

B 级领导者设定的绩效目标经常是模糊的（或者是仅仅基于职位描述进行设定），在员工的绩效周期内很少提供绩效反馈。员工的绩效评定结果基本没有差别，而且对许多职员的评级都很高。奖金基本上是平均分配，不考虑实际的业绩差异。个人“功绩”方面的差别主要是通过员工个人基础工资的差别来体现，而不是通过绩效体现。

当高发展潜质的候选人被选定后，能力发展工作更多的是受实施便利性影响，而不是针对他们在企业内的战略性角色而精心设计。

对管理者胜任力进行评价时，B 级领导者会采用 360 度评定工具（通常是从某家咨询公司购买的）作为评定体系的一部分，而且经常让管理者自行选择由谁来对他们进行评定。360 度评估工具是单纯用于能力发展的工具，其结果只提供给被评定的管理者自己。

在上文“A 级领导者与 B 级领导者的对比”描绘了两种类型的领导者——其中一种重点关注当前的境况，另一种则不断变革、不断改造、不断进行“差异化”。领导者要做的是“**区分、脱离和变革**”（separate, break away, and change），他们所做的绝不仅是简单的“管理”。**领导者要带头远离“过去”的种种束缚，并从中挣脱出来。**

最高层的领导者负责制定独一无二的战略——企业的成功来自“与众不同”，但要想变得“与众不同”却需要领导者具有足够的魄力。这些顶级领导层之下的高级管理者们则必须清楚如何使战略落地。至于“维持现状”，这是中层主管的工作，而不是领导者的工作。有的企业确实存在一些支柱式的角色，日复一日地用同样的方式完成工作，但他们存在的目的是为企业提供稳定运营的保障，很少能够创造客户价值和经济价值。

要实现“改变”（经营差异化），领导者就必须领导变革。这一点就是A级领导者与B级领导者之间的重大差异。我们可能会需要一些B级领导者，因为B级领导者比较稳定，更能适应在不同职位间进行调配的需要，但如果一个组织中只有B级领导者，当它面临一个在战略性职位上拥有大量A级领导者的竞争对手时，它的结局必然是被淘汰。

在下文“人才管理责任制中的领导角色：管理人才”中，我们列举了领导者在人才发展工作中需要承担的8项工作。这8项具体活动旨在帮助领导者选定战略性职位，对这些职位上的员工进行评价，以及识别这些职位的候选人是否具备实现企业战略的能力。

THE DIFFERENTIATED WORKFORCE 人才管理洞察

人才管理责任制中的领导角色：管理人才

1. 判定哪些职位能够驱动战略成功，即确定战略性职位。
2. 评定战略性职位上的员工的绩效水平 / 衡量基准 / 未来价值。
3. 评定现有的人才能否成功地实现预期目标。
4. 为每一个战略职位制订行动计划。
5. 为战略职位上的每位员工制订行动计划。

6. 与 HR 携手行动，以保证在战略性职位上有足够的“顶级人才”。
7. 经常性地对战略性人才进行评审。
8. 持续地与 HR 共享战略性人才的最新状态信息。

在本章的余下部分，我们将详述直线经理[①]所承担的人才管理工作，目的是建立起直线经理人才管理责任制。每位直线经理都需要针对其管辖范围内的每个战略性职位及这些职位上的员工制定战略性的人力资本规划与行动计划，还要与 HR 紧密合作，以保证为这些战略性职位配备充足的顶级人才。每一位直线经理都要不断地对战略性人才进行审查、评定，以便确定对这些关键人才提供什么支持并及时与 HR 共享相关信息。

明确直线经理的责任：做好人才管理，实现经营目标

若要有效地执行人才管理策略，管理者们需要关注五大类人才管理实践领域，包括**雇员甄选**、**能力发展**、**绩效评定与激励**、**工作设计**以及**战略性人力资本规划**（这是我们自己开发的独家流程）。接下来，我们将详述直线经理在这五个实践领域中所承担的责任。

领导者，顾名思义，必然拥有追随者，而他们管理这些追随者的水平则决定着一家企业的成败。领导者的责任是**区分出战略性工作**、**实行差异化管理**、**保持战略敏锐度**、**使企业持续变革以适应差异化经营战略的要求**。反映领导行为的最佳信息来源是这些管理者的**直接下属**（即向其汇报工作的个体）。所以，相对于传统的 360 度评价工具，我们认为 90 度的评价工具会更加适用。直接下属可以提供其领导在管理行为方面的具体信息，包括：指挥能力，沟通能力，工作设计能力（能有助于创造战略价值），能否清晰说明那些增加价值

① 本书中的直线经理（line manager）如无特别说明，均为泛指有直接下属的管理职位，与层级高低无关。——译者注

的工作需要什么样的员工素质要求，能否将崭露头角的新星人才培养成顶级人才，能否清晰地表述绩效期望并进行监控管理，以及能否有效地激励那些为价值增值做出贡献的员工，等等。

这些内容看起来与 HR 的职能目标很相似，它们都是为了保证企业的人才管理工作能够产出更强的战略能力——成为构成经营战略差异性的能力之源。单靠 HR 是不可能完成这一目标的，实际上，直线经理在人才管理方面的影响远远胜于 HR，因此，设定直线经理在人才管理方面的职责目标并评价他们的完成情况，是非常必要的。也就是说，直线经理的人才管理工作是否有效，应该是其经营责任中的重要组成部分。

回到人才管理工作的起点，我们一直强调，差异化的人才管理策略以经营战略为根本，因此直线经理在人才管理策略的执行环节，首先要明确自己所管辖员工对战略的影响的差别，并据此确定对不同员工的差异化管理预期。

塑造员工思维

直线经理首先应该要求其员工**能够理解企业的现状、发展方向以及在发展过程中他们各自的角色**。同时，对于这种“理解”要针对不同的职位设定不同而具体的期望，特别是对于战略性职位上的员工，不能仅满足于表面了解。有不少人，即使对他们进行了相关的考试，他们对企业的客户支持群（customer constituency）、在投资者服务方面的成功或者企业的目标等仍然没有清晰的概念。员工需要对自己所工作的企业的经营总体框架有所了解，他们惟有了解并明白这个框架，才有可能自己决定哪些工作应该完成、哪些工作不应该做。员工清楚自己的工作目标并具有相应的员工思维是非常关键的。表 4-1 列举了在评定战略性员工的员工思维方面的常见维度。需要注意的是，对于你所管辖的不同层面的员工，他们对公司战略应该理解到什么程度，这本身就是直线经理的人才管理责任之一。

表 4-1　　评定战略性员工思维的常见维度

评定员工思维：你们现在位于何处？将来想去何处？

	对本公司的战略理解度				
	完全不理解	略有理解	基本理解	很大程度上理解	完全理解
外部环境——我所负责的员工能够理解					
1. 我们企业的战略	1	2	3	4	5
2. 我们企业的财务目标	1	2	3	4	5
3. 我们的企业必须为客户服务，包括直接客户与间接的终端消费者	1	2	3	4	5
4. 我们必须在所有与外部有交互关系的环节，提高企业的形象	1	2	3	4	5
内部环境——我所负责的员工能够理解					
1. 我们所服务的客户是谁	1	2	3	4	5
2. 我们必须提供的服务标准是怎样的	1	2	3	4	5
3. 我们的战略重点 / 我们想要的企业文化	1	2	3	4	5
4. 为了实现财务目标与客户目标，我们需要什么能力	1	2	3	4	5
人才管理——我所负责的员工能够理解					
1. 识别影响企业竞争优势的战略职位，对于企业的战略成功有关键性的作用	1	2	3	4	5
2. 若要实现我们的财务目标与客户目标，需要什么样的战略性人才	1	2	3	4	5
3. 直线经理必须对他们所辖的员工负责	1	2	3	4	5
4. 直线经理必须使他们的员工对“为企业创造财富”负责	1	2	3	4	5
HR 能力——我所负责的 HR 员工能够理解					
1. 我们的责任是建立一支能够执行企业经营战略的员工队伍	1	2	3	4	5
2. 建立一支能够执行企业经营战略的员工队伍需要什么样的技能	1	2	3	4	5
交付成果——我所负责的员工能够理解					
1. 我们必须保证对业务线员工的管理能够增强企业的竞争优势	1	2	3	4	5

续前表

	对本公司的战略理解度				
	完全不理解	略有理解	基本理解	很大程度上理解	完全理解
2. 我们企业所创造的财富必须逐年增加	1	2	3	4	5
3. 为了管理我们的员工文化或文化变革，需要具备哪些 HR 管理技能	1	2	3	4	5
4. HR 必须具有在员工中推进文化变革的能力	1	2	3	4	5

员工甄选

一旦直线经理明确了某个职位的具体工作内容，下一步就应该是确定由“谁”来做这些工作。图 4-1 提供了一个简单模型来说明我们认为应该如何管理员工。它的假设前提是：如果一个人理解了企业的战略，他就可以知道他自己应该做什么以及达到什么目标。从本质上说，“绩效管理”就是一个确立期望目标并配备相应检查的管理系统。管理者们知道某个职位应该提供什么样的绩效目标，每个关于“谁来做”的甄选决定都是在预测谁是这个职位的最佳执行者。

我们认为**直线经理应该密切介入他所管辖职位的人员甄选决策过程**。直线经理是这些职位的所有者即责任人，他必须了解这些职位的价值，了解这些职位对企业的战略能力乃至最终的绩效成果究竟有什么样的影响。他还要清楚这些职位的完成标准应该定多高，要做到这种程度所需要的人才必须有多优秀。

对于战略性职位（A 类职位），显然我们需要“极好的”人才。对于 B 类或支持性职位，我们需要一个良好的人才。而对于 C 类职位，较低层次的人才足矣。

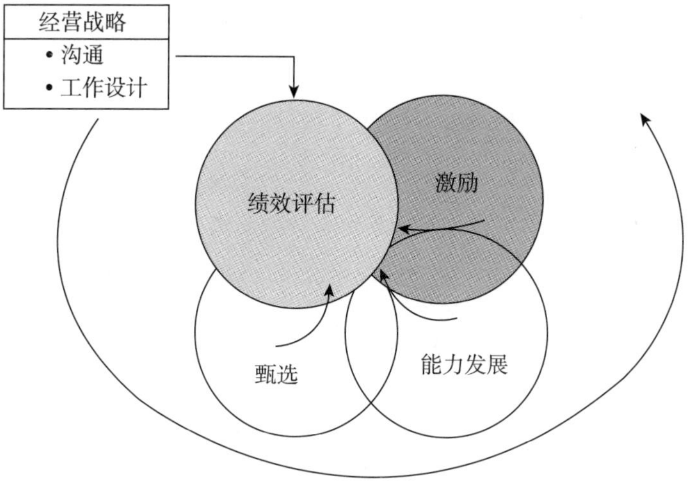

图 4-1 人才管理模型（简化版）

员工发展

接下来我们将说明直线经理在员工发展方面担当的责任。对不同的人，“发展”会包含不同的内容：它可以意味着在短期内使员工加速获取执行某项特定工作或任务的必要能力；也可以表示进一步提高有经验的员工们的能力，从而使他们能够适应并达成企业不断提高的绩效标准；从职业发展的角度看，它的含义是：以适应未来战略性职位的更高要求为长远目标，考虑如何优化人才的能力素质。

当我们提到“发展”时，以上三种情况全都包含在内，但要特别关注的是**战略性人才的成长**、**保留**以及**他们在组织中的升迁**。

直线经理应该深度介入人才发展策略的制定及执行过程。需要注意的是，这应该是在常规绩效管理流程之外的工作，所以它需要有独立于绩效管理流程之外的时间保证。特别是对于战略性人才，使其能力得到发展的关键性绝对不容忽视。年轻而有才华的人经常会向雇主提出两个要求：“第一，给我足够的报酬；第二，请保持我的市场竞争力。”报酬这个问题自是不用多说，而“保持我的市场竞争力”则与个人能力的成长密切相关。我们所知道的关于能力成长的情况是这样的：大约 70% 的能力成长是通过工作指派（assignment）的方式实现的，内容包括某特定工作、项目、行动学习任务等，它给予员工的是可贯穿其整个职业生涯的工作经验；其次，教练与指导在个人专业能力形成中大概能提供 20% 的贡献；而正式的培训项目，仅能提供 10% 的贡献。

那么在这个能力发展过程中直线经理承担的责任是什么？他们能提供经验指导，能不断对员工设定挑战目标、拓展其能力，这对于有潜质而又希望提升自己职业发展的员工尤为重要。他们还能把自己的一部分工作（如某个项目或特别任务）授权给这些员工来完成，或者是让这些员工得到职位轮换的机会，不仅要促使他们成长，而且也要留住他们。

能力发展是一个长期命题。如果一个企业正面临着严重的人才缺口，那么最佳选择应该是**加强招募与甄选**。而如果企业愿意在内部进行能力建设，那么**在战略性职位上投资并且尽力保住已成长起来的成熟人才，才是明智的做法。**

绩效评价与激励

直线经理在员工的报酬与奖励方面起着重大的作用。**有才能的人在报酬与奖励方面所得到的待遇，是保住与激励他们的必要条件。**如我们前文所述，成熟人才最在意的就是薪酬与职业发展。“薪酬”这一议题很严峻，我们知道每个人都能登陆互联网查询相关职位的信息，如通过 vault.com 网站查询对其他公司的介绍，通过 salary.com 网站上的薪酬数据来比较他们所在职位的薪酬水平①。获取类似信息的便利性深刻地影响了人们对他们当前状况的心理感觉。

① Vault.com 与 Salary.com 两个网站都是知名的就业数据来源网站，前者薪酬数据来源主是由 HR 经理进行的员工调查，后者的调查对象主要是雇主，收集关于基本工资、奖金和津贴的细节信息（但不提供某个公司的具体薪酬情况）。——译者注

于是，我们看到战略性人才的大量流动现象遍布全球。在很多地区，如上海或孟买，为获取最佳机遇与报酬而变换工作的人数正呈上升趋势，趋势如此之猛，已经对公司与HR职能部门保住员工（特别是在战略性职位上的员工）的能力形成了严峻的挑战。

工作设计

工作设计，是直线经理的责任中的关键性工作之一，直接影响着工作安排、目标设定，还会影响对员工的专业技能组合的要求。优化工作设计的常用方法就是经常自检：哪些工作应该保留？哪些工作应该放弃？从有利于客户与投资者的角度，如何提高准确辨识工作重要性的能力？**工作设计正在向以客户为本转变**，即以客户为出发点来创建工作，避免（或消除）传统的工作描述方式——在传统方式中，员工是按他们过去的工作方式来定义当前工作与未来需求的。直线经理需要促使其员工聚焦于那些增加价值的工作，还需要关注是否有其他工作也应该被列为增值工作或者干脆就应该撤销——直线管理者在这方面的洞察能力也是90度调查（即直属下级报告）中的内容之一。

战略性人力资本规划

人才管理工作中的最后一项，也是最重要的一项，就是我们所开发的被称为“战略性人力资本规划”的流程。这个流程包括：确定企业的战略能力、评价能力状况、识别执行战略所必需的战略性职位或A类职位，然后是对每个职位进行人才盘点，这将有助于你制订人才发展行动计划。最后，要明确人才管理责任，并将这些责任的完成情况纳入对每一位管理者的绩效评价中。

下面我们以FridgeCo公司（化名）为例来阐述“战略性人力资本规划”流程的应用。FridgeCo位于美国的中西部，是一家巨型公司的家电分部。它生产零售电器，主要客户是诸如百思买（Best Buy）、电路城（Circuit City）

这类大型卖场。FridgeCo 正面临着严峻的竞争压力，这些压力不仅来自本国竞争者，也来自全球范围内的高端、低端竞争者（尤其是海尔，这家来自中国的跨国公司）。海尔至少在 16 个国家进行制造与销售，是一个凶猛的竞争对手。

最近，FridgeCo 在客户满意度、营业收入、盈利能力等方面都出现了严重的问题，有明显的迹象表明，其当前的水平与应达到的水平相去甚远。在过去的几年中，它的员工数量已经大量缩减至当前的 6 000 人。公司新聘了一个 CEO 和一个分管 HR 的高级副总裁，他们都非常重视人才问题，都认为当前的许多员工（尤其是执行主管们）达不到企业成功所需要的那种水平。

FridgeCo 的战略是成为一家在价格高度敏感的市场上卓越运营的公司。遵循我们前面描述的流程，它确认了四项战略能力：高层领导力、卓越制造、销售与市场营销，研发与新产品开发（参见表 4-2）。之后，FridgeCo 对每项能力的现状与应达目标间的差距进行了评定。

FridgeCo 随后确定了 12 个战略职位，涉及在职人员共 111 人。采用表 4-3 中的人才分类标准，公司对这些人员进行了评定，将他们分为三类：顶级人才（top），新星人才（emerging）与一般水平（career-level）。公司采用这些标准进行了人才盘点并为他们制订了行动计划。公司也确定了每个职位在 18 个月内所要实现的改善目标。FridgeCo 明白，如果再不改革，公司将无法生存。

FridgeCo 得出结论，公司绝不能再继续按现状运营下去了，否则不出两三年的时间，公司必将被出售或者倒闭关门。新任 CEO 与新任 HR 副总裁下决心不但要让工厂持续运转、保留多数工作，而且要一如既往地为本地社区作出贡献。

表 4-2

FridgeCo 的战略人力资本规划

公司领导概述
营业范围：零售家用电器分部

战略性人才的人力资本规划（HCP）
职位计分卡

战略能力：	现状 极差（1）	较差的竞争力（2）	有竞争力（3）	很强的竞争力（4）	世界一流水平（5）
高层领导力			3 →		
卓越制造				4 →	
销售与市场营销				4	
研发与新产品开发		2 →			

战略性职位：	数量	顶级人才	新星人才	一般水平	应调离	行动计划
• 高层领导力						
- 市场副总裁	1		1			从销售与市场体系发展出更多的人才
- 制造副总裁	1			1		考虑尽早替换制造副总裁
- 首席财务官	1	1				
• 卓越制造						
- 厂长	16	4	3	7	2	移除“应调离”的人员与“野心家”（careerists）①，雇用有成长性的人才。在 38 个“一般水平”及“应调离”人员所在的职位上，雇用或调入顶级人才
- 区域主管	48	7	3	33	5	
• 销售与市场营销						
- 营销总监	6	2	1	1	2	
- 品牌经理	5	1	1	3	0	移除“应调离”的人员，制订校园招聘与职业成长计划，以便加强各个层面的市场人员力量
- 消费者洞察专家	7	2	4	0	1	
- 业务跟单经理	6	1	0	5	0	

① careerists 指不稳定、易跳槽的人员。——译者注

续前表

• 研发与新产品开发						
- 产品设计工程师	11	3	0	8	0	制订外部顶级人才引进方案，涵盖有需要的各个层级。开始移除有跳槽倾向的人员——在我们的清单上，涉及的 20 人中有 14 人属于此种情况
- 冷却专家	4	1	1	2	0	
- 洗涤专家	5	1	0	4	0	
	111	Σ=37 所需导师数量		64		

表 4-3

评价 FridgeCo 公司的员工状态：分类标准

员工状态 / 标准	顶级人才	新星人才	一般水平	应淘汰
外部标杆	在外部劳动力市场上，属于前 10% 的顶级人才群体；是最优秀的、竞争对手经常争夺的战略职位候选人	在劳动力市场上是被高度关注的搜寻对象，常用的猎取手段通常是给予晋职和大幅的加薪	主要的竞争对手不太可能用较多的加薪来吸引此类人员进入此类职位或本职能模块中的更高职位	比劳动力市场上的中等水平人才还要差；能力显著低于外部市场供给的人才平均水平
当前绩效水平	优异的绩效水平、用任何标准来衡量都称得上是杰出	很好的执行者，绩效持续提升；寻求有发展性的挑战并且获得成功	本可以成为一名杰出的执行者，但是经常比较僵化，在多数情况下能够实现预期目标，有时超出预期，有时达不到	低于当前的预期水平；相对于公司所面对的竞争更加激烈的外部环境的要求，远远达不到所需水平
内部后备人才实力	在当前的战略性职能模块内（但不仅局限于此模块），很明显是战略性职位纵向层面的继任候选人	在当前的战略性职能模块中，能够列入可供提拔的人才储备池中	未列入战略性职位（所有战略性职能，不限于当前所在）的人才储备池，有可能会被调至非战略性的支持性角色	肯定不在人才储备池中，也肯定不是战略性职位候选人的提名人选，看起来也不适合公司未来的战略
能力发展行动	必须列入战略性或发展性角色的人才储备池中或在提名人选名单上，一旦出现空缺机会，他们就会被选中；他们对于我们未来战略是一个关键构成	因其所具有的高绩效能力，将其调至当前职能内的战略性角色，以使其得到能力发展；很明显，必须是有实质意义的成长型的职位变动，才能留住他们并成为企业的后备力量	所具有的发展潜质不足以保证他们在战略性职位上的提升，但有可能成为非战略性角色上的有发展前景的候选人	另找更合适他们的位置，或者直接让他们离开

从表4-2中的数据很容易看出，虽然公司希望在制造方面达到世界一流水平，但战略性职位上现有64名在职者，其中40人被认定为“一般水平”，另有7人被标记为“应调离”——也就是说，公司打算将他们调离战略性职位。这47人是FridgeCo所面临的严重问题。达到世界一流水平的路径不是线性的，而是指数曲线[①]，仅有屈指可数的几个部门能够被定义为世界级。

FridgeCo必须回答的问题是：“我们拥有能使公司在18个月内达到目标水平的人才吗？”而答案是：“没有！”因此，FridgeCo的领导者们必须决定这些问题如何在公司内进行沟通，必须决定如何调整工厂厂长与区域主管的工作。他们必须清晰描述绩效目标，必须决定与此相匹配的厂长与区域主管的报酬与激励体系。他们必须决定哪些能力发展措施不可缺少，尤其是针对新星人才的发展措施，必须能够使这些新星人才尽快做出杰出贡献、实现经营成果以保证工厂的持续运营。

最后，领导者们要提出以下问题：公司的甄选策略是什么？公司要怎样招募人才？招募谁？在哪里能招到他们？怎样才能追踪到那些公司绝对需要的人才？

这47名管理者使FridgeCo陷入困境，他们有可能使FridgeCo走出困境吗？显然不能。制造副总裁现处于“一般水平”上，所以，生产领域的高端管理层需要引入新的领导。

在销售与市场营销方面，尽管他们相信自己非常具有竞争力、仅需继续保持即可，但实际所面对的情形与生产制造方面却是基本相同的。虽然在销售与市场方面的战略性职位（营销总监、品牌经理、消费者洞察专家、业务跟单经理）上有24位在职者，却有9个属于“一般水平”，还有3个已经被公司确定为“应调离”类型。也就是说，现存营销组织中有50%不是顶级人才。当

① 指随着水平的提高，企业数量的增长趋势会减缓以至于停滞。——译者注

前的问题是：人才现状与目标间的这个差距会有什么严重后果？FridgeCo 需要怎么做？FridgeCo 认识到它的营销职能比销售职能更重要。它需要真正的市场营销人员，能够帮助 FridgeCo 通过巨型零售商这一渠道提升产品销售的人。它所需的人才要能够在价格敏感的市场中促进销售，还能够创造出对其产品的新需求。

那么，FridgeCo 怎样才能突破价格敏感的约束，为其产品创造更多的需求呢？真正的难题在于，FridgeCo 有没有能够承担这项工作的销售与营销人员？我们都知道，与巨型零售商做成生意（能够进场销售）并不算挑战，真正的挑战是跟那些在巨型零售商处购买家用电器的消费者们达成“交易”。

对于研发（R&D）与新产品开发部门，以上分析同样适用。理想的情况是，FridgeCo 不断有创新产品，使它能够在价格以外形成与竞争者的差异化。但看一下 R&D 部门的人才数据，在战略性职位上有 20 个在职者，却有 14 个在“一般水平”。也就是 70% 的员工已经达到其能力顶点，在能力水平上大幅度提升的可能性极小。

那么，这样一群人能够在近期推出革新性的产品，以此建立并保持 FridgeCo 所需要的市场影响力吗？有的人也许可以，但大多数是不行的。在此情况下，FridgeCo 的现实问题就是：FridgeCo 需要新的 R&D，需要通过产品开发来建立新的产品差异化优势。因此，公司下决心淘汰当前人员、招聘新人才。

幸运的是，FridgeCo 找到了几个非常热切希望加入公司的年轻工程师。同时 FridgeCo 决定扩大雇用对象范围，不再局限于个体对象——因为要形成产品创新能力，开发工程师们是需要时间进行团队融合的。FridgeCo 雇用了一个技能娴熟的 5 人团队（5 人全部来自于同一家企业），他们彼此熟悉，在家用电器的设计、工程等方面取得了令人激动的成果。雇用这个团队是个偶然事件，但它却给 FridgeCo 上了一课：**有时，最佳策略可能不是招募个人而是招**

募一个团队。另外，因为新产品开发能够创造新的客户价值并由此为公司带来经济价值，所以公司决定雇用一名分管产品开发部门 HR 工作的副总裁，他将直接向 CEO 汇报工作。在过去，所有的 R&D 人员都是直接向高级制造副总裁汇报工作的。

表 4-4 概述了 FridgeCo 为实现这些相当迫切的目标所采取的早期行动。这只是 FridgeCo 的起步阶段，因为 FridgeCo 首先是要显著提升其人才水平以保证正常经营。公司当时决定进行严格的组织诊断，识别 A、B、C 三类职位各自所必需的改善行动方案。表格显示了在对 HR 各个环节进行资源配置时实行了幅度相当大的差异化，这些环节涉及甄选、能力发展、绩效管理、报酬、沟通交流以及工作设计等各环节。

FridgeCo 已经成为纽约证券交易所内近十年中第二大市场增值（market appreciation）企业。它在成熟人才的获取与管理方面获得了巨大成功。FridgeCo 采取了几个重要的步骤为战略性职位配置战略性人才，创造了显著的客户价值与经济价值，这个例子仅仅展现了其中的一步。如果 FridgeCo 能早一些这样做，公司与员工曾面临的危险境地可能也就不复存在了。

表 4-4 FridgeCo 为增加战略性人才所进行的 HR 实践调整

	A 类职位	B 类职位	C 类职位
目标	这是战略职位，其候选人 / 雇员属于劳动力市场中前 10% 的顶级人才，要从中吸引、发展并留住他们	这是对战略成功提供支持作用的职位，其候选人 / 雇员居于劳动力市场的中游水平，吸引并发展他们	这类职位是公司需要的，但既不是战略性职位也不是战略支持职位，只需吸引劳动力市场的低端候选人
甄选	• 为职位配备的员工始终都是顶级水平的 • 永远不要等到职位出现空缺才去招募员工 • 持续在市场中搜寻顶级候选人 • 请顶级绩效执行者推荐候选人，并寻找这些被推荐者 • 用具体的、高期望值的标准对所有被推荐人进行严格的筛选	• 只有当职位出现空缺，招募工作才能启动 • 使用招募代理机构 • 允许一般的招募人员对候选人进行筛选 • 招募人员所推荐的候选人只能是那种当前薪酬水平低于市场中等水平的人 • 如果职位不再对公司战略成功具有贡献，这个职位就要被撤销	• 对每一个职位空缺，都要严格审查继续填补它的必要性 • 使用报纸广告进行招募 • 利用代理机构对应聘者进行筛选与雇用 • 当职位对公司不再增加价值时，就要被撤销
绩效管理	• 将绩效期望值设定在很高水平上，达到行业内的最高水平或者在产出与行为标准方面设定世界级标准 • 员工的绩效处于持续监控中，员工经常得到关于他们自己贡献状态的反馈信息 • 一旦战略性职位上的员工无法实现很高水平的绩效目标，就要立刻使他们离开战略性职位	• “成功”绩效的定义是：达到市场（中等）标准 • 杰出绩效只需略略高出市场标准 • 对于绩效达标和高于标准的员工，偶尔提供反馈即可 • 淘汰绩效很差的员工	• 绩效标准不高于市场的中等标准（即可低于市场的中等标准） • 只有当员工绩效显著低于标准水平时才提供反馈 • 只有不缺勤并能达至最低绩效要求的员工，才能够被保留
奖励	• 基本薪酬远高于市场的中等偏上水平（75 分位以上），内部中位值可能高达 90 分位水平 • 高额的“风险”浮动收入是对顶级绩效者的激励因素，通常是他们基本薪酬的双倍或三倍（在很多实例中甚至比这还要高） • 浮动收入不会成为基本薪酬的一部分	• 基本薪酬定在市场中间水平 • 浮动收入根据相应职位的人才供给情况（即市场上的人员流动情况）确定（例如 3%~4%），如果最高绩效人员的浮动收入低于市场水平，增长幅度最高限度是 2 倍 • 鼓励利润分享或目标共享 • 不会给低绩效者加薪	• 基本薪酬定在 25 分位以下，取中间值，或市场价格的中等水平 • 加薪基于该职位的人才供给变动情况 • 鼓励提高可以减少成本的生产能力与工艺

续前表

	A 类职位	B 类职位	C 类职位
能力发展	• 大量的发展资源被预留，以备投资到战略性职位上的员工 • 这些职位上的每个人都有一名导师（或外部教练），每个人都会被安排工作轮换，并获得内部与外部的训练机会 • 鼓励最佳实践，并致力于对最佳实践案例的发展、识别及共享 • 随时为参加专业会议与最佳实践旁听提供资金支持 • 必须参加为战略性职位特别设计的入职培训，这是强制要求	• 鼓励员工参加旨在提高其所在专业领域技能的发展项目 • 鼓励这些位置上的中高层管理者参加公司提供的领导力发展项目 • 必须参加全公司层面的入职培训，这是强制要求	• 员工应参加旨在使其达至最低绩效标准的训练活动 • 经理 / 主管可以参加所在部门范围内的发展项目，前提是有足够的位置 • 全公司层面的入职培训可参加也可不参加，无强制要求
沟通交流	• 向员工传递的讯息要能够体现公司认可他们对企业的价值，以及他们的角色使企业的经营战略成为现实 • 经常让他们接触挑剔而有挑战性的客户，使他们在满足客户需求的过程中不断学习新方法，以提高各项工作的价值 • 直接来自最高管理层的沟通讯息使他们熟知公司的经营战略 • 上级持续地使这些职位上的顶级绩效者们确信他们自身对公司的现在和未来都具有重大价值	• 在职者被告知他们的角色是对战略提供支持，具体来说就是帮助战略性角色为客户提供更多价值，并在这过程中增加公司利润 • 他们必须理解，自身的价值就体现在那些能帮助战略性角色成功的工作之中 • 他们被告诫，只有对战略性角色提供支持的创造力和革新成果，才是被鼓励与承认的	• 沟通讯息要能够指出这些角色的作用是为公司提供稳定、安全且有保障的工作环境 • 绝不容忍低于绩效标准的情况 • 超出一般水平的绩效成果是不被承认的
工作设计	• 需要并看重所有能够增加战略价值的新方法与改进方法 • 努力消除这些职位上所有的官僚性、不增值的工作 • 所有工作的战略价值都要被持续评定。曾经被认为是高价值的工作，如果在竞争市场中价值呈下降趋势，这类工作一定要被消除，不论这工作或工作流程是谁设计的 • 为公司创造客户价值与经济价值的新方法和改良方法，要成为企业特有的“最佳实践”，针对这些“最佳实践”举办培训研讨会，以训练战略性职位上的员工 • 没有任何工作是神圣不可动的。如果这些职位上的工作不能增强公司的竞争优势，那它就应该被消除	• 高度鼓励在降低成本与（或）提高战略支持能力方面进行工作流程改善 • 鼓励对公司内部及外部的最佳实践进行监测，关于旁听最佳实践的建议会被认真采纳和实施 • 所有不增加战略价值的工作都要被消除 • 如果境外生产或业务外包对公司战略提供的价值足够大，可以采用	• 鼓励找到消除此类工作的新方法，一旦找到就立即执行 • 所有不必要的工作都要被消除 • 经常考虑这些职位是否应进行外包或境外生产

如何评价直线经理的人才管理工作

大部分管理事项、员工职责都有相应的完成结果的衡量手段，但是对人才管理工作以及对直线经理所承担的人才管理这一职责的完成情况，如何进行衡量评价却往往是一个弱项。我们需要有效的工具帮助公司明确直线经理的人才管理责任。在设计这种工具时，可考虑三个构成要件：

- 直线经理在塑造员工思维方面的贡献。
- 对战略性人才的管理。
- 直线经理在履行人才管理职责时的具体行为表现。

参见表 4-5，直线经理对每一项都承担责任。表 4-5 中的问题都是企业应该向全体员工传递的讯息，比如：公司的成长模式，面临的障碍和阻力，公司对于市场增长正在采取什么措施，怎样加速变革，在衡量战略成功的指标上表现如何，员工对于自己在公司战略成功中所担负的角色的理解程度如何。

表 4-5　　直线经理的 HR 职责

	等级				
	差	一般	好	很好	极好
沟通交流：这个经理……					
1. 为这个团队提供了战略方向？	1	2	3	4	5
2. 不断地提醒我们应当怎样发展（提升团队的贡献）？	1	2	3	4	5
3. 提醒我们面临何种障碍，以及告诉我们该怎么做以消除它们？	1	2	3	4	5
4. 用具体指标来警示我们，告诉我们是否成功以及我们位于何处？	1	2	3	4	5
工作设计 / 重新设计：这个经理……					
1. 为了增加更多的战略价值，会不断地重新设计工作？	1	2	3	4	5
2. 消除那些不再增加价值的工作？	1	2	3	4	5
绩效管理：我的上级……					
1. 详细描述对我的工作期望？	1	2	3	4	5
2. 详细描述我做得如何？	1	2	3	4	5
3. 关于我工作情况的反馈是贯穿全年的？	1	2	3	4	5

续前表

	等级				
	差	一般	好	很好	极好
4. 对年底工作回顾时不会有令我吃惊的结论？	1	2	3	4	5
甄选 / 配置：这个经理……					
1. 在为人员配置 / 甄选方面的决策做准备时，会详细描述绩效与胜任能力方面的要求？	1	2	3	4	5
2. 面试候选人并向 HR 反馈详细信息？	1	2	3	4	5
3. 请 HR 提供内部候选人名单？	1	2	3	4	5
4. 评估内部候选人并提供针对各候选人的反馈？	1	2	3	4	5
发展：这个经理……					
1. 对我的职业发展表现出兴趣，为我提供富有挑战并充分发挥自己潜能的机会？	1	2	3	4	5
2. 在绩效评估之外，进行“一对一”的个人发展讨论？	1	2	3	4	5
3. 与我讨论事业机遇并在分配工作时考虑能力的发展，以增加我适应未来更多机会的能力？	1	2	3	4	5
4. 联系他的上级来帮助雇员的职业成长？	1	2	3	4	5
5. 关于职业提升的现实性，提供坦率的反馈？	1	2	3	4	5
报酬与认可：这个经理……					
1. 在整个绩效周期内都对我给予认可？	1	2	3	4	5
2. 会告诉我，在哪些方面做得更好就可以获得更多的报酬？	1	2	3	4	5
3. 在公开场合对卓越的绩效表现给予表扬？	1	2	3	4	5
4. 与我们沟通交流团队奖金的价值，以及为什么我们能够获得这个奖金？	1	2	3	4	5
5. 基于我的绩效表现提供公平的报酬与认可？	1	2	3	4	5
战略性 HR 规划：我的上级……					
1. 能够识别出创造财富的战略性职位？	1	2	3	4	5
2. 能够识别出对客户有重要影响力的战略性职位？	1	2	3	4	5
3. 确保公司在战略性职位上拥有“顶级人才”？	1	2	3	4	5
4. 淘汰在战略性角色上的 C 级与 B 级员工？	1	2	3	4	5
5. 能够识别新星战略性人才并帮助他们快速成长为“顶级人才”？	1	2	3	4	5
6. 确保战略性职位上的“一般水平”人才也是卓越绩效者？	1	2	3	4	5

这一简单工具可以评定管理者在人才管理工作方面被他人认可的程度，而这些信息是由最合适的人提供的，即直接向他们汇报的下级员工。**直属下级**

有最直接的感受，尤其是在绩效衡量、报酬和发展等方面。他们也有机会评定甄选环节，特别是那些从外部招入公司的候选人，他们作为新雇员，会比较自己与内部候选人（战略性职位的候补人选）间的差别，比较他们在财富创造方面的影响。在工作设计与沟通交流这两个领域，直属下级也是关键的信息来源，因为他们知道曾经交流过什么，他们了解领导对公司战略理解的情况，包括公司当前的发展方向是什么、面临什么阻力，他们对于工作安排也很有发言权。事实上，关于“哪些工作必须要完成”以及“由谁来做最合适”这些具体事务上，**员工经常有比领导更好的想法。**当直线领导们打算履行人才管理责任时，这个工具可以帮助他们对现状进行评估。

本章小结 THE DIFFERENTIATED WORKFORCE

在本章中，我们重点探讨了直线领导在有效的人才管理策略执行过程中所承担的责任。我们首先介绍了领导团队在“人才管理策略”执行过程中的责任，然后讲述了直线管理者在甄选、发展、评定与激励、工作设计及战略性人力资本规划等各环节，应当如何采取具体的差异化人才管理策略来更好地执行经营战略。其中，战略性人力资本规划一环最为关键，因为它通过人才盘点流程与针对性的行动计划，帮助领导者将 A 级人才放在 A 类职位上，服务于 A 级客户。

在下一章中，我们将阐述差异化的人才管理策略所需要的人才管理体系。我们将讨论企业文化与人才管理理念两方面的重要性。我们将展示如何设计整合的 HR 管理政策与实践体系来协助战略执行。在第 5 章的最后部分，我们将讨论哪些 HR 实践必须基于战略能力进行差异化，哪些则应该对全体员工一视同仁。

THE DIFFERENTIATED WORKFORCE

TRANSFORMING TALENT INTO STRATEGIC IMPACT

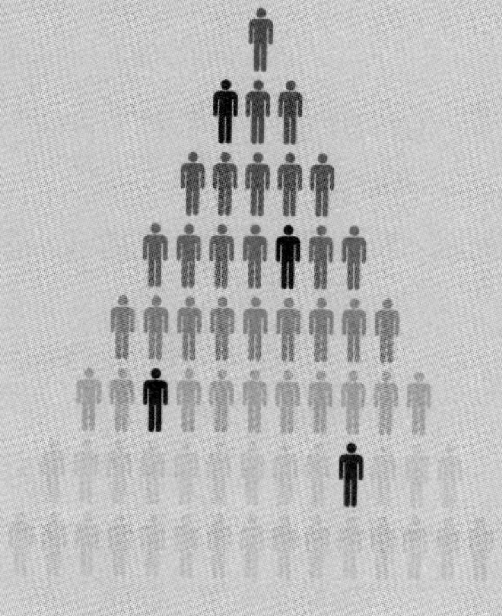

05

哪些应差异化，哪些该一视同仁

步骤 4：设计人才管理体系

THE DIFFERENTIATED WORKFORCE **人才管理自测**

9 个差异化的人才管理体系特征，你的企业有几个？

差异化人才管理体系的特征	是	否
在甄选、薪酬等方面实行差异化，以确保最优秀的人才进入那些能够增强企业竞争优势的职位；卓越的绩效人员具有很高的动力留在公司。	□	□
战略性人才成为企业的竞争优势。	□	□
绩效胜过最优秀的竞争对手。	□	□
员工，特别是战略性人才，理解企业的战略以及怎样去赢得客户；这些员工致力于实现客户成功，知道衡量他们的成功的指标是什么，也知道企业是如何创造财富的。	□	□
所有的战略性与支持性人才都能轻易地回答出公司打算怎样赢得客户，在寻求客户方面目前做得如何，要加速实现企业绩效目标必须完成哪些工作。	□	□
企业确保将所有的招募精力集中于对战略性人才（即能够增强企业竞争优势的人才）的招募，不鼓励能力较低的人才与杰出的个人去应聘非战略性的职位。	□	□
减少了应聘的候选人数量；吸引了能力更加符合战略重点要求、更合格的员工；留住了最好的员工，而最好的员工又能增加企业对杰出的战略性人才的吸引力。	□	□
员工不会指望得到加薪或激励性报酬，除非他们为企业增加了显著的客户价值或经济价值。	□	□
有卓越绩效的人员能够得到很高的奖励并能留下来；绩效不佳或中等的人员得不到奖励，而且会被要求腾出他们所占据的战略性职位。	□	□

我们已经在前文反复强调了企业的人才管理策略（及其员工）需要根据企业的差异化经营战略进行差异化的重要性。

企业的 HR 管理政策与 HR 实践构成了人才管理体系，差异化的人才管理策略要求这一体系同步进行差异化，而此时的差异化基础已经不是相对宽泛的经营战略，而是更具体的：战略能力——实施战略所需要的信息、技术与人的集合体。差异化的经营战略回答了为什么人才管理体系要变革的问题，同时它还需要回答：怎样变革，确保变革成功的行动方案是什么。也就是：如何围绕战略能力建立一套差异化的人才管理体系。

在确定战略能力与战略性职位[①]之后，很多管理者就感受到了必须马上进行变革的压力，但是一个计划不周的执行策略只会起到事与愿违的作用。在大多数公司中，HR 政策与实践是在相当长的时间内缓慢地发展或演变的，这些政策对于变革会有很强的抵触。所以，变革的推进过程应该精心设计并保证有合适的资源支持。

本章我们将先讨论形成必要的企业文化与人才管理理念的重要性，具体

① 为了凸显本书作者的意图，以战略能力和战略性职位的翻译保留，与我们平常所说的组织能力和关键职位类似。——译者注

来说就是**“人才管理责任制”的企业文化与“人才管理的目标是驱动成功的战略执行”的人才管理理念**。接下来，我们将展示如何设计能够帮助战略执行的HR管理政策与实践的整合系统。最后，我们将详述为了支持人才管理策略差异化，HR职能所必需的关键角色、责任与基础。

从战略意图到企业文化

所有的企业都有自己的文化，有的企业会主动选择并管理他们的文化，而多数情形，更像是文化选择了企业，员工则会根据不同的企业文化调整自己的行为。其实，**企业文化应该根据战略所需而设计，而不是“听天由命”**。也就是说，管理者需要思考关于自己企业的企业文化的问题（这都是相当棘手的问题）：“我们希望公司的文化看起来是什么样子？我们怎样才能将价值观与战略设想深深地嵌入整个公司？要形成我们需要的那种文化我们必须做些什么？谁应为这些推动行为承担责任？我们从哪里起步？”有成千上万的书籍和文章讨论过组织文化这个主题，但是关于“从支持战略执行与人才管理的角度如何发展责任制企业文化”这一主题，相关的文献却是少之又少。

在我们所说的这种责任制企业文化中，**企业中的每个人都会关注战略执行，并由“怎样才能更好地执行战略”而关注哪里可以进行优化；在这种文化中，每个人都会为自己承担的产出责任负责**。这个说起来简单做起来难。在全球化的商业环境中，所谓“成功的战略执行”的表现就是不断攀升的业绩水平——这就意味着要有更高水平的内部与外部的差异化战略。责任划分合理、清晰的责任制文化有助于战略执行，但很少有企业能够创建这种文化，相反，却有不少企业倾向于“感觉不错”式文化，这种文化能让每个人都感觉很舒服，却不能为走向战略成功提供必要的帮助。

下文“我们需要什么样的员工思维和企业文化？”中的两种情况是基于我

们合作过的大量公司的情况提炼的。X公司这种“感觉不错”式的企业文化的存在是非常普遍的，但是它对公司战略的有效影响程度却远远低于Y公司的文化。Y类型的公司更有可能持续有效地执行他们的战略，一个很重要的原因就是，他们会与员工进行开放、坦诚的沟通，告诉员工：**公司需要做什么才能成功，你要怎样做才可以对公司做出贡献。**

THE DIFFERENTIATED WORKFORCE

人才管理洞察

我们需要什么样的员工思维和企业文化？

X公司——理想雇主

我们是一家理想的雇主，我们努力为公司的每一个职位雇用最优秀的人才。一旦我们雇用了他们，我们会尽力确保他们全身心地投入工作，再也不想离开。我们为他们提供有吸引力的薪水与福利。我们也确保他们有完成工作所需要的工具，我们会对他们的良好工作予以表扬。公司的主管们非常关心雇员，并鼓励每个雇员能够获得职业发展。同时，雇员们也都了解公司的价值观，知道对他们的关心是公司使命的重要内容之一。公司也相信在工作中成为朋友是很重要的。最重要的是，我们致力于使每个人都尽自己所能将工作做到最好。很少有人会主动离开公司。

Y公司——理想雇员

我们为公司的战略性职位雇用最优秀的员工（他们是来自人才市场的顶级人才群体），这些战略性职位能为公司创造财富。我们将尽一切努力来吸引、培养、发展这些职位上的雇员。公司领导将为这些雇员制定具有挑战性的、能极大发挥雇员潜能的期望目标，并严格地、绝对公正地、精确地评估他们的业绩。公司有能力发展模型来帮助拓展这些雇员的能力，我们对来自他们的非凡贡献及随之的公司成长抱以很大期望。公司坚定地消除制度层面的所有阻力（即使阻力来自于领导），只要它对战略性人才创造财富形成了阻碍，或者影响了我们吸引及保住这些人才的能力。我们是一家注重员工公平的公司，并且以此为荣。

从企业文化到人才管理理念

X 公司与 Y 公司间的对比凸显了员工思维与企业文化在战略执行与公司成功方面的重要性。形成责任制的员工思维与企业文化有两个步骤：第一步，要发展一种人才管理理念，它能对企业目标与人才管理责任制进行概要说明。创建人才管理理念[①]是一个重要的工具，既能帮助管理者沟通战略目的，又能帮助直线经理与 HR 经理厘清他们各自的责任。第二步，创建与众不同（差异化）的人才管理体系（HR 政策与实践体系），从而将人才管理理念切实转化成战略执行的行为。

有效的人才管理理念能够解释管理者与雇员的角色与职责区别。它会用清晰的行为类语言来描述雇员与企业间关系的性质。此外，它会描述主要职能领域的角色与职责，并说明企业将会（以及不会）对哪部分员工、在哪些方面加强投资。人才管理理念方面的文件也是很重要的招募高潜质人才的工具，因为它能向人才表明企业确实已经认真考虑了他们的发展，并将在他们身上进行投资。

重塑人才管理理念之前，需要先了解当前的人才管理理念。怎么了解？**既需要经验判断，也需要客观诊断。**我们提供一个包含 50 个选项的量表（见表 5-1），你的管理团队可以用它来了解员工的想法，通过员工对各选项的勾选人数比例、评分情况，就可以知道在哪些方面员工的一致程度比较高及比较

① 这一概念我们曾在《员工计分卡》一书中介绍过。

低。在重塑人才管理理念的过程中，可以定期使用本表，通过数据变化来衡量员工思想是否在朝着企业的预期方向变化。

在使用本表时，我们采用了典型的5分制量表，即对每一项设置从1“非常不同意”到5“非常同意”五个量级。此外，要分别针对“现在”和“将来”两类进行回答。所以这个工具对于揭示企业“当前的”和“想要的”人才管理理念非常有用，特别是当数据来自于企业内各个层级上的高潜质员工时。我们会将这些数据反馈给经营层，他们应该关注的主要数据包括：（1）得分最高的项目；（2）得分最低的项目；（3）一致程度最高的项目；（4）分歧最大的项目；（5）在“现在具有”与“将来需要”两大类间差异最大的项目。

表 5-1　　如何设计和建构最佳员工团队

人才管理策略：构建成功的员工团队

下面所列是构成人才管理理念基础的一些原则性条目，它们意在激发你思考如何设计及组建最佳员工团队，以实现你所在企业的战略目标，如：你心中的人才管理理念是怎样的？为了实现竞争优势，你的公司必须做出怎样的选择？请在其中能代表你企业当前的状况、你认为实现企业战略及建立行业内最成功的员工队伍所必需的项目前打“√”（或者按1~5分进行打分）。需要说明的是，这些仅是取自不同企业的人才管理理念表述的样本，你可以根据需要自行添加。

现在	将来		
□	□	1	所有的员工都配得上“终身职业保障”
□	□	2	所有的员工都有获得年度加薪的资格
□	□	3	平等比公平更重要
□	□	4	对高层职位的领导胜任力要求，应以现在的领导能力为基准
□	□	5	为所有的高层职位制订人员继任计划是很关键的
□	□	6	HR职能为员工代言是很关键的
□	□	7	必须满足战略能力对人员配置的要求
□	□	8	每个员工的绩效都必须逐年提升
□	□	9	所有员工为公司创造的价值都必须多于他们从公司获得的
□	□	10	成功地为A类职位配置人员是很关键的
□	□	11	在所有层级上都拥有有效的领导者，对于战略成功是很关键的

续前表

现在	将来		
☐	☐	12	A 类职位的职业发展由公司集中管控
☐	☐	13	员工发展方面的投资应放在 A 类职位的 A 级员工身上
☐	☐	14	对具有 A 级潜质的 B 级员工进行能力发展投资是很关键的
☐	☐	15	绩效管理是执行战略的一种工具
☐	☐	16	C 级员工如果不能成长就必须被淘汰
☐	☐	17	所有的员工都必须对客户（或消费者）的成功做出贡献
☐	☐	18	没有人能够理所当然地“占有”某个职位
☐	☐	19	直线经理对员工负有管理责任：员工思维、能力发展、员工行为
☐	☐	20	直线经理必须执行人才管理策略
☐	☐	21	在所有的 A 类职位上，公司都必须配置最高水平的员工
☐	☐	22	A 级员工必须被放在 A 类职位上
☐	☐	23	提高胜任能力是对所有职位的要求
☐	☐	24	所有的员工都可被归为战略性资源、运营性资源或是多余资源这三类中的某一类
☐	☐	25	能够提供新想法和高水平的绩效是员工晋升的标准
☐	☐	26	对员工进行差异化的投资是必须的
☐	☐	27	B 级员工就应当在 B 类职位上
☐	☐	28	必须消除 C 类职位（及类似的 C 类工作）
☐	☐	29	管理者必须承担员工管理责任
☐	☐	30	知识共享对战略成功来说是不可或缺的
☐	☐	31	留住 A 类职位上的 A 级员工是极其重要的
☐	☐	32	HR 的主要产出物就是我们的员工
☐	☐	33	对员工的管理，在直线经理或高管人员的绩效评定中应该占到至少 25% 的权重
☐	☐	34	所有 A 类职位上都需要积极主动的学习者
☐	☐	35	A 类职位不是按管理层级划分，而是按对于企业的战略价值来定的
☐	☐	36	所有的员工都应该获得及时、公正的绩效反馈
☐	☐	37	管理者应该根据员工的绩效表现，对他们提供支持
☐	☐	38	员工应该对自己的成长负责
☐	☐	39	为所有战略职位制订人员继任计划是很关键的
☐	☐	40	建立有深度、有广度的人员储备库是很关键的
☐	☐	41	A 类职位的薪酬水平应该达到市场上 75 分位的中间水平，B 类职位应该在 50 分位的中间水平，C 类职位（如果我们必须设一些这类职位）不应该超过 25 分位的中间水平

续前表

现在	将来		
□	□	42	外包是公司应该采用的一种工具，以帮助我们将精力集中在重要的方面以及减少成本
□	□	43	为加强公司的竞争优势，我们应该采用境外生产这一具有竞争力的手段
□	□	44	HR 工作的首要关注点 / 客户是直线经理层
□	□	45	HR 工作的关注点 / 客户是公司的外部客户
□	□	46	HR 与首席人力资源执行官（CHRO）必须起到公司良知（corporate conscience）的代表作用
□	□	47	责任制必须成为公司内在的一种能力
□	□	48	首席人力资源执行官必须对公司治理的标准制定负责
□	□	49	应当要求所有的领导都负有向员工传播公司（或业务部门）战略的责任
□	□	50	对所有的领导者进行评价时，都应该包括他们的员工对公司战略及现状的理解状况这部分内容

资料来源：《员工计分卡》。

收集这些数据在重塑人才管理理念的过程中是很重要的一步。人才管理理念应该是直线经理与 HR 经理通力合作形成的，这种合作既能提高整个过程的工作质量，又能使员工积极投入人才管理理念的重塑过程并提高对最终成果的接受度。举例来说，洛克希德·马丁公司是一家军事承包商（military contractor），它成立了一个由直线经理与 HR 经理组成的工作小组来负责重塑人才管理理念的任务（见下文“洛克希德·马丁公司的人才管理理念”）。近年来，由于客户需求发生了变化，洛克希德·马丁公司的业务也发生了巨变。若要继续前进，洛克希德·马丁公司就需要一种更加整合的、基于团队的工作方式来执行公司战略。它重组了业务，但还缺少一种能够将公司所需变革向全体员工进行有效沟通的机制。通过重塑人才管理理念的过程，洛克希德·马丁公司的管理层对人才管理工作中影响战略执行的关键元素达成了一致。同时，他们作为管理团队，在向整个组织传播人才管理理念的过程中也越来越投入。值得一提的是，洛克希德·马丁公司得出结论，必须确保员工清晰地理解以下内容：公司所面对的商业环境正充满挑战，公司所定的战略重点（战略能力）为什么非常重要，实现客户成功为什么很关键，为什么必须实行人才管理差异化与多样化，领导责任制的内涵和重要性，以及 HR 部门在确保战略成功过程中所担当的角色。

关于拥有一个具有普遍共识的人才管理理念的重要性，再怎么强调也不为过。当高级管理人员开始关注这一主题时，他们通常能发现高管彼此间都有着不同的价值观与信念。所以，这个过程对于凸显分歧并逐步达成一致是非常重要的。

THE DIFFERENTIATED WORKFORCE 人才管理洞察

洛克希德 · 马丁公司的人才管理理念

1. 具有挑战性的环境。美国与其他国家在军事与非军事技术的优势方面进行竞争，在多个新兴市场上正面临着新进入者的挑战。洛克希德 · 马丁公司的目标是成为最好的解决方案供应商。这就需要具有核心技能方面的人才优势，而这种人才在当前的人才市场中是非常短缺的；还需要在提供以客户为中心的解决方案时，具有极强的使内部与外部合作者协同运作的能力。

2. 战略重点。公司的战略重点是适应不断变化的全球环境，满足在现有市场、周边市场、新兴市场中的多样化的客户需求。这就要求公司具有更胜一筹的技术能力，以便为客户及终端用户提供创新的解决方案与最优价值。因此，公司的员工必须快速成长、提高应变能力，这样才能精准地满足商业伙伴与客户的期望。经营决策必须平衡短期结果与长期收益，这就要求员工们所具备的技能与灵活性既能满足当前客户需要，也能符合未来客户需求。

3. 实现客户成功。公司必须从客户的视角来审视所有的经营活动，确保客户获得成功。为了实现这一点，公司必须培育持久的、战略性的客户关系，帮助他们塑造未来。公司必须理解客户与最终用户（end-user）所在的环境，提供运行良好且不乏创新的解决方案，为客户提供“同一张面孔（one face）”的服务，实现超出预期的价值。

4. 人才管理差异化与多样化。一个包容性的工作场所注重思维的多样性，这有助于提供独特的客户导向的解决方案。公司在战略性职位上配备关键人才是非常重要的，在全公司范围内对这些人的职业生涯进行管理与部署也是必不可少的。洛克希德·马丁公司必须在能力发展、认可奖励、报酬奖金等方面对关键人才进行差异化的投资。员工必须明白，那些能够分享观点、知识、解决方案并能为获取经营成果做出贡献的人，将获得更高的回报。公司未来的成功需要人才管理具有很高的敏捷度，为关键人才提供全公司范围内的发展机会与任务指派等学习机会，这对于确保公司的竞争力是非常必要的。

5. 领导责任制。领导者要对他们的员工承担管理责任。他们有责任向员工传播公司的经营战略、创建高绩效文化、明确绩效期望值并依此对每一位员工进行绩效评估。每一位领导者都必须对自己的行为及员工的行为负责。这就需要对每一位员工进行坦诚、准确的评估，并根据对战略的贡献大小给予相应的奖励。当领导者们这样做时，他们就是在把公司的人才管理理念变为现实。

6. HR 的角色。我们必须认识到，公司的业务成功越来越依赖于战略性人才，在千变万化的环境中，他们能够提供满足客户期望的解决方案。HR 的主要责任就是与领导层共同作战，为战略性人才提供支持，并输出更多的战略性人才，最终更好地满足公司的客户。HR 的产出就是符合业务需要的员工。

从人才管理理念到人才管理体系

创建人才管理理念是建立人才管理体系架构的关键一步，而这个体系架构是实施人才管理策略所必需的。**表述明晰的人才管理理念有助于直线经理与 HR 经理建立差异化的人才管理体系。**人才管理理念明确之后，接下来就要了解企业的 HR 管理政策与实践是如何实现对人才管理理念的继续强化这一点的。

HR 实践对企业绩效的影响是间接的：HR 实践能改变员工的知识、技能、能力与动力，而产品或服务就是靠员工生产或提供的，这些产品或服务被客户购买了，就实现了收入和盈利。这过程中没有任何一环可以让你安枕无忧，市场的竞争程度不断加剧，在人才管理方面的投资与收益实现之间又要经历一段较长的时间周期，这些都使“HR 实践要对企业绩效产生影响”的任务看上去困难重重。要设计和实施有效的人才管理体系，你必须明白企业绩效是一长串行动的结果，而且非常清楚这些行动之间的逻辑关联。

只有这样，你才能对以下几点了然于胸：你的员工需要了解什么，需要具备什么样的能力，需要为经营提供什么成果。而这些，就是你的 HR 管理体系需要满足的“人才管理需求”。对于员工在经营战略、战略重点、绩效管理、个人绩效重点、个人绩效后果以及公司期望的员工产出方面所需要的信息，我们提供以下参考（可参见表 5-2）。

经营战略（business strategy）。员工必须对公司的竞争优势有清晰的理解，能够回答以下问题：公司将怎样发展我们的业务？在公司参与竞争的市场上，公司打算如何赢得更高比例的客户？公司的竞争优势是什么？什么战略能力可以实现公司的竞争优势？如果公司要赢在未来，什么战略能力是我们必需的？

战略重点（strategic focus）。员工需要清晰地理解实现战略所需要的最基本的战略能力。哪些赢得客户与创造财富的能力是最基本、不可缺的？我们发展中有什么阻力，对此我们应该做些什么？我们怎样加速发展？能够衡量我们的成长及战略成功的指标是什么？

绩效管理（performance management）。员工需要看到他们的工作与组织中的其他工作、其他角色是否匹配得当。谁会直接影响我的工作？我现在做得怎么样？我怎样能够得到关于我工作的具体、及时的反馈？对于我负责的那些会直接影响公司的竞争优势与财富创造的工作，当我遇到阻力时，我可以找谁帮助我排除阻力？

个人绩效重点（performance focus）。在个人层面上，员工必须了解经营战略与战略能力对他们自己的工作、绩效及职业发展所具有的意义。公司对我的期望是什么？我必须做到什么程度才行？我具备了那些我应该有的胜任能力吗？我需要新的或与他人不同的胜任能力吗？哪些工作会影响我们赢得客户？哪些工作会影响我们调整价格的能力？哪些工作会降低生产成本？我做什么能够为公司创造财富？我的工作的优先顺序是怎样的？哪些工作我应该花费尽量少的时间？哪些工作我应该停止了？

个人绩效后果（performance consequences）。员工必须理解高绩效与低绩效对应着不同的结果。如果我的工作完成得很出色，我会得到什么？如果我没有达到预期水平，我会得到什么？对于那些会影响公司的竞争优势或为公司创造财富的角色，会对他们提出卓越绩效表现的要求吗？卓越的绩效表现会得到很高的奖励吗？

公司期望的员工产出（employee outcomes）。每个人都应该知道游戏的终局是什么——如果我们能够有效地执行战略，我们很有可能得到什么？从员工的角度看，在我们的组织中，“成功”应该是什么样子的？那就是：能够理解战略，能够交付战略成果，致力于战略行为，创造财富。

表 5-2 公司希望员工真正理解什么

经营战略	战略重点	绩效重点	绩效管理	绩效后果	员工产出
• 我们将怎样发展公司的业务？ • 在我们参与竞争的市场上，公司打算如何赢得更高比例的客户？ • 公司的竞争优势是什么？ • 什么战略能力可以实现公司的竞争优势？ • 如果公司要赢在未来，什么战略能力是我们必需的？	• 哪些赢得客户与创造财富的能力是最基本而不可缺的？ • 我们的发展中有什么阻力，对此我们应该做些什么？ • 我们怎样加速发展？ • 能够衡量我们的成长及战略成功的指标是什么？	• 公司对我的期望是什么？ • 我必须做到什么程度才行？ • 我具备那些应该胜任的能力吗？ • 我需要新的或与他人不同的胜任能力吗？ • 哪些工作会影响我们赢得客户？ • 哪些工作会影响我们调整预期价格的能力？ • 哪些工作会降低生产成本？ • 我做什么能够为公司创造财富？ • 我的工作的优先顺序是怎样的？ • 哪些工作我应该花费尽量少的时间？ • 哪些工作我应该停止了？	• 谁会直接影响我的工作？ • 我现在做得怎么样？ • 我怎样才能得到关于我的工作的具体、及时的反馈？ • 对于我所负责的那些会直接影响公司竞争优势与财富创造的工作，当我遇到阻力时，我可以找谁来帮助我去除阻力？	• 如果我的工作完成得很出色，我会得到什么？ • 如果我没有达到预期水平，我会得到什么？ • 对于那些会影响公司的竞争优势或为公司创造财富的角色，会对他们提出卓越绩效表现的要求吗？卓越的绩效表现会得到很高的奖励吗？	员工： • 理解战略 • 能够交付战略成果 • 致力于战略行为 • 创造财富

差异化人才管理体系的特征

如果企业有清晰的人才管理理念和变革管理计划，实施差异化的人才管理策略就会容易很多。对很多企业而言，“差异化的人才管理”所代表的是一种新的思维方式，一种关于人才与人才管理体系在企业的战略成功中所担当角色的新思维。有的管理者刚刚适应了基于绩效的差异化管理方式，现在又被要求基于职位进行差异化管理，而很多 HR 领导在过去的职业生涯中一直致力于确保所有员工被“平等地”对待而不是“公平地”对待，所以，实行差异化的人才管理，很多阻力可能将来自于 HR 领导者自身。

我们可以通过以下四个方面来区分“差异化”的人才管理方法与相对更传统的（无差异化的）人才管理方法：**关注公平性而不是平等性；关注战略性员工的敬业情况，而不是针对全部员工；强调雇用理想的员工，而不是强调要做理想的雇主；关注增加收入，而不是增加福利**（参见表 5-3 与表 5-4）。

表 5-3　无差异化的人才管理体系特征

人才管理理念 / 假设	常见的人才管理实践案例	人才管理体系的产出	企业收益
平等性	实践活动旨在体现“公平”，对所有的人都一样；所有工作的薪酬都定位在市场的中等水平	战略性角色上几乎没有顶级绩效者；公司内的所有角色都能成为“高潜质人才”的被甄选对象	与最优秀的竞争对手相比，业绩不佳
敬业度	员工知道企业有使命与价值观，并被告知企业重视每个人，同时每个人也都要对企业忠诚	员工是“忠诚的”，不会去寻找新工作；员工经常说不清企业的战略、经营目标以及“成功”的衡量指标	
理想雇主	公司宣称自己是极好的工作场所，鼓励所有的候选人成为雇员	员工与外部市场都知道这里是一个很好的工作场所；所有的求职者都会前来应聘	
福利	员工感觉工作很安稳，不会去寻找新工作；不论自己的绩效如何，员工都会期望薪水逐年增长以及获得激励性报酬	高绩效员工的收入其实是“支付不足的”，最终他们会因更具吸引力的发展机会而离开公司；低绩效员工的收入其实是被超额支付的，因此他们会有很长的任期与很低的离职率	

表 5-4 差异化的人才管理体系的特征

主要内容	人才管理实践	人才管理体系的产出	企业收益
公平性	在甄选、薪酬等方面实行差异化，以确保最优秀的人才进入那些能够增强企业竞争优势的职位；卓越的绩效人员具有很高的动力留在公司	战略性人才成为企业的竞争优势	绩效胜过最优秀的竞争对手
员工思维	员工，特别是战略性人才，理解企业的战略以及怎样去赢得客户；这些员工致力于实现客户成功，知道衡量他们的成功的指标是什么，也知道企业是如何创造财富的	所有的战略性（与支持性）人才都能轻易地回答出公司打算怎样赢得客户，目前在寻求客户方面做得如何，要加速实现企业绩效目标必须完成哪些工作	
理想雇员	企业确保将所有的招募精力集中于对战略性人才（即能够增强企业竞争优势的人才）的招募，不鼓励能力较低的人才与杰出的个人去应聘非战略性的职位	减少了应聘的候选人数量；吸引了能力更加符合战略重点要求、更合格的员工；留住了最好的员工，而最好的员工又能增加企业对杰出的战略性人才的吸引力	
收入增长	员工不会指望得到加薪或激励性报酬，除非他们为企业增加了显著的客户价值或经济价值	有卓越绩效的人员能够得到很高的奖励并能留下来；绩效不佳或中等的人员得不到奖励，而且会被要求腾出他们所占据的战略性职位	

关注公平，而不是平等

传统的人才管理体系的设计意图通常是体现公平，即对所有的人都一视同仁。例如，在很多公司，所有职位的薪酬水平都设定在市场的中等水平，低绩效与高绩效之间的差异也是非常有限的。结果，在战略性角色上基本不会出现顶级绩效人员，高潜质员工因为对收入不满而离开公司的情况也出现得相当频繁。由此，一个必然的结果就是，更高比例的低绩效人员留在了公司。与此相反，采用差异化的人才管理策略的企业会**重点关注在甄选、奖励等方面形成区别对待，目标就是确保最优秀的人员进入那些能够增强企业竞争优势的职位，并使卓越绩效人员有足够的动力留在公司。**

使战略性人才更敬业

在不强调差异化人才管理的企业，员工知道企业有使命与价值观，并被告知企业重视每个人，同时也要求每个人对企业忠诚。员工是忠诚的，因为他们不会去寻找新的工作，但在相当多的案例中，他们却说不出企业的战略、经营目标以及“成功”的衡量指标。

在追求差异化的人才管理的企业，**强调员工，特别是那些在战略性职位上的员工，都要能充分理解企业的战略以及怎样去赢得客户**。这些员工致力于实现客户成功，知道衡量他们的成功的指标是什么，也知道企业是怎样创造财富的。因此，战略性（与支持性）职位上员工的敬业度比其他员工的敬业度更重要，企业会确保这些职位上的所有员工都能轻易地回答出企业打算怎样赢得客户、在寻求客户方面目前做得如何、要加速实现企业绩效目标必须完成哪些工作。

雇用理想的雇员，而不做理想的雇主

有些企业宣称自己是极好的工作场所，鼓励所有的候选人成为雇员。结果，员工与市场都知道这里是一个非常舒适的工作场所。所有的求职者都会前来应聘，企业挤满了应聘者，而其中的很多人其实根本就不适合这个企业，而企业仍然一视同仁地花时间精力来对他们进行甄选，那些真正重要的职位所需要招募的人才得不到特别的关注。这种企业的人才管理是非差异化的。

在实行差异化的人才管理策略的企业，**管理者们将大部分的招募精力集中于对战略性人才（即能够增强企业竞争优势的人才）的招募，不鼓励低绩效水平的人前来应聘**。因此，应聘的候选人数量减少了，而合格的应聘者的比例则大大提高了。企业吸引并筛选出能力更加符合战略重点要求、更合格的人员，并从中挑出更有可能留在企业的雇员。

让绩效奖金与员工贡献更匹配

在传统的人才管理无差异化的公司，员工感觉工作很安稳，不会去寻找新的工作。不论他们自己的绩效如何，他们都期待（并且最终也能得到）逐年增加的薪水与激励性报酬。这样做的结果就是，高绩效的员工的收入实际上是

“支付不足的”，最终肯定会因更具吸引力的发展机会而离开企业，而低绩效的员工的收入实质上是被超额支付的，因此他们没有离开企业的动力或愿望。

在人才管理差异化的公司，**员工不会指望得到加薪或激励性报酬，除非他们为企业增加了显著的客户价值或经济价值。**因此，有卓越绩效的人员能够得到很高的奖励并能留下来；绩效不佳或中等的人员得不到奖励，而且会被要求离开他们所在的战略性职位。

差异化人才管理体系的设计原则

企业可直接控制的战略性杠杆并不多，人才管理是其中重要的一项，因为企业在如何管理人才方面有近乎完全的自由裁量权（除了必须遵守的法律规定）。企业不能改变竞争对手新产品导入的速度、油价或者地缘政治（geopolitics）等等，但却可以迅速行动、果断提高自身的人才管理水平。这也就是为什么人才管理体系非常重要的原因：它能为股东创造巨大的财富，而且它是管理者可以直接把控的企业差异化因子。

我们将企业中 HR 管理政策与实践的集合称为人才管理体系（HR architecture）。正如前文所述，发展企业文化与人才管理理念是设计并实施有效的人才管理体系的第一步。所有企业都有人才管理体系，也就是说，他们已经完成了工作设计，也完成了雇员的招募和甄选，他们也有对应的薪酬体系，等等。他们用这套人才管理体系来制定与雇员有关的各种决定：谁会被雇用、被解雇、被提升，日复一日。

任何一个企业当前的人才组合都是 HR 管理政策的直接产物，而这些政策可能已经存在 10 年甚至 20 年了。我们可以设想这样一种情形：你所在企业的 HR 体系一直没有变化，企业当前的领导团队就是根据这样一套“古老的”HR 管理政策，经过了其中的招募、甄选环节，上任、接受培训、最后提升到当前所在的位置上。然而，这套 HR 管理政策却是为了适应 20 世纪七八十年代的环境而设计的。这意味着什么呢?

所以说，我们要做的决定不是“是否要拥有一套人才管理体系”，因为你必定已经有一个了，关键问题是：你是否有合适的人才管理体系，它是否能为你的战略性职位建立起人才管理体系，最终实现战略成功。

我们的同事兰德尔·舒勒（Randall Schuler）曾经描述过人才管理体系的 5 个关键要素（即 5P 模型）：**哲学观**、**政策**、**项目**、**实践和流程**（philosophies, policies, programs, practices, and processes）。HR 哲学观是一个高级别的陈述，类似于使命或远景。HR 政策提供的是针对与人相关的计划和具体实践活动的管理规则。HR 项目是以解决某个业务问题为目标而制订的具体的且需多方协作完成的行动方案，如建立一套绩效管理系统。HR 实践是 HR 项目中的各项具体活动，如 360 度绩效评价是整套绩效管理系统中的一个构件。HR 流程则是 HR 实践中所包括的各种具体要素、活动以及事务处理的组合规则。

舒勒的“5P”模型能够清楚地说明，为什么有着相同的绩效管理理念的两个公司，在支持这个理念的实践活动方面却可能存在着非常大的差异。社会学家通常把这一概念称为**“殊途同归性”**（equifinality）即要到达同一个目标，可以存在多条路径。这就解释了为什么只有目标相同、其他方面都不同，但又都获得了成功的两个企业可以有着差异非常大的人才管理体系，因为他们可能有不同的战略能力，也可能已经找到实现同一目标的独特路径。例如，很多企业想要发展一种绩效导向和责任制的文化，常见的手段是实施一套绩效管理制度并配套以相应的激励计划，但是，某个企业可能使用的是 360 度的方法，而另一家可能使用的是更传统的自上而下进行评价反馈的方法。两种方法都有可能非常有效，重要的问题并不是企业采用的是哪种绩效评价方法，而是企业是否能通过自己采用的方法，营造出人才管理理念中承诺的责任制文化的氛围。

舒勒在 HR 哲学观、政策、项目、实践和流程的框架下，举例说明了在员工的规划、配置、评定、薪酬支付及培训等方面，企业拥有大量的策略选项（参见表 5-5）。这一选项菜单其实代表了基于企业竞争优势去构建人才管理体系时的设计要项。其中的挑战在于，企业能不能真正想清楚每一个选项的优劣，以及它们是否适合本企业。

构建人才管理体系时有一大挑战，即找出人才管理理念的核心要素，然后在设计人才管理体系时，要能分辨出哪些要素需要对所有的员工一视同仁，哪些要素则必须根据战略能力与战略性职位进行差异化设计。这种区分非常重要。在某些事项上我们要用相同的政策或方式对待所有的员工。比如，有一些信息是企业希望每个人都知道并理解的，如我们是怎样参与竞争的，我们的主要竞争对手是谁，哪些工作是关键的或战略性的。再比如，沟通交流体系也可能是对所有的员工一视同仁、无差异化的。但是，在更多的情况下，对员工的管理应该是差异化的，不应该用同样的方式与态度来管理所有的职位。

如图 5-1 所示，很多企业试图让所有的雇员形成同样的员工思维，至少在对战略能力的理解上能够这样。但管理者需要思考一下，他们想让每个人理解到什么程度，答案其实是不同的。因此，就需要管理者继续思考，怎样使不同人员达到他们应有的那种理解水平。在 HR 职能范围内，有一些 HR 事务是不应该区分战略性职位与非战略性职位的，对谁都应是完全相同的。但**对于战略成功所需要的那些特定 HR 管理政策和实践，对战略性职位与非战略性职位就必须有显著的差异。**

如表 5-5 所示，在设计人才管理体系时，有多个层面需要考虑。在每个层面上，都有一份清单可供参考，其中包含不同的选项，每个选项都代表着机会（或风险）。我们强调，首先要为人才管理工作定义清晰的目标，以此作为起点，接下来你要设计的体系就是为了实现这些目标。

设计人才管理体系还有一个重要的基础要求，就是你必须能够对 HR 管理实践（甄选、发展、绩效管理等）进行如下的清晰分类：哪些是以单纯的改进（improve）为目标的，哪些是以差异化（do differently）为目标的。比如，对不同职位员工的投资就需要差异化，一般来说，对战略性职位的投资应达到 75 分位的水平甚至更高（也就是说，大大高于市场上的员工总投资的平均水平），而对支持性职位的投资，相对要少很多。在 HR 管理实践选项单中，前者典型符合支持性职位，后者则是对应战略性职位，这一点在图 5-2 中也可以看出。

表 5-5　　HR 管理实践选项单

规划的选项	员工配置的选项
非正式的——正式的	内部资源——外部资源
管理宽松的（Loose）——管理严格的（Tight）	招募渠道少——招募渠道多
短期——长期	单一标准——多重标准
显式（explicit）的分析——含蓄（implicit）的分析	有限的社会化（与外部合作）——大量的社会化
内容单一的工作——内容宽泛的工作	过程不公开——过程公开
分段设计——集成设计	
员工参与度低——员工参与度高	

评定的选项	报酬的选项
宽松的、不完全一体化——严格的、完全的一体化	低基本工资——高基本工资
行为类的标准——结果类的标准	内部公平——外部公平
用途：发展，补救，维持	少津贴——多津贴
员工参与度低——员工参与度高	标准的、固定的薪酬包——变动的薪酬包
短期标准——长期标准	低参与度——高参与度
个人标准——团队标准	无激励——激励多
	短期激励——长期激励
	对工作无安全感——高安全感
	分等分级——平均主义

培训与发展的选项
短期——长期
可申请人范围窄——可申请人范围广
自发的、无计划的——有计划的、系统性的
个人导向——团队导向
低参与度——高参与度
面向广大范围的职位——面向小范围的职位

资料来源：节选自 R. S. Schuler《人力资源管理的选择和组织战略》（*Human Resource Management Choices and Organizational trategy*），《人力资源管理》（*Personal and Human Resource Management*）。经许可可使用。

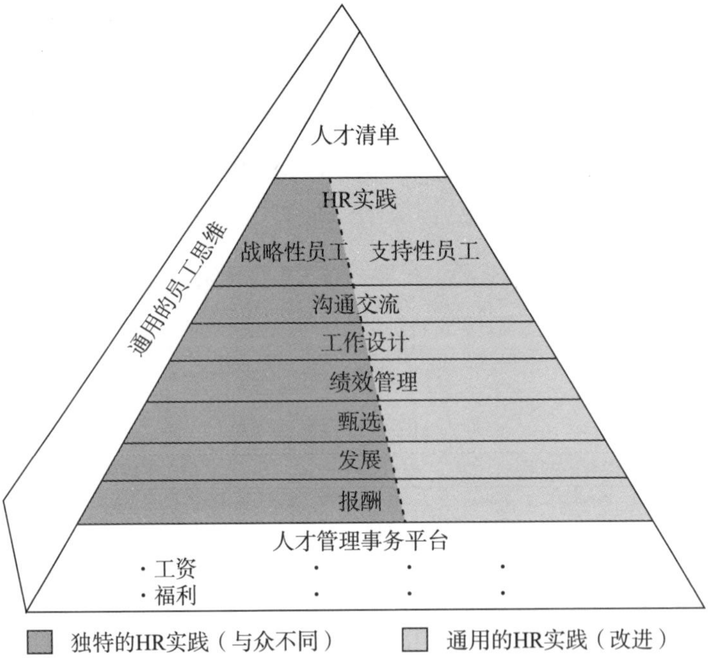

图 5-1　人才管理体系的通用要素与独特要素

员工类型	HR实践	实践策略	目标员工
战略性	甄选 发展 绩效管理 奖励 工作设计 沟通交流	与众不同	75分位或更高
支持性	甄选 发展 绩效管理 奖励 工作设计 沟通交流	改进提高	50分位或更低
	员工思维		

员工成功　战略成功

差异化HR实践　通用的HR实践

图 5-2　新型 HR：人才管理体系的产出

体系的系统性与构件的差异性

HR 管理作为一门学科，其建立基础就存在“差异化”的概念，即根据多种多样的属性对员工（或有潜质的员工）进行区分，如个性特征、学历和工作绩效，等等。20 世纪早期，第一篇关于人力资源管理（人事管理）的文章发表，HR 管理开始成为独立的学科，甄选、培训、衡量个体差异等构成了最初的 HR 学科基础。然而一路发展下来，HR 职能却逐渐变成“平等警察”（equality police），开始倡导平等地对待所有的员工，这种思路付出的代价恰恰是牺牲了对待员工的“公平性”。在制定关于员工的决策时，很多企业会选择同质化的策略，对于企业必需但有较大难度的策略（如差异化策略）则采取回避态度。

无差异化的人才管理方法在特定情形下是有重大意义的。例如，在工作实现简化与标准化后，在员工对生产过程作用甚微时，以及当工会很强势时……在以上类似的情形下，标准化与简单化的人才管理体系会运转良好。然而，这些特性中没有任何一项符合当前的经济环境特征。

我们的研究与实践经验表明，企业若要有效地执行战略，就必须对其人才管理体系实行“差异化”，这一点已获共识，但是在进行体系设计时，必须要考虑体系各构件，也就是各项 HR 实践之间的关系及相互影响，以及不同 HR 实践的影响差异。

在人才管理体系的设计、实施和产生影响这三个环节之间，存在着因果顺序或者说时间差。例如，在雇用员工之前，你需要先设计职位；你要甄选人才，那肯定是已经有了一批候选人；要发展和培训员工，说明这些员工已经上岗并且已经对工作环境比较熟悉了；要给员工发奖金，就需要先完成绩效评价；要预计下一年度的晋升人员数量或淘汰人员数量，你得先有一个 HR 规划模型。因此，**在设计人才管理体系时，必须考虑变革中各事项的时间安排，或者预估各项实践的变革是否会有交叉影响。**

此外，不同的 HR 实践对于企业绩效的影响也是不同的，人才管理体系的变革也必须考虑各类实践对企业绩效可能产生的影响的相对量，从而将精力更多地放在相对影响最大的实践上。

例如，如图 5-3 所示，甄选系统很可能对战略执行能力有着最大的影响力，因为在降低员工行为的方差（variance）方面，它有最大的潜力。如果我们有一个高效的甄选系统帮助我们从 100 个应聘者中挑出 5 个候选人，我们实际就已经去除了员工中的大量负方差。对于晋升决策也是如此，尽管内部晋升相关的甄选比率（选中人数与应聘人数的比例）从数字上看不如外部雇用的数据更有冲击力，但事实上，由于大多数的晋升发生在更高的职位层级上，所以晋升决策中的甄选影响力并不弱。

HR 实践中，在降低员工行为方差、提高绩效方面的潜力排名中，培训与发展位居第二，排在最后的则是绩效管理与激励报酬体系。需要注意的是，虽然激励报酬一环在降低绩效方差方面的潜力排在最后，但无论是经济意义还是统计意义，它们都对企业绩效有着直接的显著影响。

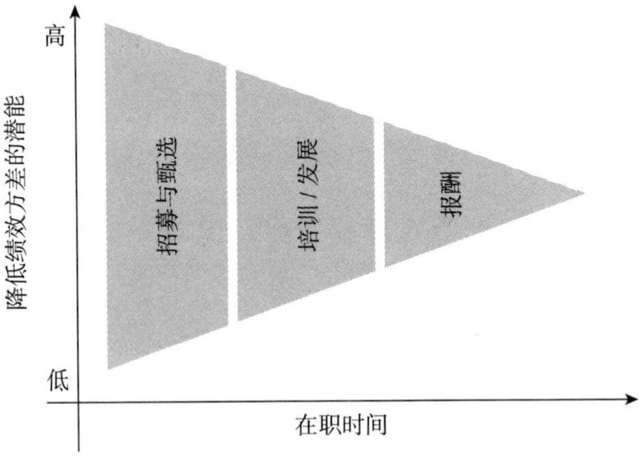

图 5-3　不同的 HR 实践的相对影响力

我们的重点并不是说组织应该将全部精力投在现有的最好、最有效的甄选系统方面（但仍有大量证据表明，这方面的投资对于绝大多数企业有相当大的回报），我们的重点在于，如果你选错了人，随后为了纠正这个错误而需发生的投资将会是巨大的，而且在很多案例中，这种损失甚至可能根本弥补不了，因为在甄选之后的那些 HR 实践的影响力相对要小很多。这就是说，**管理者们需要关注各项 HR 实践之间的契合度，并根据业务需要来决定人才管理体系中哪些 HR 实践应当成为某个时期的变革重点，而所有的出发点和目标必须有助于战略执行。**

关于建立人才管理体系的过程，洛克希德·马丁公司的人才管理战略团队提供了一个优秀的案例。洛克希德·马丁公司针对每一个 HR 职能领域，仔细地描述了它的现状及它在未来必须达到的状态。这个文件后来成为覆盖整个企业一个重要的沟通工具（参见图 5-4）。

接下来，我们将强调几个关键要素，在差异化的人才管理策略下设计人才管理体系时需要牢记它们。这不是对一个人才管理体系的全面审视，而是聚焦在那些最有可能将战略性职位与非战略性职位区分开来并实现差异化管理的要素上。

工作设计

为人才管理差异化所进行的工作设计，其目标是**确保战略性工作的构成能够使人才对经营成功的贡献最大化。**对很多企业而言，外部世界的变化速度远远快于他们内部的适应能力。工作（职位）一旦确定，对于变化的抗拒是众所周知的，因此，从一开始就确保它们设计的合理性是很重要的，而且还必须对此进行定期评审，以确保其对于战略成功是有贡献的。对于战略性职位，这一点更加重要，因为战略性职位对企业的战略执行能力具有非常大的影响。

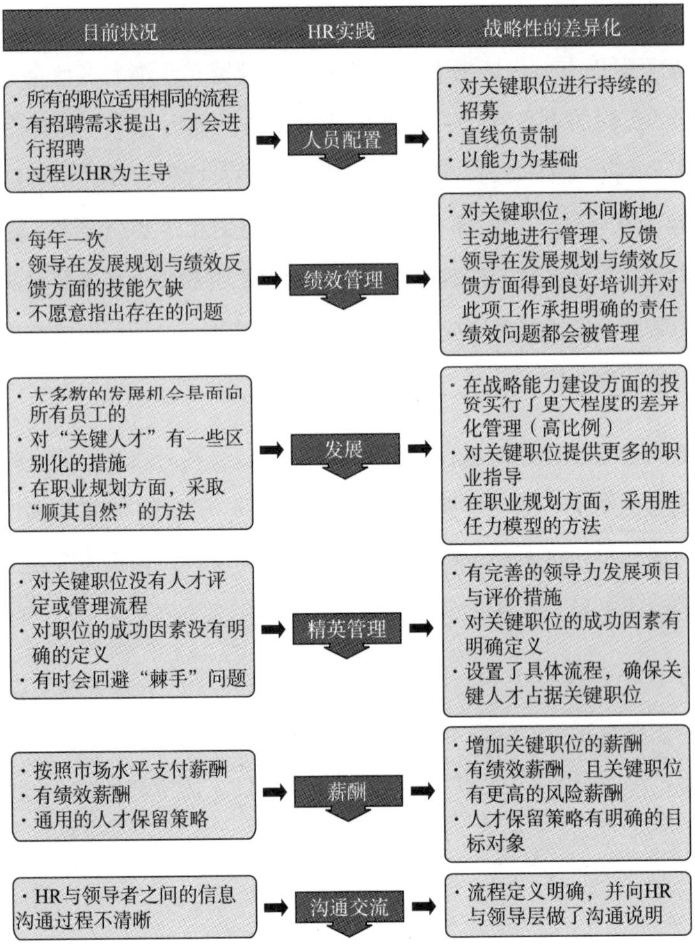

图 5-4　人才管理策略：HR 实践的程序流

不幸的是，传统的工作设计模式所注重的是通过将工作解构为简单部分的方法来使效率最大化，这对于新式的、关联关系很复杂的企业是没有帮助的。我们现在所需要的方法，要使员工效率最大化，同时还将是自上而下进行工作设计的方法，而不是像大多数企业常见的自下而上的方式。关键在于，**从战略开始，而不是从员工开始。**

招募与甄选

招募与甄选的政策与程序的主要目标是：**尽最大可能地实现“在恰当的时间将恰当的人放在恰当的职位上”**。这对所有的职位都一样，而对于战略性职位，这一点尤为重要，比如，A 级员工要放在关键职位上，B 级人员则应在战略作用相对较小的职位上。对这一过程中的时间控制也很重要。企业不应花时间去等待空缺职位被填补，而应该提前建设后备人才队伍，特别是对于战略性职位。

如前文所述，针对 A 类职位的 HR 实践中，甄选（晋升也是一种甄选决定）很有可能是影响力最大的。对于关键职位，已有现成的可靠有效的甄选工具可供使用，这些工具的设计主旨就是**使高潜质的候选人从备选库中脱颖而出**。

培训与发展

在当前的经济环境中，传统的员工规划和发展方法收效太慢，用处甚微。人才的成长需要时间，因此在发展具备战略执行能力的员工时，提前采取行动是至关重要的。对于 HR 领导，关键的挑战是**如何确保 HR 能够不断发展出最好、最优秀的员工**，这就意味着他们也必须为跨职能的人才调动做好准备。同样，直线经理面对的挑战就是**如何发展他们的下属，挖掘他们的最大潜能**。

绩效与薪酬

绩效管理与薪酬体系的目标是：**通过使员工所获得的薪酬与其绩效水平相匹配的方法来促进战略执行**。管理者需要确保在重要职位上的高绩效者能够得到高水平的报酬，绩效一般者得到中等水平的报酬，而绩效不佳者，要么帮助他们改进，要么请他们“另谋高就”。

对于战略性职位应该怎样对绩效管理与薪酬体系进行差异化？如表 5-6 所示，战略性角色与非战略性角色在“假设”“实践”与“结果”等方面均有着巨大的差异。对于战略性角色，企业根据其职位对企业的价值来确定薪酬水平。具有战略价值（即会影响客户价值、价格或生产成本）的职位能为企业创造更大的价值，所以应该得到更高的报酬。对战略性职位的薪酬管理方式是，**先找到这个职位的市场价格，然后根据它对于企业的战略价值来评定这个职位的价值**（例如，25 分位、50 分位、75 分位，等等。或者，如果它的价值足够高，甚至可以超过市场的顶级水平）。这就是说，战略性角色的薪酬是基于其职位的“市场”价值确定的，只不过这里指的是它们的“战略价值”所对应的市场薪酬水平，而不是劳动力市场通常采用的那些与定价因素相对应的价值。

表 5-6　常规的付酬方式与战略性的付酬方式比较

	常规的人才管理	战略性的或差异化的人才管理
假设	薪酬水平的主要决定因素是劳动力市场上常用的评价职位价值的一套因素。选择这些因素是因为它们代表了劳动力市场上所有的企业对这些职位的价值定位。	薪酬水平的主要决定因素是这些职位对企业的价值。具有战略价值（即影响客户价值、价格或生产成本）的职位能为企业创造更大的价值。
实践	企业（或者咨询顾问）对这些因素设置点数，以此决定全部的“职位价值”，然后按相近的价值将职位进行归类，从中挑选出一个“标杆”职位，再找到这个标杆职位在劳动力市场上的价格，然后将这个价格定为所有类似价值职位的价格。	企业先找到某个职位的市场价格，然后根据它对于企业的战略价值来定价（例如，25 分位、50 分位、75 分位等，如果它的价值足够高，甚至可以超过市场上的顶级水平）。
结果	根据咨询顾问（或者企业）所选定的评价要素对职位进行定价，这些要素决定了职位对企业的价值大小。所有的职位，特别是那些没有市场数据的，都可以基于这些因素定价。	薪酬是基于职位的市场价值来确定的，但是，这里指的是它们对于企业的“战略价值”所对应的市场薪酬水平，而不是劳动力市场通常采用的那些与定价因素相对应的价值。

我们的绩效管理方法怎样才能同传统方法，例如通用电气的顶级评级法（Topgrading）相区别吗？强制排名系统鼓励管理者将 20% 的员工评为高绩效者，70% 评为普通绩效者，剩下的 10% 评为“需显著改善”类别。这种方法认为，员工绩效是必然存在变动性的，而很多管理者对于（根据不同的绩效水

平）“差别化”有种与生俱来的“抗拒”，因此，需要某种措施来帮助他们克服这种抵抗心理。这种方法要求奖励高绩效表现的员工，发展那些在中游水平的员工，同时要有效但人性化地处理那些低绩效表现的员工。

很多企业会要求管理者对 20-70-10 排名系统负责，所基于的假设就是“平均绩效会随着时间推移而提高”。当然，从数学角度看，这一观点没有错：如果你不断地“清除”那些低绩效表现的员工，平均绩效一定会上升。但是在我们的方法中，我们不同意“企业的员工绩效是（或者说应该是）正态分布的”这一观点。我们认为，在战略性职位（A 类职位）上仅仅有 20% 的世界级绩效的员工是远远不够的。反过来，把这 20% 的最佳员工放在 B 类或 C 类职位上，从财务角度上看也是不可行的，这些人才资源如果用在 A 类角色上显然更好。企业应该仔细考虑在 ABC 各类别职位中应配置的顶级人才占比（参见表 5-7）。

表 5-7　根据绩效与职位对激励性薪酬实行差异化（人数占比）

基于绩效的差异化策略			
	A 类职位	B 类职位	C 类职位
A 级员工	20%	20%	20%
B 级员工	70%	70%	70%
C 级员工	10%	10%	10%
基于绩效与职位的差异化策略			
	A 类职位	B 类职位	C 类职位
A 级员工	60%	30%	10%
B 级员工	30%	60%	70%
C 级员工	10%	10%	20%

案例：FridgeCo 的人才管理责任矩阵

在前面的章节中，我们介绍过 FridgeCo 公司的案例，以此说明确认战略能力与战略性职位的过程，可以使执行团队精准定位关键人才缺口。这些人才缺口引导 FridgeCo 公司采取具体行动来确保公司将 A 级员工放在 A 类职位上、为公司的 A 类客户创造利益。FridgeCo 系统地推进了整个过程，而且同样重要的是，整个分析过程是由直线经理与 HR 经理联合完成的。这个过程建立了一条直观的逻辑线路：从公司战略到战略能力，到战略性职位，到直线经理与 HR 经理的角色和责任，再到设计并实施具体的人才管理体系（HR 实践）。由此，成功填补了现有人才与所需人才之间的缺口。

FridgeCo 公司针对每一项战略能力即高层领导力、卓越制造、销售与市场营销、研发与新产品开发分别制订了具体发展计划（参见表 5-8），而这些计划是得到高级管理团队认可的。

FridgeCo 公司采用之前的分析结果来驱动人才管理方面的具体变革。例如，对卓越制造，FridgeCo 管理者得出结论，加速发展制造业人才、提供空缺职位以吸引制造专业的“顶级人才”，这是极其重要的；同样重要的还有，必须减少“一般水平”与“应调离”两类人员的数量（48 人中占 38 人），以便为引进新的制造业人才提供位置。在制造类的战略性职位上有 64 名员工，其中 47 名属于“一般水平”与“应调离”类别。公司高管决定他们必须尽快改变这种状况。

在实施这些改善计划时，直线管理者与 HR 领导团队都担当着重要而又有所不同的角色。FridgeCo 的总裁与制造副总裁必须设计一个能够显著提高制造业人才能力的计划，并跟踪结果。在明年年底前，必须从最好的学校或有最佳实践的企业中雇用至少 12 名“顶级人才”。新雇来的人才必须熟练掌握最新的制造管理工具（如六西格玛等）。两年内，47 名“一般水平”及“应调离”类人员中，至少一半必须被替换掉，总裁与制造副总裁对此承担责任。这些目标的达成是他们的年度绩效评价中的重要内容。

表 5-8　FridgeCo 公司的战略性人才管理责任矩阵

发展计划	直线管理者	HR 职能
高层领导力		
公司需要增强高管人员后备队伍的实力。公司要重新审查在销售与市场营销方面的“顶级人才”的能力，开始实施跨职能的工作轮换，开始外部的、以高校为基础的能力发展项目，以便拓展他们在金融与制造业方面的经验与知识。	FridgeCo 的总裁必须对高层管理职位上的“顶级人才”的发展承担责任。跟踪这些人员通过工作轮换、外部项目所获得的能力发展情况，提供工作指导是最基本的要求。要在 18 个月内招聘到 2 名“上岗即可用”（即成熟老练）的执行层面的领导。	公司总部的 HR 必须介入能力发展的工作，为 FridgeCo 发掘可获得的有潜能的高层管理“顶级人才”。首席人才官必须评估并申请启动旨在提高这些高潜能人才能力的外部发展项目。首席人才官在今年必须聘到至少 1 名外部“顶级人才”。
卓越制造		
公司需要加速发展制造业人才，提供空缺职位以吸引制造领域专业人才中的“顶级人才”。公司必须减少“一般水平”与“应调离”两类人员的数量（48 人中占 38 人），以便为引进新的制造业人才提供位置。在制造类的战略性职位上有 64 名员工，其中 47 名属于“一般水平”与“应调离”类别。这种状况必须尽快改变。	FridgeCo 的总裁与制造副总裁必须设计一个能够显著提高制造业人才能力的计划，并跟踪发展结果。在明年年底前，必须从最好的学校或有最佳实践的企业中雇用至少 12 名“顶级人才”。新招来的人才必须熟练掌握最新的制造管理工具（如六西格玛等）。两年内，47 名“一般水平”及“应调离”类人员中，至少一半必须被替换掉，总裁与制造副总裁对此承担责任，这是对他们的绩效评价中的重要内容。	公司总部的 HR 必须启动针对制造业职位的校园招聘项目（雇用 6 人），同时为这些新人提供制造业领导力发展项目（MLP）。对于拟引进的具有尖端技术的外部制造业人才，HR 职能必须确认需求、发布招募信息并参与对他们的甄选过程。首席人才官必须推动关于制造管理技能的培训项目，以提升所有制造主管的能力。在近期，胜任能力必须获得全面和显著的提升，HR 必须担当这个挑战！
销售与市场营销		
我们必须淘汰“应调离”的人员，将消费者洞察人才尽快提升为品牌管理人才。我们必须发展更好的业务跟单人才，因为这些职位的 50% 被“一般水平”或“应调离”的人员占据着。	市场副总裁必须完成 2 名营销总监的招募工作，必须为那些被定位为未来营销总监职位人选的品牌管理与消费者洞察专家人才制订发展计划。销售与市场营销部门的领导对未来两年内员工发展的重大进展负责。	首席人才官必须为品牌经理和消费者洞察序列的人员建立职业发展模型，以加速这些职位上的“顶级人才”的成长。首席人才官必须与市场副总裁协力，获得 / 发展出至少 1 名新的品牌经理、淘汰所有的“应调离”人员。
研发与新产品开发		
在这一团队中，有太多的“一般水平”人员，缺乏足够的“顶级人才”。公司至少需要 4 名新的设计工程师，他们能够开发新产品、改善旧产品，特别是解决公司服务中常年不能解决的老问题。	市场副总裁与制造副总裁必须坦诚地评定这个团队中的人才，制订工作计划帮助设计方面的“顶级人才”达到最佳状态：不仅要设计出更利于销售的新产品，还要通过设计降低生产成本。	首席人才官必须探索 HR 如何介入并对这个团队提供帮助，即使只是对外部招募资源的推荐。HR 可以考虑设计一个新产品创意业务提议流程（面向所有的员工），从而激发产品的创新。

表 5-9　FridgeCo 公司战略性人力资本规划

FridgeCo 公司的人力资本规划		HR 领导者的战略性人才概述
战略能力	战略性职位	行动计划
• 卓越制造	• 厂长 • 区域主管	• 移除“应调离”的人员与“野心家” • 雇用有成长性的人才 • 在 38 个“一般水平”及“应调离”人员所在的职位上，雇用或调入顶级人才

HR 实践行动					
工作设计	**甄选**	**发展**	**绩效管理**	**报酬**	**沟通交流**
• 重新设计区域主管职位的工作，使其在早期的职业生涯中就开始承担更多的厂长角色	• 至少 25% 的一般水平员工必须被淘汰或者重新安置工作 • 将更多成长型制造业人才调入 38 个“一般水平”与“应调离”人员所在的主管职位 • 在 12 个月内，从最好的学校或有最佳实践的公司中雇用到 12 个顶级人才 • 制造部门在职员工中属于“一般水平”与“应调离”类别的，至少有一半应被重新指派并替换掉 • 用新雇用的顶级人才和在公司内被指定为“新星人才”的员工替换原来的人员 • 启动制造业人才的校园招募项目	• 针对所有新雇用的制造业人才提供制造业领导力发展项目 • 针对所有的制造主管提供制造方面的新技能培训项目，以提升他们的能力	• 在对制造主管的绩效评价中，增加“达到胜任力要求”，作为一项重要内容，占 25% 的权重 • 以 HR 团队开发的胜任力发展模型为依据，评价所有的制造部门人员在分公司出资的制造业培训项目中所获得的进步程度	• 针对制造业人才（特别是区域主管），推出一种“即时奖金”制度，奖励这些人才所取得的突出的能力提升 • 针对全厂范围内的员工推出“生产能力提高奖”	• 与所有的管理者与该区域的主管们交流，并使他们明白，每一年，他们都必须大幅提升他们自身的制造管理能力

公司总部 HR 的角色包括了启动针对制造业职位的校园招聘项目（雇用 6 人），同时为这些新人提供制造业领导力发展项目（MLP）。对于拟引进的具有尖端技术的外部制造业人才，HR 职能必须确认需求、发布招募信息并参与对他们的甄选。首席人才官必须推动关于制造管理技能的培训项目，以提升所有制造主管的能力。在近期，制造业方面的胜任能力必须获得全面、显著的提升，HR 必须帮助实现这个目标。

在为直线管理者与 HR 经理明确了具体的交付成果要求之后，HR 团队制定了详细的 FridgeCo 公司战略性人力资本规划（参见表 5-9）。

工作设计。HR 的领导团队重新设计了区域主管职位的工作，使其在早期的职业生涯中就开始承担更多的厂长角色。这一改变加速了这些角色的学习过程与后备人才的成长。

- **甄选**。从之前的分析中，HR 团队知道，至少 25% 的一般水平员工必须被淘汰或者重新安置工作。在 12 个月中，他们将更多成长型的制造业人才调入 38 个“一般水平”与“应调离”人员所在的主管职位，他们从最好的学校或有最佳实践的企业中雇到 12 个顶级人才，用这些新雇用的顶级人才和在公司内被指定为“新星人才”的员工替换了原来的人员。所有这些措施都充分发挥了 HR 团队所实施的制造业人才校园招募项目的力量。
- **发展**。建立制造领域内的人才后备，这要求针对所有新雇用的制造业人才提供制造业领导力发展项目，以及针对制造主管提供新技能培训项目。
- **绩效管理**。为了保证对制造部门的绩效管理的有效性，强制规定：在对制造主管的绩效评价中，达到胜任力要求是一项重要内容。同时，HR 团队决定：以其开发的胜任力发展模型为依据，评价所有的制造人员在分公司出资的培训项目中所获得的进步程度。

- **报酬**。FridgeCo 公司的 HR 团队针对制造业人才（特别是区域主管），推出一种“即时奖金”制度，奖励这些人才所取得的突出的能力提升。他们还针对全厂范围内的员工推出“生产能力提高奖”。
- **沟通交流**。FridgeCo 公司的管理团队让所有的管理者与该区域的主管们都明白，每一年，他们都必须大幅提升他们自身的制造业管理能力。

本章小结 THE DIFFERENTIATED WORKFORCE

在本章中，我们阐明了管理者必须设计具体的差异化的人才管理体系来保证战略执行，而人才管理差异化的基础应该是实现企业战略所需要的战略能力。众所周知，HR 管理实践有很多棘手问题且难以改变。正是这一复制与实施方面的困难，使人才管理体系成为企业潜在的长期竞争优势的来源。

20 世纪 70~90 年代，管理者、咨询顾问、学术界人士和学生们看到惠普公司耀眼的成功管理实践，就会询问他们是如何做到的。惠普的人才管理方法已经在无数的书籍、文章、案例研究及影像资料中被详细记录。曾经有人询问一个惠普高管，既然惠普公司认为这些具体的 HR 管理实践的细节是公司的竞争优势来源，为什么还愿意公开？如果竞争对手精确地知道了他们是怎么管理员工的，难道不会对惠普构成一种巨大的威胁吗？这名高管回答说，知道另一家公司如何管理人才，与能够在你自己公司中复制这种管理能力，两者之间有着巨大的差异。因为文化与人才管理理念方面存在着差异，所以即使竞争对手有关于整个流程的详细描述，他们也不可能复制结果。即使竞争对手能够复制惠普现在的方法，到他们完成时，惠普已经将整个流程提高到一个新的水平了。这位惠普高管所说极是。

变革，特别是差异化，是一项艰难的工作，管理者通常会尽可能地避免使其发生——他们更倾向于对付那些“不会顶嘴的资源”。但是他们必须克服这一惰性。**整个变革过程的起点必须是对战略目标的清晰表述、对企业必须掌握的战略能力的清晰理解，以及对实现战略所必需的人才管理成果与行为成果的清晰理解。**

在实践中，企业的人才管理体系与战略中的某些要素必须在整个经营过程中绝对地保持一致，而其他要素则需要根据特定的情形与工作要求进行定制化，要具有高度的独特性。我们不仅需要充分了解公司的业务，以便诊断与制订应对计划，公司还必须向员工清楚地表达公司的目的与现实情况。实行差异化管理会充满挑战与困难，但在全球化的环境中，它是有效执行战略所必不可少的。

要面对这么多麻烦，值得吗？值得！！在价值创造方面，员工是潜能最大的机会资源，但要实现它的潜能，所要做的绝不仅仅只是简单地声明“人是我们最重要的资产”，最好也是最有效的方式，就是**利用人才管理体系来提升战略性职位上员工的绩效**。在下一章中，我们将进入这一流程的下一阶段，看看如何建立一个效果衡量体系来跟踪人才管理策略的执行情况。

THE DIFFERENTIATED WORKFORCE

TRANSFORMING TALENT INTO STRATEGIC IMPACT

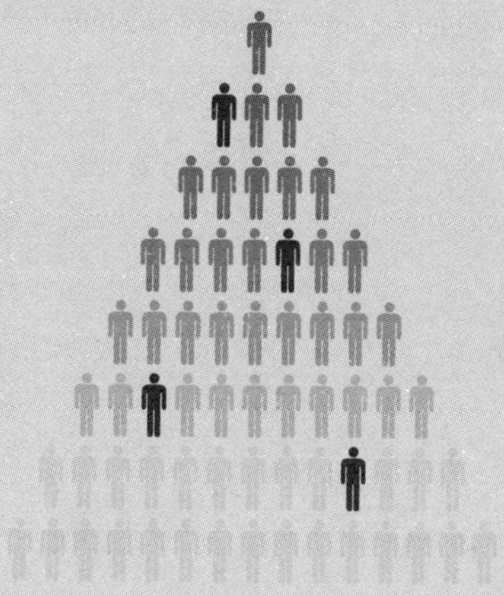

06

牢记“三要”“三不要”衡量原则

步骤 5：评估人才管理效果

THE DIFFERENTIATED WORKFORCE **人才管理自测**

被广为使用，却不应成为战略性衡量标准的 6 个陷阱，你中招了几个?

不应成为战略性衡量标准的陷阱	是	否
单位雇用成本和招聘周期	□	□
HR 费用因子	□	□
人力资本投资回报率或者人力资本增加值	□	□
培训费用因子	□	□
人员流动率	□	□
人员流动成本和职位空缺成本	□	□

06 牢记“三要”“三不要”衡量原则

在战略性地思考人才管理问题时，高级管理者们的思考动机通常是如何衡量员工绩效及最终的企业绩效。比如在讨论关于绩效衡量体系的议题时，高级 HR 经理可能会被要求展示 HR 职能对企业绩效的贡献。一般来说，现有的这些衡量方法导致的问题比它解决的问题要多得多。对于很多公司而言，衡量人才管理有效性是一件困难的事，由此促使人才管理工作与 HR 的常规职能以战略重点为目标进行转型（有时这种转型也以失败的衡量过程告终）。

你需要清楚你所选用的衡量人才管理有效性方法能衡量的是什么，并且确信你的衡量方法是合理的。要做到这一点，唯一的方法就是：**第一步，确定正确的人才管理策略；第二步，基于这个策略制订对战略性人才管理工作的评价方法**。我们在本书之前的《HR 计分卡》与《员工计分卡》两本书中，曾深度剖析了此类衡量手段所面临的挑战。本章的目的是突出以上两本书中曾描述过的“制订战略性的衡量方法”的关键原则，并在前几章案例的基础上展现如何应用这些原则。

至此，你可能会意识到，“某个衡量手段能衡量什么”与“哪些衡量手段是合适的”这两个问题在很多方面其实是一样的。如果你确信你的衡量方法正确，那你必然清楚你是用它来衡量什么的，也清楚为什么它衡量出的结果很重要也很有用。大多数公司的问题是，他们有针对人才管理策略有效性的衡量方法，但是这个方法却是错误的。关于战略性的人才管理衡量方法，我们的观点始于一个简单的假设前提，即“你想要什么”，这个问题的答案就是你要找的衡量标准。当衡量标准能够为重要而有用的问题提供答案时，它自身也就是重要而有用的了。对于我们而言，“重要”意味着战略性，“有用”意味着它们能起到企业战略执行的指向标的作用。

衡量人才管理策略有效性的 6 项原则

对人才管理策略的衡量措施的讨论，经常很快沦为对最佳衡量方法的推荐或者建构衡量方法的细枝末节的讨论。前者鼓励你彻底放弃制订属于你自己的衡量方法的责任，后者则倾向于成为测评专家们的个人兴趣讨论。本章是为高级管理者与 HR 人员所写，我们的目标不是使你成为测评方面的技术专家，而是使你成为一个知情者（informed consumer）。你需要知道好的衡量方法看起来应该是怎样的，你也应当有能力辨识出什么样是不好的方法。为达到这个目的，我们提炼出几个关于衡量方法的制定原则，这是你在发展人才管理策略时所应牢记的。为便于理解，我们将它们分成**“三要”**和**“三不要”**。下面，我们从“三不要”即三个要避免的错误开始。

原则 1：不要从衡量标准着手

基于多种原因，管理者可能会从具体的衡量标准着手，但这样做是错误的。HR 人员在为 HR 对企业绩效所做贡献进行辩护与解释时，经常会面临不小的压力（尽管在将 HR 转变成战略性角色方面可能会有一个模糊目标）。我们都知道“对员工评估什么，员工才会用心管理什么”，所以我们需要一套新的衡量标准使 HR 的管理更具备战略性。

直线经理已经习惯于对业务其他方面（如财务方面）所采用的衡量标准（如各种 KPI），他们认为那种衡量标准是有效的，所以他们内心就做了假设，认为类似的衡量标准对于人才管理也会有用。但是，在哪里能找到这样的衡量标准呢？

我们最常听见的问题是：“你有没有一套让我直接采用的衡量标准清单？”这世界上不存在现成可用的“最佳实践”衡量标准清单。最佳实践是指过程本身，而不是从过程引出的衡量标准。正如你的人才管理策略的具体细节应该是你公司所独有的，或者至少在你所在行业中是独特的，真正有意义的对人才管理本身绩效的衡量标准，同样也应是你公司所独有的。换句话说，**差异化的人才管理策略就要用一套差异化的衡量标准来进行管理和评价。**

那么，从何处着手呢？战略性人才管理的衡量标准应该反映人才管理策略对企业的战略实施过程所做的贡献。为了衡量这个贡献，企业需要从“战略是如何创造价值的”这一问题入手。那些能为企业绩效带来成功的战略驱动因素是什么？看一下我们之前描述过的分析框架，答案是很清晰的。从框架顶端，即企业战略开始，向下分析，以便识别出合适的人才管理衡量标准。战略性的人才管理，最大挑战之一就是 HR 的工作与最终的战略成果之间，逻辑链条很长，因果关系不直接。战略地图内含的逻辑关系可以用来澄清战略性的决策，它也是建立人才管理策略的衡量标准的基础。只不过，**在你真正理解这个战略逻辑之前，请不要确定你的衡量标准。**

原则 2：不要依赖外部标杆

“从衡量标准着手”的倾向会导致一个必然结果。首先，从衡量标准着手很可能表明你的公司还没有重视“人才管理怎样才能对公司战略成功做出独特贡献”这一问题。那么，当你没有经得起“推敲”的战略逻辑基础可用来证明你所衡量的内容对战略有什么影响时，指望外部标准看起来更有现实意义。毕竟，如果在衡量标准（如单位雇用成本）与公司绩效之间没有明显的内部关联关系，那么与外部标杆进行结果比较可能就是唯一的选择了。对于 HR 职能尤其如此，因为一直以来，HR 职能与公司的底线（即最终的财务目标）间的关联关系是很难看清楚的。但是，依赖于外部标杆来制定绩效衡量标准，与其说是提供解决方案，不如说是增加了一种新病症。

当 HR 职能被看作是管理成本的成本中心时，效益指标能够成为对其绩效结果的恰当表述。然而，随着 HR 专业人员对战略性人才管理的结果承担的责任不断增大，这些效益指标就不再适用了，而且会起到误导作用。将员工视为战略性资产进行管理，这就意味着对这种管理工作的绩效衡量要从它对战略实施的实际影响力的角度考虑。拿外部标杆作为对这种战略性绩效的衡量标准，潜在之意就是“每个公司都有同样的战略与同样的实施体系”。**依赖标杆对比是一种无差异化的人才管理策略，而不是“差异化的”。**有效的战略实施不是一种商品，人才管理工作本身对战略的驱动作用也不应该用对一般商品的评价标准来衡量。“外部验证”适用于以效益为基础的衡量方法，用它来衡量战略性的人才管理工作的绩效是不合适的。

例如，在 BankCo 银行，HR 专业人员对招聘周期负责，公司要求是周期越短越好。招聘周期是一个常见的 HR 指标，BankCo 将它作为 HR 绩效基准之一，可以轻易地与同行业中其他银行进行对比。但是请思考一下，将如此多的精力放在“招聘周期”上，对战略到底有什么影响，它真是一个战略性的绩效衡量标准吗？客户关系经理职位是 BankCo 的战略性职位，这个职位的全部战略贡献取决于两个因素：客户关系经理在任何时间的绩效水平（不仅是某些时间段内）与职位空缺率。换句话说，BankCo 面对的挑战不仅仅是当前这一职位上在职者的绩效水平问题，还有一个现实难题：在几个高成长性市场上，客户关系经理的职位空缺不能得到及时填补，这会直接影响公司能否充分利用市场的成长机会(面临同样问题的战略性职位还有好几个)。如果对于某个职位，只要求这个职位不出现空缺，而对绩效水平没有要求，那么强调招聘周期可能是有意义的，但它最多只是一个短期解决方案。

那么，在这种情况下，BankCo应该采用什么样的衡量标准呢？招聘周期被跟踪是应该的，只是从根本上说，直线经理与HR两方都要更加注意客户关系经理的绩效与职位空缺率。影响职位空缺率的，不仅是外部搜寻人才的速度，还有当前客户关系经理职位上的离职率。高绩效人员的离职率尤其重要。对于离职率，直线经理所承担的责任至少应该跟HR的责任相当，这一点毋庸置疑。以上分析的关键就在于：战略性的衡量标准应该能够指引战略性的决策制定。对“招聘周期”如此看重，传递出来的信号就是：速度是第一重要的。这能够起到（而且在一些我们知道的企业中已经起到了）引导HR调整招募渠道的作用，但是随之而来的后果就是新的应聘者们素质不一。在BankCo的案例中，这可能就意味着未来会同时面对更低的客户关系经理的绩效水平与更高的职位空缺率。如果直线经理与HR都能在这样的战略高度考虑这个对员工招募的衡量指标，就能相当清楚地看到这些预期之外的后果。如果分析范围只限于与外部标杆的对比，这些后果就不会如此明显了。

原则3：不要期望“人力资本炼金术”

第3个原则是第1个原则的变体，因为它有时能够解释“为什么管理者希望从衡量标准着手”这个问题。特别要注意的是HR人员，他们可能坚信：HR对组织有战略影响力，只是当前的衡量标准不能体现出HR的影响力。接下来就出现了我们称为“人力资本炼金术”（human capital alchemy）的想法：调整“铅”的比例，“金子”就会显现，衡量标准就好比是铅的比例，HR的战略影响力就好比是金子——只要用更具有战略性的衡量标准代替现在这个标准，当前战略中的“金子”就会显现出来，所以我们缺少一套正确的衡量标准，它能够揭示你的人才管理工作的战略影响力。**如果现有的人才管理策略无法实现你所期望的战略影响，无论衡量标准怎样变化都不可能把“铅”转化为“金子”。**

在制定人才管理工作的衡量标准方面，BankCo 的经验反映了这一演变过程。高级领导者知道，他们的 HR 人员应该成为直线经理的业务伙伴。有咨询报告显示：HR 人员在行政管理角色方面的表现是很好的，但是直线经理所希望的是，HR 能够从提供业务解决方案的角度考虑问题，而不仅仅是从 HR 的解决方案这个角度（很多 HR 专业人员会发现他们所在的公司符合这一特点）。BankCo 的第一步是，从可以证明 HR 的战略贡献这个角度寻找新的衡量标准。但当他们考虑那些 HR 领域常用的衡量标准时，他们就明白直线经理是不会满意的，因为这些标准不能体现对业务的影响。在衡量标准要真正体现战略贡献这一观点之下，他们重新进行了分析。差别是相当显著的。现在，银行已经有具体的衡量标准能够反映出直线经理所面临的业务问题以及 HR 对这些问题的影响力。之后，一位直线经理在一次会议上的评论足以证明 HR 是在正确的轨道上运行的，这位直线经理以一种称赞，甚至是惊讶的口吻说：“听你们说的这些意见，实在感觉不出你们是 HR 部门的。”

谨防 6 个常用人才管理衡量指标

在开始讨论合适的衡量标准之前，我们根据上述“三不要”原则，对人才管理衡量指标中的一些常见问题做了简单的说明。我们在此要强调：这些“不要”原则的适用范围并不局限于案例中的特定背景，它们适用于更普遍的情况。

在日常工作中广为使用但不应成为战略性衡量标准的，包括：

- **单位雇用成本和招聘周期。**这些常用的效率衡量标准不应当与战略性绩效的指标混淆。确有研究文献表明这些衡量标准与企业业绩之间是有正相关关系，但是这些衡量标准实际上是鼓励员工努力将结果值最小化，也就是鼓励招聘人员在选择应聘人员和招募渠道时不要再仔细挑选。更好的替代衡量标准是：新人入职后的绩效表现，以及A级员工在A类职位上的稳定性。

- **HR费用因子（HR expense factor）**。盈利较大的企业花在HR管理上的费用要比盈利低的企业多。在某种程度上，这可能是由于盈利好的企业有更多的资源。但是，在正常的人才管理策略中，有一部分HR的费用是应被视为投资的，所以简单地比较汇总的费用标准高低是无意义的。简单地依赖于一个汇总的费用标准来评估HR的战略作用，这是一种误导。
- **人力资本投资回报率（human capital ROI）或者人力资本增加值**。请以差异化的人才管理策略为背景，仔细思考一下人力资本投资回报率或者增加值的含义。对于你所在公司的全部战略性人力资本，衡量它们的投资回报率的标准都应针对你所在公司的具体情况而定。它取决于你公司的战略能力以及驱动这些战略能力的人才所发挥的作用。一个全面的衡量体系可以通过汇总所有这些战略性人才的贡献来构建，但这个过程是自下而上的。谨防使用汇总的投资回报计算公式，它试图将人员管理总费用与财务成果进行直接比较，而且据称，它是适合所有行业所有企业的。你千万不要指望在简单地对现有财务数据和员工管理数据进行重新组合后，就可以奇迹般地展示人才管理的战略影响。
- **培训费用因子**。很多研究文献认为培训费用与企业绩效之间的正相关性不大，但是，这些研究并未对这些能力发展计划的质量或是其中的战略重点聚焦性进行说明。我们不建议在培训上少花钱，但我们也不认为单纯地花更多的钱就是最好的方法。真正重要的是你如何花费这些培训费用，而不是花费多少。这些投资应当高比例地投给战略性人才。
- **人员流动率**。总体人员流动率与企业绩效之间是较小的负相关性，但是相关研究并未提供关于流失人员的类型和素质方面的数据，恰恰是这些数据能对管理决策提供指引作用。人员流动对企业绩效的影响大小，取决于这些人员流动是否发生在A类职位上或者是否在A级员工中间。如果C级员工层面有较高的人员流动性，这其实是一件好事。再次提醒，人员流动率是一种有用的甚至是战略性的衡量标准，但前提是它们是针对战略性职位与战略性人才的，而不是对很大范围内的员工流动数量的汇总。

- **人员流动成本和职位空缺成本。**这一衡量标准的问题在于：它们会引导员工把重点放在错误的成本项目上：与新雇用人员相关的新增招募、甄选以及培训成本。而从战略意义上说，最大、最重要的成本是绩效损失。在BankCo，一名顶级客户关系经理的离职带来的经营收入损失比重新填补他的空位的全部费用高出好几倍。

原则4：要聚焦人才管理的战略影响力

把人才看作资产，这句话对于很多管理者都是相当熟悉的，但是当管理者试图像评估资产价值一样来评估人才价值时，问题就产生了。会计制度难以将对技能和其他无形资产的投资进行资本化，那么，衡量人力资本的最佳方式是什么呢？首先，既然“你想要什么，这个答案就是你要找的衡量标准”，这就说明衡量标准本身并不是终极问题——你正努力回答的“问题”决定了什么是合适的衡量标准。如果你所在的企业想节省成本，而且要求HR职能基于效益来证明自己的绩效，那么你可以把重点放在人才的相关成本（如培训的年度支出或单位雇用成本）方面。但如果你将人才比作另一种无形资产——研究和开发，那么把重点放在成本和效益上，就相当于根据年度研发预算的多少来评定研发职能的价值。或者，如果你所感兴趣的问题是“无形资产是如何驱动战略的”，目的是找到更好的方法提高企业绩效，那么这种基于成本和效益的测度方法充其量是一把“钝刀”，因为它无法测量无形资产驱动所产生的收益。

另一个可能的衡量标准是**人才库存**，公司会要求对其中的人才水平与外部标杆进行比较。这一方法包括的衡量标准有年度培训时数、领导胜任力级别及其他一些定位公司内人才水平的方法。如果要进行一场人才争夺战，知道公司现有多少人才当然是重要的。如果重视人才库存的话，在研发方面的对应衡量标准可能就是每年新开发产品的数量，或者是研发人员的数量、教育和经验水平。这种方法是强调统计结果和活动次数（如每年培训的雇员数量、课程设置数量等）的组织经常使用的。这些衡量标准确实能够捕获基本职能层面的工作完成情况，但却无法告诉公司这些结果到底有什么价值。最好的情况是，在提升企业绩效的长长的价值链中,对人才库存的管理是第一步；最坏的情况是，它们最终成为用心良苦，却无法证明自己对企业战略的驱动因素有何影响力的一套发展计划。直线经理把它们视为可削减的间接费用，而 HR 人员会被紧紧逼问它们对战略成功的贡献，并被要求证明。

相比之下，真正的焦点应当是“人才”的生产成果，即我们所说的“战略影响力”。本书在前文已述，人才管理的“战略影响力”，就是员工对战略执行的影响。因此，要衡量人才管理工作的有效性，最重要的衡量标准要集中在人才管理是如何影响关键的战略驱动因素方面。以研发部门来做类比，注重研发部门的生产成果，对等的衡量标准就是：依据由新产品概念引起的企业年度收益变化情况，来评价研发部门的绩效。

在 BankCo，这些衡量标准是什么样呢？为了充分捕捉人才管理策略对银行最终的财务成功的影响，对战略地图（参见第 2 章图 2-2，“BankCo 商业信贷部门的战略地图”）的各个层级都需要设定相应的衡量标准。让我们来考虑一下，什么样的衡量标准能够回答下面这个问题：“人才管理对战略成功的影响是什么？”聚焦点应当位于地图上战略性职位的绩效部分。换句话说，就是对战略成功具有最大影响力的员工绩效所在之处。这正是将战略性职位与战略地图连接起来的交点所在。在 BankCo，这是客户关系经理这一职位。

根据战略地图，人才管理策略的底线衡量标准应当是：

- 对客户关系价值主张 5 个方面的客户满意度衡量标准。
- 客户关系经理职位的空缺率。

为什么选中这两个衡量标准呢？因为一个反映了人才管理当前的战略影响，另一个则捕捉到了潜在的战略影响。两者同等重要。客户满意度衡量标准（如果它能与客户关系经理个人相关联则更好）精确地抓住了这一职位的战略绩效的内涵重点。再看另一个，如果 BankCo 需要 900 名训练有素的客户关系经理来充分实现它在所有市场上的增长潜能，而当年的平均在岗人员数量是 820 名，这将会怎样？答案就是，BankCo 的人才管理策略的执行绩效不佳。

现在，聚集点已经集中在客户满意度和职位空缺率两个底线衡量标准上了，接下来就应当将这些衡量标准转化为它们对应的财务当量（financial equivalent）。换句话说，仅从逻辑上理解这两个人才管理衡量标准的战略重要性是不够的，BankCo 应当估算客户关系经理职位上 A 级员工的职位空缺率如果上升 1% 会造成的财务影响。同样，它也应当知道客户满意度的提升所产生的收益影响，以及随后带来的市场份额和荷包占有率的变化。这不仅能使人才管理的衡量标准对直线经理的影响更突出，而且它也能指引下一步的资源配置决策。

战略地图将揭示企业的领先和滞后的战略驱动因素，对这些驱动因素也有相对应的衡量标准。例如，公司应当对常规的招募与人才搜寻方面的衡量标准进行分析，因为 HR 人员在考虑他们怎样能够驱动前面提到的两个底线衡量标准时，常会在这方面下功夫。同样，公司应当基于能力发展计划对底线衡量标准的影响来评价这方面的投资回报。诸如受训人员数量、单位受训人员成本等常规衡量标准对于反映 HR 部门的行政管理效率仍然有用，然而只有当它们能够影响底线衡量标准时才具有战略价值。

让我们再深入一步，看看战略背景中的“人员流动率”。现在我们已经能够清楚地看到“人员流动率”是如何具有战略重要意义的了。人员流动并不是人才管理的底线衡量标准，但它却很有可能直接影响到两个底线衡量标准。首先，我们讨论的不是广泛意义上的人员流动，而是具体到客户关系经理的人员流动率。人员流动率对客户关系经理这一职位的整体绩效的影响取决于将要离职的是谁。经验不足的、低绩效员工的离职跟经验丰富的A级员工的离职相比，人员流动成本要小得多。因此，当“人员流动率很重要”时，我们真正指的是具有高绩效表现的客户关系经理的流动率。其次，随着总体客户关系经理流动率的上升，我们预计职位空缺率也会相应上升。这时对“人员流动率”的衡量标准可能就不再局限于A级员工的范围，而是要扩大到所有绩效达标的客户关系经理的范围。因为，在战略性职位上即使只有一名B级员工，也好过职位空缺的情况。

原则5：要从战略性人才管理架构的角度进行思考

在组织中，对人才管理策略的管理和衡量深具挑战性，因为在关于“什么是人才管理策略”、“谁应该对人才管理策略的管理负责”以及“应当如何进行管理”等问题上，人们存在着相当多的困惑。它是单个雇员的某些特性吗？它是HR职能的责任还是直线经理的责任？HR管理系统和组织内的其他政策对它有什么样的影响？直线经理和HR人员需要以全新的视角来看待人才管理，**即以战略性人才管理架构为中心。**

从架构（系统）的角度进行思考非常重要，因为人力资本的创造与管理必然包含多个相互联系的事项和流程，对这一过程（即战略性人才管理）的绩效衡量自然也需要从架构的角度考虑。企业在管理人才管理体系的这些构成部分时，必须注意它们之间的相互关系，否则就不要指望能把“架构”转化为战略资产。

图 6-1 显示了衡量人才管理策略有效性时，所必须考虑的战略性衡量标准的 3 个维度。最高层即平衡计分卡方法中的战略重点反映的是人才管理策略的战略影响。在 BankCo 一例中，最高层级的衡量标准包括客户满意度（针对银行商业信贷部门基于客户关系所提供的服务情况）、市场渗透率(如荷包占有率、新客户增长）以及多种财务衡量标准。接下来的两个层级显现出来的就是我们所说的人才管理体系的架构。基础层是 HR 职能，对此层合适的战略性衡量标准是 HR 计分卡，其中的关键因素是：HR 人员的胜任力、HR 领域内的功能区、用以驱动员工成功的 HR 实践体系。HR 担负着多重角色，它的战略责任是在中间层形成战略所需的人才管理体系的必要特性，其中尤为重要的是执行企业战略所需要的员工思维、胜任力以及绩效。

在行政管理体系中，HR 职能部门是在人才管理工作中起牵头作用的 HR 专业人员的大本营。HR 体系是企业中与人力资本相关的政策和实践的组合，用来完成对企业中人力资本的获取、发展、激励及绩效评估工作。在发展 HR 体系时起牵头作用的是 HR 专业人员，但是直线管理者对此体系承担着共同的管理责任。在 BankCo 一例中，我们提到，特定类别（A 级与 B 级）的客户关系经理的流动率对于 BankCo 是一个重要的衡量标准。直线经理对于成功的人才管理（在 BankCo，这意味着保持高绩效水平和低职位空缺率）承担着共同的管理责任，这也提醒我们注意：应该在哪些层面跟踪这些衡量标准。例如，BankCo 应当衡量客户关系经理中的 A 级员工的流动率，不仅在整个银行层面衡量这类员工的总流动率，而且要在直线经理的层面，衡量各直线经理负责的这类员工的流动率。再强调一次，理解最根本的人才管理策略的整体逻辑，可以使确定衡量标准的工作变得更加简单。

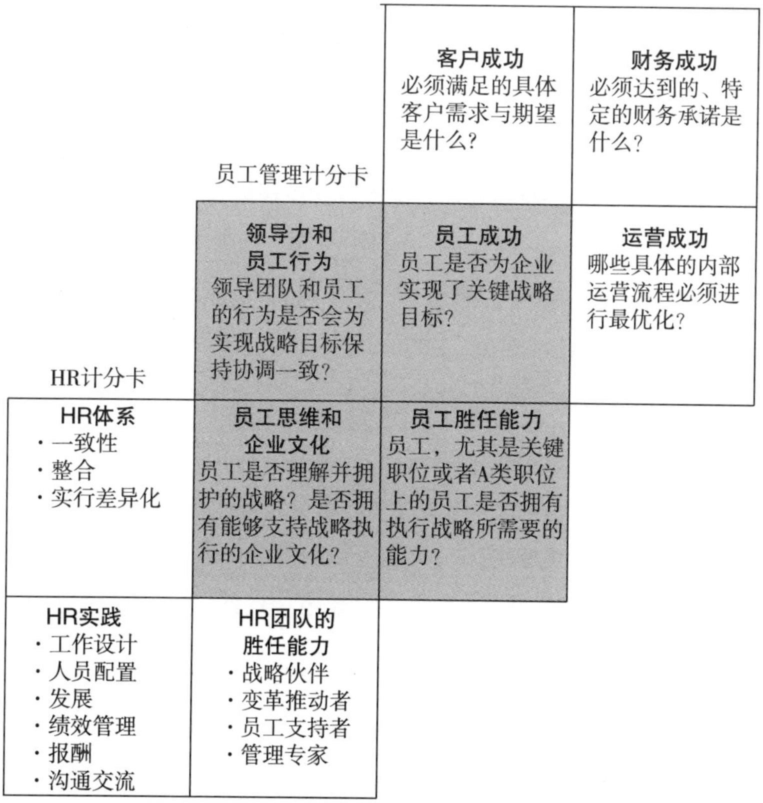

图 6-1　以执行战略为目标的人力资本管理

资料来源：《员工计分卡》。

思考人才管理策略的架构问题，意味着对人才管理的政策与实践之间的契合程度进行检查，进而思考它们如何组合才能更利于实现企业所期望的员工成功。该架构应当对“什么是具有战略重要性的”这一问题传递出清晰而一致的信息。BankCo 的经验所反映的情况可算是惯例，而不是特例：银行内的职业道路规划、物质奖励与精神奖励，都是在鼓励银行的专业人员转向某些管理职位，而这些职位中并不包括客户关系经理。这样做的结果就是，银行很难将最好的客户关系经理留在其职位上，因为专业奖金体系与银行文化所发出的信号不一致。毫无疑问的是，BankCo 的职业生涯规划结构是与该行业中的最佳实践相一致的，而这正是问题之所在。它必须实行“差异化”才能更有效地实施当前的战略。

BankCo 还有一个明确的政策：把晋升的加薪幅度限制在 10% 之内。因为费用管理是一个主要的战略主题，所以晋升所增加的最高费用限度也要与此保持一致。然而，对于从外部雇用的人员，BankCo 在其当前的薪酬水平上所能增加的额度却没有这种限制。两种政策就它们本身而言都是有意义的，然而当把它们作为一个更大的战略系统中的一部分考虑时，情况就不是这样了。这两种政策合在一起，实际上就是鼓励 BankCo 的员工辞职，这样才能得到更高的薪酬回报。晋升的加薪幅度设置 10% 的最高限度本身不是一个坏政策，但是它造成的影响在某种程度上是取决于正打算离职的员工的价值以及那些可能回来（或者再也不回来）的离职员工的价值。从差异化的人才管理策略的角度看，这一政策很可能导致一大部分 A 级员工离职，同时导致一大部分 B 级和 C 级员工回归。

人才管理衡量标准应当直接来源于你的战略地图。但是，对“架构”的强调，也意味着你所使用的衡量标准要包含能够反映架构的构成要素之间相互契合状况的标准。这种对人才管理策略的衡量标准，你在任何所谓“最佳衡量标准”排行榜的前 10 名中都是找不到的。如果 HR 体系各构成部分所产生的影响互相错位，就绝不能忽略不管。针对系统契合度的衡量可以起到管理警示器的作用，此时它的重要性超过对绩效的衡量。从这个意义上说，任何通过常规程序进行信息收集与讨论而对系统契合度做的衡量，均好于没有衡量。真正重要的是：**衡量过程中的讨论以及对人才管理体系一致性的持续关注。**

对系统契合度的衡量同时存在于几个层面。例如，在雇员层面，你可以对战略性职位上所有的雇员进行调查，了解 HR 体系的各要素如何影响他们的绩效以及他们离职的可能性。这其中可能包括来自企业不同领导层面的、正式或非正式的绩效回顾。你是否在汇报一件事情的时候却对另外的事情负责？你是否在向 A 发奖励、为 B 努力发展、为 C 进行招募、对 D 有所期待？HR 专业人员和直线经理可能能够快速提供一个长清单，列出那些在目标上有冲突倾向的工作实践，但他们没有将这些矛盾冲突的严重程度视作战略性的衡量标准，进而开始系统性地追踪。

另一种对系统契合度的衡量手段关注的是 HR 人员。这种衡量手段追踪每一个职能范围内的 HR 人员，对人才管理策略在政策和目标方面契合度的评估结果。例如，BankCo 要求薪酬专业人员评估薪酬和福利政策与客户关系经理的战略绩效目标之间的契合程度（这里很重要的一个前提是，客户关系经理的战略绩效这一概念已事先进行了清晰的阐述，HR 人员对“什么是良好的契合关系”也有清晰的理解）。特别需要提及的是，对契合度的衡量还涉及客户关系经理这一职位上 A 级员工的“绩效水平”与“连续任职”两者间的一致性。对每个职能范围内的 HR 专业人员所进行的这种衡量，提供了一个可用来与（有着同样主题的）员工调查结果进行比较的基准点。很显然，如果员工所看到的“契合度”跟 HR 专业人员看到的不一样，这本身就是一个问题。

如何将 HR 职能的传统衡量标准提升到战略性衡量标准的层面，图 6-1 提供了一种思路，即用战略性架构的角度进行思考。**只有当你能在 HR 职能层面与最高一层所要求的成果间画出关联路线时，HR 职能层面的活动才能发挥战略性作用。**关联路线越清楚，衡量标准就越重要。以 BankCo 的能力发展计划为例，有一项衡量标准是追踪分配给 A 类职位上的员工的发展资源占总发展资源的比率。类似的衡量标准会出现在 HR 的各项职能中。

事实上，更加普遍的情况是：很多公司所感兴趣的是能力发展计划或者 HR 计划的投资回报率（ROI）。如果没有用正确的视角来看待人才管理策略，企业要面对的就是：一方面成本数字相当清楚，另一方面对效益的衡量却非常困难。即使 HR 提出一个效益衡量标准，直线经理通常也不会认为这些衡量标准比那些传统的财务标准有说服力。但是，如果实行了差异化的人才管理策略，ROI 就能够真正体现战略上的回报：收益可以用 A 类职位上员工的成功来描述。以 BankCo 为例，排名前 25% 的客户关系经理提供的营业收入是排名后 50% 的客户关系经理的 8 倍。显然，这前 25% 的人是 A 类职位上的 A 级员工。在 BankCo，有一个简单的对能力发展计划的 ROI 的衡量方式，它会关注"从发展计划中结业的客户关系经理所创造的营业收入与发展计划总投资的比率"这一指标的变化。这一标准在发展计划结束一年后及三年后分别进行追踪。BankCo 也能够追踪参加发展计划的人员中进入排名前 25% 的人数比率，并与当前没有参加发展计划的客户关系经理人数作为基准线进行对比。换种说法就是，能力发展计划是否增加了客户关系经理职位上 A 级员工的数量？

原则 6：要衡量"水平"，也要衡量"关联关系"

第 6 个原则提醒我们：只有当人才驱动了经营成果，他们才真正具有价值。这并不是说，人才管理工作的绩效总是能够直接影响财务绩效的底线标准。人才管理工作的绩效是战略成功的一个领先指标，HR 人员的大部分活动都是如此。人才管理策略是通过它对战略驱动因素的影响而间接影响财务目标的。这一间接性就对如何衡量人才管理工作的绩效提出了挑战。公司不能仅仅关注对战略性人才管理工作的绩效水平的衡量，他们还必须关注人才管理工作的衡量标准与企业财务绩效的驱动因素之间的"关联关系"（relationship）。

西尔斯（Sears）公司采用了称得上是世界上最系统的方法来量化人力资本与企业绩效之间的关联。首先，它在人力资本、客户服务以及财务绩效之间界定了清晰的战略逻辑关系。而使西尔斯公司与众不同的方法是：它能够用量化的方式计算出这些相关性之间的量级大小，这种方式使它可以基于现有的人力资本的衡量标准对未来的财务绩效进行预测。例如，西尔斯公司发现“雇员态度提高 5 个点将会驱动客户满意度提升 1.3 个点，接下来这又会驱动营业收入提高 0.5%”。在《员工计分卡》一书中，我们详细描述了美国好事达保险公司（Allstate Insurance Company）是如何利用一个更加复杂的“关联关系”分析，来显示人才管理策略的影响力。好事达的 HR 人员相信他们的领导力素质模型的有效性，最开始找不到证据来证明这一模型对业务的影响力，后来则在领导力指数得分与经营成果（如索赔满意度、续保率）之间建立起了统计学上的关联关系。

在 BankCo，有一些“关联关系”可以提供直接的证据来证明人才管理策略对战略成功的驱动作用，而衡量这种“关联关系”的机会相当多。例如，HR 人员倾向于从管理员工属性（如技能、动机等）的角度进行思考，而直线经理所关注的是客户和市场份额。而采用我们的人才管理视角，则是直线经理与 HR 人员在这两方面其实是共担责任共享利益的，所以他们都应当考虑员工属性（如客户关系经理的胜任能力）对于“客户（对 BankCo 价值主张的）感知度”与“市场和荷包占有率”到底有多大的影响。这就意味着从“相关性”的角度思考，或者说从“影响”的角度思考：客户关系经理的胜任能力对客户满意度有什么影响？由客户管理体验带来的客户满意度变化如何转化为市场和荷包占有率方面的收益变化？同理，我们还可以分析出：客户关系经理的胜任能力是一个比较典型的受工作经验、专项能力发展计划、绩效管理以及最开始的甄选决策等因素影响的函数。

关注衡量标准之间的关联关系，而不仅仅是关注它们各自的完成水平，其实是对领先指标和滞后指标进行战略思考的自然结果。我们之前讨论过的战略地图会对这些关联关系进行描述，衡量体系可以将这些“关联关系”纳为衡量标准，充分利用衡量标准对战略执行的引导作用。在 BankCo，对客户满意度的衡量，是从每个客户关系经理职位的客户关系价值 5 方面来进行的。在客户关系经理层面上，胜任能力也要被衡量。一个简单的统计分析，就可以计算出这些能力的变化所引起的客户满意度变化。更重要的是，银行也能估算客户满意度与客户收入之间的关联关系。这两种分析合在一起，就使 BankCo 能够理解客户关系经理胜任力方面 10% 的变化会如何影响客户满意度，以及接下来，这种客户满意度的变化又是如何转化为增加的收入的。

再深入一步来看 HR 计分卡，HR 人员可以评估“经验”与“胜任能力”之间的关系，这有助于他们了解不同经验水平的客户关系经理群体内的人员流动是如何影响胜任能力的，是如何影响客户满意度与收入的。他们可以评价一系列 HR 决策与战略成果之间的关联关系。通过前面对衡量能力发展计划的投资回报率的例子的详细阐述，可以看到一个明显的利益关系，即 BankCo 的能力发展计划是如何影响客户关系经理的胜任力的。但是我们已经强调了，这不是终点。胜任能力只有在其能够带来某些战略成果的情况下，才具有战略利益。在此案例中，这种战略成果就是客户对银行往来关系的认可度得到提高。HR 人员还可以评估 HR 体系各构成元素与最终绩效间的关系。例如，我们讨论了 HR 体系各构成元素与战略性员工的绩效间保持一致性的重要性。在 BankCo，他们会评价“客户关系经理对 HR 体系一致性（系统契合度衡量）的看法”这一衡量标准与他们的“绩效评级”和“人员流动率”这两个衡量标准间的关联关系。

人才管理有效性的衡量体系：所需基础和产出效应

提高人才管理有效性衡量体系的质量不是一项孤立的活动。它不仅仅是关于“怎样找到一个测评专家来承担这一任务并定期检查这一过程中的新成果”的话题。更好的人才管理有效性衡量体系是差异化人才管理策略中的一个组成部分，也代表着执行公司战略过程中“人才管理责任制”达到了新的水平。若希望让衡量体系方面的新投资产生有价值的红利回报，下面这两种变化就必须发生。

重新认识“分析能力”

谷歌公司最近发布的一个招聘高级别 HR 职位的广告可能会让很多 HR 人员和直线经理感到吃惊。广告开头所写的职位名称是“HR 分析总监”。除了建立和领导一个 10~15 人的 HR 分析团队之外，该总监还需要以度量指标设计与分析为基础，针对业务问题，为业务高管们提供相应的人才解决方案。是因为谷歌的人才策略比较独特，才需要这种角色呢？还是因为每个企业在人才策略实施过程中，度量和分析都应当担当这种重要角色？我们认为谷歌的独特之处仅仅在于它真正地把这一角色融入到人才管理体系中。无论企业是否采用了设立这种具体职位的形式，从普遍意义上说，HR 人员都需要提升他们的整体分析能力。

在《点球成金》一书中，迈克尔·刘易斯描述了分析能力的潜在影响，这是一个非常好的例子。刘易斯描述了一个组织，即奥克兰运动家队（the Oakland Atheletics）如何把分析能力运用到它的战略决策制定过程中，并借以实现绩效优势。奥克兰运动家队改变了过去根据直觉制定棒球决策的方式，取而代之以基于客观数据来分析运动员绩效的方式（即使你只是表面上熟悉棒球运动，你也能够理解在比赛中“人员绩效”的含义）。通过这样做，它重新定义了“什么是真正重要的”，以及“怎样衡量”这些真正重要的事项。最重要的是，《点球成金》提到了这样一类高级执行主管：他们相信，在确保采用了正确的分析方法的前提下，从正确的衡量标准中能够推出管理体系的方向指引，他们也能够理解用这种方式得到的管理指引。当然，高级领导者不会亲自去做这些复杂的分析工作，但是必须具备足够的分析能力来“使用他们的结论”。

分析能力在战略决策制定模型中一定是被高度强调的，它也是本书前面描述的衡量方法所必需的基础能力。

商业逻辑。从战略地图开始，清晰阐述你的企业对战略成功驱动因素的看法。奥克兰运动家队制定了一个清晰的商业逻辑，明确解释了球场上的“成功”，继而也制定了针对战略成功驱动因素的衡量标准。奥克兰运动家队认识到得分与赢得比赛是最终目标，所以在特定比赛中的战略驱动因素就是：在每一局中，将出局的几率减少到最小值。因此，与打击率（batting average）相比，上垒率（on-base percentage）（不出局的可能性）是一个更加重要的球员绩效衡量标准。简而言之，战略逻辑决定衡量体系。接下来，奥克兰运动家队确认了员工（即球员）特质要求，这些特质能增加球队取得战略成果的几率。球员特质与战略目标的高度契合，指引奥克兰运动家队在为球员进行技术和能力组合的标记时采用了不同于它的竞争对手的方式。奥克兰运动家队发展了一种基于战略的、“差异化的”（即与众不同的）员工队伍。

因果关系。当球队重新研究了驱动得分和赢得比赛结果的因果逻辑后，他们意识到最好的棒球投手是先发投手（starting pitcher）。如果你的球队能够干掉对方球队的先发投手，你就会增加赢得比赛的机会。如何做到这一点呢？增加对方先发投手的投球数。最有价值的击球手不仅是那些能最终上垒（没有出局）的球员，而且还包括那些能够在每次击球中创造较高击球数的球员。再强调一遍，对员工特质的定义来自于他们的战略分析。

新式分析模型。分析能力是指基于客观数据做出决策的能力。这意味着根据你的商业逻辑选择最优的那套行动方案，同时开始收集绩效证据（即衡量标准）来决定这个行动方案是否应该继续执行。奥克兰运动家队的总经理“得出结论：对球队各项事务的指挥，从球场战略到球员评估，以科学的调查研究（通过对棒球运动的历史统计数据的分析所进行的假设检验）为依据，远远胜于参考老棒球运动员的集体智慧。”正因为奥克兰运动家队的战略要求它必须摆脱传统方法，它的HR人员就需要具有更强的分析能力。如奥克兰运动家队的前总经理桑迪·奥尔德森（Sandy Alderson）回忆的：“我不会做回归分析，但我知道什么是回归分析，而且分析的结果对我深具意义。”

在HR职能中，改进分析能力能对若干层面的决策制定产生直接的影响。以“计划分析”（program analysis）为例。某个具体计划是个好主意吗？我们怎样才能知道？它具有战略性吗？让我们再回到BankCo的能力发展计划这一案例。BankCo有一个昂贵的发展计划是特意为客户关系经理职位制订的。成本非常清楚，但是收益却不是那么明显。在这里，“改进分析能力”就意味着能够使用不同的方法来考虑该发展计划的投资回报率。从战略角度考虑，回报就是客户对银行往来关系的满意度的提高，及至财务绩效的提高。换句话说，当我们用战略逻辑来分析该计划时，收益和成本都是很清楚的。最重要的或许是，BankCo将在能力发展计划上的花费视为一种投资，而不是费用。它追踪战略性的回报，以评估这种投资是否应该继续，或者，这些资源是否应该被配置到绩效更高的地方。

在最高层，改进分析能力能够改变传统的看待HR所负责的财务资源的视角。通常，在任何关于HR的财务绩效的会谈中，高级HR人员关注的都是整体的HR预算。会谈的基调就是：HR预算是一项费用，HR应当用更少的预算做更多的事情。但是，从一个更深入的分析角度看，基于我们已描述过的战略逻辑，HR专业人员就能够明白，有一部分HR预算是运营费用这是没错的，但他们要将更大一部分视为一种投资。从这个角度看，年度HR预算看起来就有些与众不同了。

我们再来考虑一下BankCo的境况。客户关系经理的能力发展计划的成本怎么算？针对客户关系经理或者其他战略性职位的特定人才搜寻活动的成本怎么算？或者，战略性职位的更高比例的收入导致的更高薪酬成本又如何计算呢？从客户满意度、市场份额以及最终的盈利角度，所有这些成本都能获得高比例的红利回报。如果这些计划都是真正的投资而不仅仅是增加的费用的话，它们将会带来当前以及未来的收益，回报必高于成本。有了这种新的分析能力和差异化的人才管理策略框架，HR 专业人员与直线经理就都能更直接地衡量这些收益，并把员工预算中的投资部分与费用部分区分开来。这样一来，企业就会同时存在两种不同的会谈：**一个关注 HR 管理活动的适当花费，另一个则关注 HR 与受益的业务部门如何分担在人才管理策略上的投资成本。**

人才管理责任制

HR 人员与直线管理者必须为战略性人才管理工作承担共同责任，所以为了实现战略性员工的绩效，就必须有落实到个人的人才管理责任制。其实，当你的人才管理策略的逻辑清晰了，针对 HR 人员与直线管理者制定相应的人才管理绩效标准就不会存在困难了。对于大多数组织，目标设定和绩效评定仍然是标准化的管理实践，发生新变化的是目标和绩效评定中的“重点”。下面，我们将把前面讨论过的一些衡量标准集中起来，放入个人计分卡的框架内。

高级管理者。如果没有一个定义清晰的人才管理策略，直线管理者很可能对人才管理的成果不承担什么责任。也许会有对员工发展的总体评定，或者会提及某些员工调查结果，还有可能对普遍意义上的领导技能进行评定，但这些技能跟他们在战略性人才管理方面的表现却没有相关性。上面所提到的这些，可能对直线管理者的年度绩效回顾的结果根本就没有实质性影响。为什么会这样呢？很有可能在这些评定标准和业务成功之间没有任何清晰可见的逻辑路径。那么，再想一下这样一种企业：它有成熟的人才管理策略，它对“人才如何驱动战略成功”有着清晰的理解。在这种企业中，因为人才对业务的影响很清楚，就能够理出几个人才管理维度的责任要求，由直线管理者负责进行精心的定期管理。

我们再以 BankCo 为例。在商业信贷部门，高层的个人计分卡是什么形式的呢？这些领导的直属下级包括大量的 BankCo 的 A 类职位：客户关系经理。重点是从员工调查中获得的员工满意度数据吗？IBM 的 IT 服务交付部门的 HR 总监基思·霍姆斯（Keith Holmes）指出：“在 IBM，我们衡量员工满意度，并一致认为在强调战略执行的环境中，这一衡量非常重要。但是在 IBM，不会存在独立的‘具有令人愉快的性格’这种度量标准，我们的衡量标准直接与经营成果相联系。”

图 6-1 展示了计分卡的三个层面以及这三个层面的组合方式。如此组合是为了对“人才驱动战略成功”的实际情况进行综合评定。不过，这些计分卡是为了支持战略能力而存在的，并且是在整个业务单元或职能层面上进行管理的。在创建使直线管理者和 HR 人员对结果负责的个人计分卡时，可能会略过图中的一些部分，具体取决于他们各自的战略性角色。

表 6-1 提供了一个 BankCo 的高级管理者的个人计分卡。使用战略视角，编制这种计分卡并不难。你可以根据图 6-1 中几个关联维度来组建它，同时加入 BankCo 战略地图中的具体细节。例如，从计分卡的三个维度入手：你期望商业信贷部门的高级管理者们对哪些环节产生重大影响？不排除可能会有例外情况，但是在正常情况下，他们是不对 HR 计分卡的成果负责的。他们所负责的是员工管理和经营成果。

表 6-1　　　　个人计分卡：BankCo 的高级管理者

员工管理部分			业务部分
领导力	战略性人才	战略性员工思维	
• 我的绩效期望反映了我的战略性角色：50% • 会定期沟通在实现战略目标过程中所取得的进步：80%	• 客户关系经理职位上 A 级员工所占的百分比：60% • 客户关系经理职位空缺率：20%	**雇员聚焦的战略重点** **客户关系经理** • 知道“战略成功”在 BankCo 的含义：62% • 知道客户关系经理这一职位是怎样驱动战略成功的：42%	**财务：** • 单位收入增长：6% • 单位利润率增长：9%

续前表

员工管理部分			业务部分
• 我有实现战略绩效的能力：70% • 我有实现战略绩效的团队支持：60% • 当我提供卓越绩效时能够获得认可：80% • 当我提供卓越绩效时能够获得恰当的奖励：50%	• 客户关系经理职位上 A 级员工的流动率：10%	• 理解客户关系所含四个维度的重要性：47% **客户关系经理支持团队** • 知道“战略成功”在 BankCo 的含义：32% • 知道客户关系经理这一职位是怎样驱动战略成功的：22% • 知道我的角色是如何影响客户关系的各个维度的：17%	**市场：** • 荷包占有率增长：6% • 客户关系指数：85 分（总分 100）

让我们从员工计分卡开始。鉴于 BankCo 已经确认了客户关系管理是一种战略能力,并因客户关系经理职位在其中的中心作用而认定此职位是 A 类职位，那么员工计分卡的衡量标准的重点就相当明显了（前三栏）。

第一栏，在“领导力”维度上，高级管理者应当以一种与 BankCo 的战略逻辑相一致的方式，与战略性人才交流、对他们进行奖励并且帮助他们发展。他们也应当在制定决策过程中优先进行战略思考，而不是被运营上的问题消耗掉全部精力。这一维度上的评估要以客户关系经理的反馈为依据。

第二栏,“战略性人才”,关注的是战略性职位（在本例中,为客户关系经理）的几个维度。这几个维度与其说是人才管理成功的原因，不如说是对战略性人才管理绩效核心的解释。这是根据我们在前文的分析得出的，即在客户关系经理职位上，最终的战略贡献是由这些职位上的人才质量（A 级员工所占的百分比）以及职位空缺率二者共同决定的，而二者都受到 A 级员工流动率的影响。高级管理者应当让 A 级员工占比保持在高水平上，而让 A 级员工职位空缺率与流动率保持低水平。

第三栏，“战略性员工思维”，抓住的是人才管理的战略重点。在 BankCo

的商业信贷部门，员工被分成两部分：客户关系经理与支持团队。如果说“领导力”维度关注的是领导者行为是否与BankCo的战略相一致的话，那么“战略性员工思维”这一衡量标准所要了解的，就是向这个领导汇报的员工们的行为是否也与战略相一致。这些衡量结果可以从员工调查中得出。最后一栏是最简明易懂的，因为它包含的是BankCo正在追踪的业务衡量标准。在个人计分卡中重复它们的好处就是帮助强化这样一个观点：价值创造流程是从左至右进行的。

高级HR人员。对高级HR人员的绩效评定关注的是HR职能内的活动。普遍的评定主题是：按时、按预算来制订和执行计划，促进HR职能的整体运营效率。与高级管理者的情况一样，我们不是说要淘汰当前的评定体系，而是要拓宽它们的范围，将个人的战略贡献纳入其中。不过，最理想的变革或许是重新构建责任体系，以保证在高级HR领导团队中，至少有一名领导将人才管理策略的执行作为其主要责任。

表6-2展现的是一位高级HR副总裁的个人计分卡，在BankCo，这一副总裁的主要职责是执行人才管理策略。与高级管理者个人计分卡中的情况一样，这名高级HR领导应当影响图6-1中的经营成果。或许令人感到惊讶的是，与高级管理者相比，高级HR领导对人才管理策略的执行有着更广泛的影响。HR领导不仅对提供人才管理策略中的各项HR要素的工作成果负责，还要对“员工管理”成果和经营成果负责。虽然HR人员的个人计分卡中,后面两个“成果”的权重，相对高级管理者来说，高级HR人员的权重较低，但是不管怎样它们都必须存在。这就强化了一个信息：说到底，**管理HR各职能要素的战略目的就是这些更高层面的“成果”**。

表 6-2　　个人计分卡：BankCo 的高级 HR 副总裁

HR 计分卡				员工管理计分卡		业务计分卡
HR 战略能力和思维	HR 实践	HR 体系	领导力	战略性员工思维	战略性人才	业务部分
雇员战略重点指数 • 薪酬 • 人员搜寻 • 甄选 • 发展 • 绩效管理 **分析能力指数** • 薪酬 • 人员搜寻 • 甄选 • 发展 • 绩效管理	**战略重点指数** • 薪酬 • 人员搜寻 • 甄选 • 发展 • 绩效管理	**战略一致性指数** • 客户关系经理 • 客户关系经理支持团队	**战略性领导力指数**	**员工的战略重点** 客户关系经理 • 员工管理战略重点指数 **客户关系经理支持团队** • 员工管理战略重点指数	• 客户关系经理职位上 A 级员工所占的百分比 • 客户关系经理职位空缺率 • 客户关系经理职位上 A 级员工的流动率	**财务：** • 单位收入增长 • 单位利润率增长 **市场：** • 荷包占有率增长 • 客户关系指数

表 6-2 的前三栏关注的是 HR 计分卡（见图 6-1）。衡量标准旨在抓住 HR 职能内的底线产出，这些底线产出可以促进人才管理策略的执行。第一栏的重点是 HR 职能部门的关键员工思维和胜任力衡量标准。这要求 BankCo 评定 HR 部门的关键专业人员，针对他们的战略重点及分析能力。这些衡量标准被归结为两个综合指数，由高级 HR 领导负责追踪。第二栏重点在于针对个体的 HR 实践，以及这些实践与战略能力内的所有 A 类职位的战略绩效要求的一致性程度（在本例中只有一个 A 类职位）。第二栏衡量了从 HR 的角度看，HR 各个功能模块内的实践与人才管理策略的一致性程度，而第三栏则衡量了整个 HR 实践体系的战略一致性程度。BankCo 从客户关系经理及其支持团队的角度收集这些衡量标准的数据。后面三栏沿用了直线经理个人计分卡中“员工计分卡”部分的一些衡量标准，这反映了直线经理与高级 HR 副总裁对 BankCo 人才管理策略的共同责任。最后，HR 领导个人计分卡中的业务成果这一栏，突出了 HR 的战略决策与其战略影响之间清楚的关联关系。

本章小结 THE DIFFERENTIATED WORKFORCE

我们越来越相信，对于很多组织，衡量体系面临的挑战之一就是能否有正确的视角。一旦高级管理者和高级 HR 人员能够以正确的视角看待人才管理策略，以及差异化的人才管理策略的构成要素，衡量过程将会变得更加简便易行。

THE DIFFERENTIATED WORKFORCE

TRANSFORMING TALENT INTO STRATEGIC IMPACT

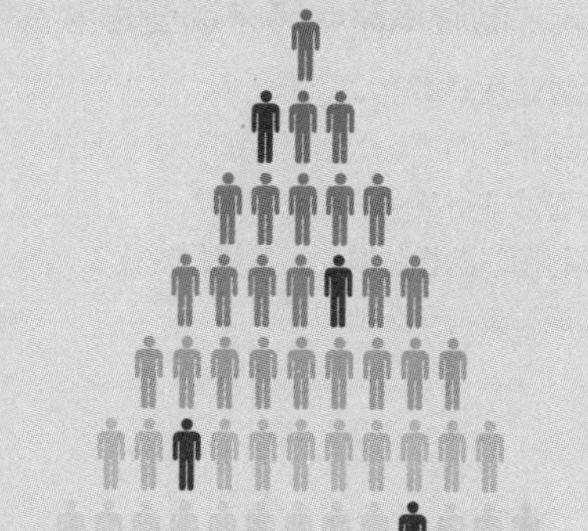

07

与人才携手赢得战争

对美国心脏协会的案例解析

THE DIFFERENTIATED WORKFORCE

人才管理自测

与人才携手赢得战争的人才制胜策略会带来哪些思考?

什么契机让你建立差异化的人才管理策略?

你是否重新思考“员工是如何对企业的成功做出贡献的”这个问题?

什么是推动差异化的人才管理策略取得成功的关键因素?

在执行这个项目的过程中，执行团队的想法发生了怎样的变化?

员工对“差异化的人才管理策略”会有什么反应?

对很多运动迷来说，每个赛季都令人感到沮丧。通常在一个赛季还没有结束时，我们就开始谈论“下一年”。我们需要在哪里有所改变？谁应当离去？谁又应当加入？我们应当注重选秀，还是应当注重自由球员？作为运动迷，我们认为自己知道自己的球队应当做出怎样的改变，因为我们都认为自己非常了解比赛。

当谈及人才管理策略时，大多数直线经理和HR专业人员都明白环境已经发生了变化，但是他们却不太清楚新的规则。结果就是，变革缓慢，而且方向经常是错误的。在本书中，我们已经揭示了竞争的新规则，提出了人才制胜的新战略。

在本章，我们总结了几个关键点，它们确切地表明了你应当如何避免“等到下一年”。本章围绕我们的关键主题展开，采用美国心脏协会（以下简称AHA）的案例，他们通过全方位的努力来实现差异化的人才管理。我们选中AHA作为案例的原因主要有两点：

- 它提供了一个设计和执行有效的人才管理策略的实例，阐明了在每一个决策点上可能面临的挑战及决策。
- 我们的方法无论是对于AHA这样的非营利组织，还是IBM这种营利性的全球跨国公司，都是有效的。

本书的重点不是战略规划，而是关于人才管理策略在战略执行过程中所“扮演”的角色。我们的假设前提是：在组织已经具备了战略的前提下，如何在人才管理方面做得更加出色。不过，如果你的组织正在进行战略方向的调整，或者尚未清晰阐述自己的战略，那么在启动人才管理策略之前，你还有大量工作要做。

倘若你已经确定了战略，那就可以用我们这个方法来审视你的人才管理策略。你需要在员工队伍管理、效果评价、评估指标设置以及评价结果应用等方面进行差异化的管理，恰如对其他资产的差异化管理一样。这一过程包含正确的战略、正确的工作（A类职位）、正确的员工（A级员工）以及正确的HR管理实践（一种量身定制的、高绩效的HR体系架构）。简而言之，**你需要自上而下地设计人才管理体系，然后自下而上地执行它们。**

澄清战略与目标

AHA的使命是：“（帮助人们）构建健康的生活方式，远离心血管疾病及中风。”AHA总部设在美国的达拉斯，其3 500名员工分布于美国与波多黎各的8个分支机构中。AHA采用以下战略目标（简称“2010之25%”）来衡量自己在使命之路上的进展：

- 到2010年，将由冠心病和中风引起的死亡率降低25%。
- 到2010年，将由吸烟、高血胆固醇以及体育锻炼不足导致的患病率降低25%。
- 到2010年，将无人为控制措施的高血压发病率降低25%。
- 体育锻炼不足以及肥胖引起的发病人数的增长率为0。

多年来，AHA在筹集资金、赞助研究、提升关于心脏病和中风成因及后果的公众意识方面获得了巨大的成功。“珍爱女人心”计划是其中一个非常成功的例子：在这个计划中，他们成功地将上述三个要素整合起来，共同实现了计划目标，即对女性心脏病的特别关注。AHA 的 CEO 卡斯·惠勒（Cass Wheeler）总结了 AHA 的愿景：“我们要挽救更多的生命，以及改变更多的生命。”因此，AHA 所做的任何事情都是为了实现这一愿景。

在 2006 年，AHA 宣布了一个雄心勃勃的目标：到 2010 年，将总收入由 2006 年的 6 亿美元增加至 10 亿美元。对于 AHA，实现这一收入目标其实只是达到最终目标的一种手段，它的最终目标是将因心脏疾病致死的人数减少 25%。

之后，在经历了一系列重大的业务挑战之后，AHA 管理团队得出结论：要实现“2010 之 25%”目标以及 10 亿美元收入的目标，关键的挑战以及主要的解决方案都与对顶级人才的吸引、甄选、发展以及保留等工作直接相关。然而，AHA 已经流失了大量的高潜力员工（尤其是在筹集资金方面的优秀员工），他们流向了那些提供更高薪酬和更多机会的企业，通常是盈利性行业。如何吸引、甄选以及留住高绩效人才是 AHA 面对的一个重大挑战。同时，预算约束也会限制它在人才管理方面的投资能力。高级管理团队的成员都知道，要实现他们的“10 亿美元”目标，唯一途径就是对人才进行战略性投资。但是他们既没有时间也没有资源在所有的职位上都配置 A 级员工。他们需要用创新的方法来实现对人才的差异化投资，从而避免陷入“人才争夺战”。

AHA 以两个重要决策为起点启动了它的变革计划。首先，它成立了一个横跨整个协会的工作组，被称作“人才制胜工作组”（Winning With Talent taskforce，简称 WWT），负责制定变革框架，并对整个变革过程进行指导。协会的 CEO 卡斯·惠勒给予该团队全力的支持和鼓励（这对于变革的成功非常重要）。第二，AHA 要发展一种人才管理理念，这一理念要能够阐述在 AHA

的战略成功中人才所担当的新角色，以及为实现这一新角色所需要的目标与职责新要求。

在操作层面，惠勒要求 WWT 工作组设计有效的解决方案并加以实施。WWT 工作组在高级外部顾问马克·休斯里德的协助下得出结论：要想成功，工作组必须完成以下任务：

- 识别 AHA 的发展战略所需要的关键能力。
- 制定整个协会范围内的人才管理策略。
- 贯彻人才管理差异化与战略性职位的理念，确保在战略执行过程中人才能够得到有效利用。
- 制订关于目标设定、绩效管理、员工激励的新方法，制订对战略性职位的员工进行评级和排名的新方法。
- 培育 AHA 的雇主品牌并进行推广。
- 简化 HR 职能的日常工作。
- 寻找方法整合 HR 部门的高级别员工，以帮助 HR 能更好地理解协会的经营战略，并对其做出贡献。
- 识别未来的人才管理工作所必需的 HR 技能组合。发展 AHA 的人才管理理念。

要实现这些目标，第一道门槛就是要采用“人才管理策略的全组织视角”。因为 AHA 是通过 8 个区域分支机构进行运营的，所以，事实上它有 8 个独立的，有时甚至是相互冲突的人才管理策略。“全组织视角”意味着 AHA 认识到了人才是组织性资产，随之进行的组织调整是 AHA 重要的变革标志。

首席运营官南希·布朗（Nancy Brown）担任 WWT 工作组的主席，小组成员包括高级 HR 副总裁比尔·阿肯巴克（Bill Achenbach）以及来自 AHA 的区域分支机构和机构总部的 11 位高级管理人员。该工作组最初、也是最重要的成就之一就是明确了人才管理的理念，这一理念不仅引导人才策略的设计和执行，而且提供了与员工交互的责任分布图。

执行团队原则上都同意“在人才管理方面，实行更大程度的差异化和进行更高的战略投资是必需的”，但是关于采用什么形式进行“差异化”，团队内部出现了较大的分歧。在高级外部顾问休斯里德的帮助下，AHA 团队开展了一次范围较广的讨论，讨论内容是人才管理的平等模式与公平模式间的差别。在平等模式中，对待每一位员工的方式基本相同，员工的发展程度也是均等的，而在公平模式中，对职位进行差异化投资，差异化的依据就是这些职位对 AHA 的发展战略的不同影响力。有个小组曾经质疑：“仅仅因为员工在不同的职位上工作，就对他们采取不同的投资方式，这样真的就公平吗？”另一个小组则反问：“如果我们的目标是减少心脏疾病，而且我们知道某些职位比别的职位对实现这一目标具有更大的贡献，难道我们不应该把最优秀的员工放在最重要的职位上吗？”对于 AHA 团队，这是一次重要而富有成果的讨论，因为对差异化的人才管理方法的接受，代表了 AHA 人才管理理念上的一个重大转变。

在此之前 AHA 已经采用了类似通用电气的“顶级评级法”的人才管理方式，公司的文化也被大家公认为是一种高绩效、目标导向的文化。但是根据职位（以及职位上的员工绩效）实行差异化管理的理念对他们来说仍然是全新的理念。经过一次又一次的讨论，AHA 管理团队得出结论：顶级评级法是一个良好的开端，因为它是必要条件但不是充分条件，若要实现协会的战略目标，AHA 需要根据职位实行差异化管理。

WWT 工作组的结论是：AHA 将继续对所有雇员进行投资，但会为关键职位上的高潜力员工提供更多的发展资源和机会。AHA 的人才管理理念是在对其自身的文化、战略目标以及“要实现战略目标必须完成哪些事情”这些问题进行认真讨论后，形成的共识。特别是，AHA 在领导力、员工责任、人才管理变革以及 HR 职能的责任等领域制定了非常明确的基本准则（见图 7-1）。

AHA 人才管理基本准则（适用于领导层）

AHA
人才管理理念

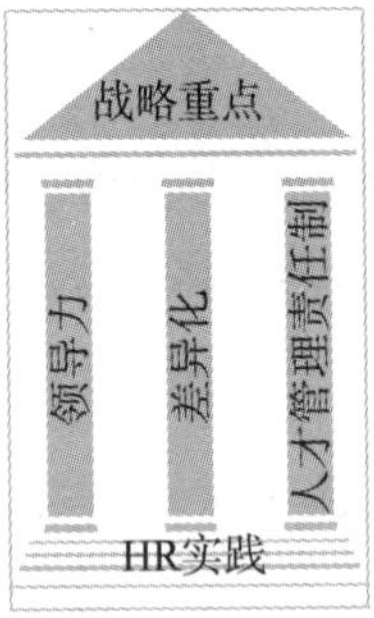

1.领导者责任。领导者应当与员工沟通AHA的战略，并在员工执行战略的过程中对他们的工作予以指导。对领导者的评价和奖励，都要根据他们的员工在优化与执行战略方面完成的好坏程度来确定。领导者对他们自己的行为和结果负责，包括他们所辖范围内的员工获取、保留与发展工作。他们应当为员工提供（及获取来自于员工的）及时而坦诚的反馈。领导者应当针对AHA使命所具有的价值与影响建立员工共识。领导者应当构建志愿者关系管理技能模型，以便在整个协会范围内塑造志愿者关系管理能力。

2.员工责任。员工应当理解他们在有效执行和优化AHA战略中的角色。所有员工都有责任继续发展和完善自身能力，以满足不断变化的业务需求。员工所获得的奖励、职业生涯发展与员工的高水平绩效、创意提供、最佳实践分享等直接相关。

3.人才管理变革。把最优秀的人才放在战略性职位上是最基本的要求。虽然AHA会为所有的员工持续发展进行投资，但AHA将会对关键人才的发展与薪酬进行更高比例的投资。协会未来的成功要求我们对顶级人才的发展和保留始终保持极敏锐的关注。

4.HR职能的责任。HR必须充分理解AHA的战略方向。HR必须使识别AHA战略能力的过程更加容易。为了使协会的战略得到完美无瑕的、高效的执行，AHA需要更多的顶级人才，HR和AHA的直线管理者们共同对顶级人才的输出承担责任。

图 7-1　人才管理战略重点指导方针

资料来源：AHA 内部资料。经许可使用。

识别战略能力

差异化的过程，就是进行各种选择的过程，而这些选择具有战略层面的影响后果。到目前为止，我们应该已经很清楚：为什么差异化的人才管理策略不仅对更高层面的组织策略的成功执行非常重要，而且也是增加员工贡献与HR职能贡献的最有效途径。

从企业总战略的商业逻辑入手，你要选出哪些能力是你的人才管理策略重点——你所选出来的就是你要“更深度差异化”的目标对象。然后，你要使人才管理策略的执行体系与刚选出的策略重点相一致。最后，你再用恰当的衡量标准来管理和评价你的人才管理策略。

这种“差异化”的基础是企业的战略能力。如前所述，战略能力是确保企业价值主张得以实现的重要能力，具有相对的独特性，是企业在竞争中获胜的法宝。真正起重要作用的能力通常不会直接显现出来，不太可能简单到用“速度”、“重点”或者“客户响应度”这样几个词就可以描述清楚。要发现这些能力并对其提供支持，就需要一种更加周全的分析方法。要确保企业能够成功执行其战略，就意味着：所有的员工都被管理得很好，但是企业必须优先把A级员工放在A类职位上，为A级客户服务。

识别AHA的战略能力

如前所述，识别企业的战略能力是一个相对简单、直接的过程，包括以下几个步骤：

- 重新审视战略能力标准。
- 列出可能的战略能力。
- 分别评定每种能力目前与未来的财富创造影响力。
- 确定3~5种对业务最重要的战略能力。

识别 AHA 战略能力的工作从一个战略回顾开始，内容包括企业的战略规划与一份 156 页的战略文件（由高级外部顾问史蒂夫·基恩提供）。小组在对战略议题进行讨论时，经常会在“关于人才管理策略的本质”这一问题上发生碰撞，因此，AHA 将讨论的重点放在人才管理策略怎样驱动战略能力方面，事实证明效果很好。根据对战略文件的综合分析，AHA 初步确定了 14 个主题。随后根据以下标准，请 100 位高潜能员工完成了关于这 14 个主题的评价问卷，根据调查结果将主题减少至 3 个：

- 从 AHA 实现其目标的角度看，这种能力有多重要?
- 与其他非营利组织相比，这种能力在多大程度上代表了独特的差别或优势?
- 这种能力对于 AHA 的计划、产品、服务等方面的客户感知度会产生怎样的影响?
- 在 AHA，这种能力目前的绩效水平如何?
- 如果这种能力绩效不佳，增加这一领域中的战略性人才，能在多大程度上改善绩效?
- 假设你有 100 个“投资点”可以分配给这些能力中的任何一项，你会在哪里投资，以产生最高的收益?

下文“AHA 的战略能力”显示了分析成果：筹集资金、招募和管理志愿者、发展战略性人才三者被列为最重要的战略能力，而且得分均是大幅度领先。此外，在当前状况与未来需求之间缺口最大的，是战略性人才发展。“对协会最重要的一个战略能力竟然是所有能力中最薄弱的一个”，这样一个结果对执行团队来说是一个令人焦虑的发现。它激发了很多的讨论和关注，也引出了之后的相当大的管理动作，下面我们将会详述。

THE DIFFERENTIATED WORKFORCE
人才管理洞察

AHA的战略能力

战略能力前三名

- **筹集资金和创造营收。**识别和培养（或开发）潜在的捐赠人；面对挑战性的目标也能提供持续稳定的成功结果；为实现增收，不断发展出新的改进方法或者革新性的方法；在各种增收方法上都有成功结果可供展示（例如：直接募集、公司或基金会出资、特别事件以及计划性捐赠）。
- **志愿者招募和管理。**招募并留住有技能的、办事高效的志愿者，尤其是那些"高阶层的或者团体性的"志愿者；有效地管理志愿者的活动和行为。
- **战略性人才发展。**在对优秀员工的吸引、培养和保留方面，拥有与众不同的能力，采用的手段包括招募、培训或学习工具、工作及工作场所设计、管理及领导力等。

其他战略能力

- **提倡或影响。**完善并提供始终如一、强有力的信息、项目、产品和行动方案。要通过对医疗体系、供应商、患者以及政府和监管机构等的影响，将AHA在战略、科学、政策方面的主张与重点转化成有效的实践活动。
- **公共或媒体关系和定位。**与媒体渠道建立富有成效的良好关系，为AHA的使命及其机构本身创造正面积极的公共形象；充分利用媒体渠道在提供财务支持方面的价值；与媒体合作传播共同的议题。
- **合作伙伴与联盟。**与多种类型的团体性组织（雇主、供应商、基金会、专业协会等等）建立富有成效的良好关系，创建有影响力的联盟，制定共同的目标和共同的行动方案。
- **建立共识。**发挥积极的作用，以求在主题专家、机构团队以及代理之间达成共识，并建立一致的行动纲领（在科学、政策和实践方面）；在成果衡量、证据标准、研究重点、将知识转化为实践的有效手段等方面，实现共同的成就。

- **跨职能合作**。通过在志愿者、职员、部门或职能、创始人之间的协作关系与成就共享，建立伙伴关系、充分利用各种资源。
- **多渠道传播和教育**。高效和有效地使用“传统的”和新兴的沟通工具、方法来向观众发表演讲；进行知识扫盲或建立初步的知晓度与理解力，特别是对于服务匮乏的群体，从而提升疾病预防及科学的保健选择的有效性。
- **客户关系管理和参与**。客户细分和营销分析；客户价值分析和预测建模；营销渠道成本和有效性评估；对客户满意度、参与度、忠诚度进行衡量，并使用相应的衡量工具来识别那些可以提升绩效和客户参与度的方法。
- **问题扫描、预报和预期**。及早、提前（与“事后反应”相对）识别有发生问 题的兆头或挑战、政策事件；与代理机构、付款人等建立良好的关系，以便获取有关这些问题的信息和情报。
- **多种文化和语言技能**。提供有效的项目、产品、服务来满足不同种族、不同民族人群的需求；用多种语言传播；具体行动方案聚焦于多种群体的需求；鼓励研究新技术，并支持研究人员的多样化。
- **培训和发展**。通过积极的知识共享和管理，充分利用 AHA 内部（如各职能区域、分支机构）的知识资产；在所有培训和发展项目中（包括入职培训、技能发展、管理或领导力等）提供始终如一、强有力的信息以支持 AHA 的使命；在全 AHA 内建立广泛深厚的文化、业务素养和合作能力。
- **组织灵活性**。迅速学习新观点并加以应用；快速上市的项目、产品和服务；对问题、挑战以及预期之外的障碍与机遇，反应灵活并快速适应。

资料来源：AHA 内部资料。经许可使用。

AHA 做了一个有趣的决定，它决定在战略能力中包含几项人才管理能力。在一个同时包含企业战略与人才管理策略间的衔接关系的综合性流程中，这样做是很有意义的。不过，有一点也很清楚：在 AHA，人才管理能力驱动资金筹集，但资金筹集本身并不是问题的终点。①

为了澄清关键战略驱动因素以及在这些驱动因素上达成共识，WWT 工作组接下来为最重要的战略能力：筹集资金制定了一个战略地图。他们把战略地图的制定过程看成是一个过渡阶段，目的是使工作组到达终点，即如何进行管理体系的差异化从而对战略性职位提供支持作用。战略地图在揭示那些能够指引如何甄别 A 类职位的驱动因素方面，也发挥着重要的作用（见图 7-2）。

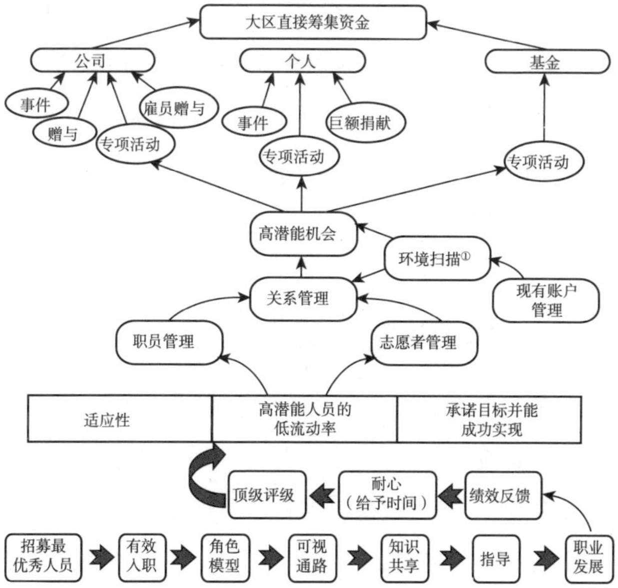

图 7-2 筹集资金战略地图

资料来源：AHA 内部资料。经许可使用。

① 环境扫描 (environment scanning)：最早由美国哈佛商学院教授 Francis Aguilar 在 1967 年提出的，他认为环境扫描是指获取和利用外部环境中有关事件信息、趋势信息和关系信息的行为，以协助企业的高组管理层制订未来的行动计划。——编者注

AHA 通过公司、个人以及基金会筹集资金。每一种来源都或多或少地受到以下事项的影响：公众筹款活动（如 AHA 的年度晚会，一般在主要市场举行），直接赠与（如直邮活动），专项运动（如“珍爱女人心”计划），雇员赠与（如工作场所中的捐赠，通常与公司竞赛相关），以及巨额捐赠（如通过个人遗嘱与信托机构获得的计划性捐赠、来自个人或基金会的大笔捐赠）。

环境扫描（机会在哪里）以及机会优选（我们应当如何评判这些机会的潜能大小）二者都能驱动每一个领域的成功。环境扫描以及机会优选在很大程度上可以说是与大区总监（后面的分析会显示它被定为一个 A 类职位）的关系管理有效程度相关的一个函数，关系管理的范围涉及捐赠者、AHA 职员以及大量的 AHA 志愿者。AHA 的分析表明，高绩效的大区总监展现出以下特点的可能性要高得多：适应能力、团队内高潜质工作人员的低流失率、对自己的成功有明显、更高的个人承诺，并能实现目标承诺。继续往下分析，这些因素是由现有的发展高绩效大区总监的集成系统驱动的，这个系统包括招募、发展、信息共享、绩效管理和反馈、激励薪酬、给予员工成长时间（企业有耐心等待）以及有效处理不良绩效的能力。

确定战略性职位

一旦确定了组织的战略能力，就进入了整个过程的下一步：决定哪些职位对这些能力具有最大的影响力，此即 A 类职位。如前所述，A 类职位对企业的战略能力具有重大的影响，而且这些职位上的员工绩效也有巨大差异，而使 A 类职位如此重要的原因之一就是，这些职位上员工绩效的提升对企业绩效具有显著影响。确定战略性职位的步骤如下：

- 列出每种战略能力中所包括的职位。
- 分别评定每个职位在目前和将来创造财富的潜能。

- 识别战略性职位的绩效变动性。
- 确定战略性职位。
- 审视其他职位（不在战略能力中，但具有财富创造潜能的职位）。

在 AHA：确定战略性职位

在 AHA，确定战略性职位的过程始于制定一套清晰的基本准则来对这些职位（见下文“AHA 关键职位的指导原则”）进行甄别与管理。对关键职位“理念”的讨论是由人才管理理念引导的，而人才管理理念帮助 AHA 领导团队制定出判别战略性职位的具体标准。这一步骤很关键，它为后续工作设定了规则。AHA 管理团队在之后的审议过程中，多次回顾这一文件重温规则。

接下来，WWT 工作组任命了一小分组负责评价 AHA 所有的职位，并要初步选定一组关键职位。根据下文“AHA 的战略性职位标准”中提供的框架，一个由 6 名执行高管与高级外部顾问马克·休斯里德组成的小组一起开会确定如何对 AHA 的职位进行分级和评价。最后根据对 AHA 战略执行的重要性差异，排出一套职位层级体系。职位影响力排位最前的是大区总监，这个职位是一个中层管理角色，它的重要性不仅来自其影响范围，同时也因为大区总监之间的绩效具有相当大的差异性。这一职位对 AHA 筹集资金、招募及管理志愿者的能力（关键的战略能力）具有直接的影响。这些角色上的员工绩效的提升会对 AHA 绩效产生重大的影响。

当你考虑什么会使一个职位具有战略性时，请牢记以下实例和概念：

- 战略性职位以其绩效的高度变动性为重要特征，哪怕这一职位上只有一名在职员工。
- 战略性职位通常需要高水平的专业知识。
- 战略性职位不由其所在的管理层级决定。

- 战略性职位与填补职位空缺的难易程度无关，员工稀缺不等于员工价值高。
- 在同一个职位族内，不必因为其中有一部分职位具有战略性，就将该职位族中的所有职位都视为战略性职位（例如，如果有的大区总监职位不符合上面提到的标准，那它就不属于战略性职位）。
- 战略性职位通常在全部职位中所占的比例不到 15%。

THE DIFFERENTIATED WORKFORCE

人才管理洞察

AHA 关键职位的指导原则

- 关键职位在整个协会范围内得到认可。根据这一理念，任何单位个体（分支机构或国家中心）都不得确定仅在自身范围内有效的关键职位。
- 只有当经过确认的关键职位配置上正确的人员时，才可以启动相关领域的“差异化”工作，如薪酬的差异化。
- 协会将对关键职位进行重点投资，范围涉及招募、培训、指导以及某些情况下的薪酬（发放范围与激励工资）。
- 关键职位上的员工要接受年度国家人才评审流程的评审。协会也会讨论那些为关键职位做准备的后备职位上的员工。
- 关键职位的名单随着时间的变化而变化。AHA 将根据自身的执行能力，逐步展开对关键职位上的员工的差异化管理工作。
- 关键职位名单要每年审核一次，因为按正常预期，该名单会发生变化。

资料来源：AHA 内部资料。经许可使用。

THE DIFFERENTIATED WORKFORCE 人才管理洞察

AHA 的战略性职位标准

在 AHA，战略性职位具有如下标准（其中，战略影响力和绩效变动性是某个职位具有战略性资格的必要条件）：

- **战略影响力**。该职位通过 AHA 之前已识别出的战略能力，对 AHA 某一部分经营战略的执行能力具有相当高比例的影响力。
- **绩效变动性**。该职位上的高绩效者和低绩效者之间的绩效差异是巨大的。
- **顶级人才影响**。该职位上的顶级人才能够极大地提高 AHA 经营战略的成功率。
- **难以获得**。该职位上的顶级人才是很难被吸引和留住的。

资料来源：AHA 内部资料。经许可可使用。

评定在职人员等级类别

下一步是完成“人才清单”。如果总体目标是把 A 级员工放在 A 类职位上为 A 级客户服务，那么我们就有必要对企业的人才库存有一个清晰的了解。步骤如下：

- 制定适用于所有职位的 A、B、C 类标准。其中 A 类职位的标准已经明确，而 B 类和 C 类职位的特点也要明确说明。
- 对所有的职位，运用 A、B、C 类的标准进行判断。
- 按 A、B、C 三类，列出所有职位的清单。
- 评定这些职位上的所有员工。

- 决定所有职位上 A、B、C 三级员工人数所占的百分比。
- 撤销 C 类职位。
- 将 A 类职位上的 C 级员工调离 A 类职位。
- 把 A 级员工放在 A 类职位上。
- 发展 A 类职位上的 B 级员工，使其尽快成为 A 级员工。

到这一刻，你就可以知道哪些职位具有更大的战略价值，而哪些职位不具有。你也可以知道哪些员工是 A 级员工，而哪些不是。在这一战略性人力资本规划过程中，第一优先的事情就是把 A 级员工放在 A 类职位上，以及淘汰掉 A 类职位上的 C 级员工。

在 AHA：评定战略性员工

近年来，AHA 已经发展了一套完善的绩效管理和反馈系统。这一系统在很多方面与通用电气的顶级评级流程相似，被认为是区别 A、B、C 三级员工的有效可靠的基础。由于高质量的绩效衡量体系是战略性人力资本规划流程的基础，如果一个组织缺乏这种衡量体系，那么它在继续前进之前必须完善自身的绩效衡量体系。

按照我们所描述的流程，AHA 团队开始讨论哪些因素能够将战略性职位中的高绩效与低绩效员工区分开（见下文“如何理解 AHA 的‘A’级绩效”）。

THE DIFFERENTIATED WORKFORCE 人才管理洞察

如何理解 AHA 的“A”级绩效

- 怎样才算一个成功的大区总监？就宣传倡导、筹集资金与使命来说，协会期望他们完成什么事情？

- 将成功和不成功大区总监区分开的关键行为是什么?
- 将成功和不成功大区总监区分开的关键技能和胜任能力是什么?
- 协会期望成功的大区总监发展什么类型的员工文化和员工思维?
- 协会最成功(以及最不成功)的大区总监来自哪里?
- 他们是如何学习担当角色的?他们角色中哪些要素是协会面临的最大挑战?
- 从为大区总监这一职位培养人才的角度看，协会的期望是什么?也就是说，协会如何让大区总监担当对下属的管理责任?
- 协会是否为大区总监职位确定了基本正确的“工作范围”?大区总监在真正创造价值的活动上花费了多少时间，而在那些本可以让一个资历较浅或者根本没有技术的人来做的事情上又花费了多少时间?
- 大区总监角色中是否有关键要素没有得到常规履行?如果有的话，是因为技能上的缺口、时间上的缺口还是资源上的缺口?
- 目前大区总监这一职位的“后备队伍”现状如何?后备职位的工作设计要注意什么问题(如果有的话)?
- 关于当前大区总监职位的工作内容，我们认为其所面对的关键挑战或问题是什么?协会改善的机会在哪里?

资料来源：AHA 内部资料。经许可使用。

之后，该小组投入到一个“头脑风暴”练习中，以明确把一般水平的大区总监与高绩效大区总监区分开的因素(见表 7-1)。

表 7-1 AHA 的高绩效大区总监与低绩效大区总监的比较

低绩效大区总监	高绩效大区总监
• 懒散度日	• 社交技能
• 纸上谈兵	• 雇用和发展 A 级员工
• 不了解个人的强项和弱点	• 远见和执行的技能
• 不会“聪明地工作”	• 客户账户管理

续前表

低绩效大区总监	高绩效大区总监
• 以努力为荣，而不是结果 • 志愿者管理技能不高 • 对人才的管理不好 • 不是强有力的楷模 • 紧迫感弱 • 不愿意变革或发展 • 事后反应，而不是先行一步 • 解决冲突的技能不高 • 不能有效地解决麻烦	• 以行动为导向 • 高超的志愿者关系管理技巧 • 深谙企业之道 • 优先级管理 • 无偏见的外围视野，系统思维 • 战略思维技能 • 把"有钱人"转化为赞助者 • 战略执行技能 • 辨别力、远见、商业敏感度 • 理解 AHA 的复杂性，并将其转化为当地水准 • 创建一种"主人翁"文化 • 吸引"追随者" • 能够在无权力的情况下领导团队 • 执行力，以快速去除障碍 • 找到在系统内能起作用的解决办法 • 能与志愿者建立共同目标 • 能建立长期愿景 • 大捐赠者策略与约会技能 • 聪明机灵 • 能够本着改善的精神挑战当前的实践（坦率地谈话） • 与社区关联密切，网络化的 • 将创新制度化

资料来源：AHA 内部资料。经许可使用。

作为该分析的一部分，WWT 工作组发现，在过去的 12 个月中，25 个大区总监职位中有 14 个曾空缺了一段时间。工作组还发现在这 25 个大区总监职位中只有 4~5 个是高绩效的，有 1/3 属于平均绩效水平，另外 1/3~1/2 属于低绩效水平（应当让他们尽快离开该职位）。这些发现令人震惊，受到执行团队的高度重视，他们虽然感觉到大区总监角色存在的问题，但还是对这些问题的严重程度感到吃惊。工作组对于大区总监职位应配备 100% 的 A 级员工这一目标达成了共识，但是又担心它的实现性。工作组最后得出结论：多年以来，AHA 一直低估了大区总监角色对协会的成功所具有的重大意义。工作组希望确保这些职位，在 AHA 能被视为最值得追求的、一个蒸蒸日上的事业所在。

一名高级主管曾提到："我们充分意识到，我们的一些建议需要重大的思考模式的转换，我们也知道在我们推出这些新概念时，将出现障碍需要我们克服，但是，我们认为这种投资会取得巨大的成功。它将为协会的使命产生更多收入，并对大城市区域的整体发展提供帮助，包括志愿者的增长以及计划性的增长，它将会把如大区总监这样的高级员工定位为 AHA 下一个分支机构的执行副总裁。"

调整人才管理体系，确保与企业战略的一致性

在设计人才管理策略时，我们应当按照自上而下或者从外到内的原则（从战略目的→战略能力→ A 类职位→ A 类行为→ HR 管理政策和实践）。制定人才管理策略要求对以下内容有清晰的理解：

- 企业的战略能力是如何驱动业务成功的。
- 员工和人才管理体系是如何影响战略能力的形成的。

我们注意到，人才管理差异化的一个关键要素就是，它能帮助你发现**"如何及何时"**对 HR 管理实践进行变革，从而对企业的人才管理策略提供支持。发展这一体系需要管理者解决以下的具体问题：为了与人才管理策略相匹配，人才管理体系应当如何实行差异化？我们应当如何发展一种战略执行的人才管理理念和文化？对于 HR 职能的组织结构，"差异化的人才管理策略"意味着什么？在接下来的部分，我们将逐一描述 AHA 是如何解决每个问题的。

在 AHA：保持人才管理体系一致性

AHA 对战略能力和职位的重视，使 HR 体系变革管理的过程相对容易很多。HR 领导团队（由分管 HR 的高级副总裁比尔·阿肯巴克领导）系统地检查了它认为需要变革的 6 个区域，为每个区域指定了一个小分组，负责撰写

一份意见书，内容包括：阐述清晰的问题陈述、AHA 影响 / 机会、当前形势、理想情况、需要采取的行动、职责和资源以及后续步骤。

对这些意见书的进一步深化，就形成了实施过程中下一阶段的资源计划和行动计划。WWT 工作组频繁地提到这些意见书，在实施计划推出时，它们成为与员工交流内容的一个组成部分。第一份也是最广泛的意见书重点是“管理整个组织的战略性人才”。这些内部讨论文件标志着在 AHA 的历史上，第一次，管理团队同意通力合作培养人才，并把重点（与职责）从优化某个地区内的人才转到优化整个协会的人才上（见下文，“AHA 的指导原则：精英管理”）。这一转变需要在运营政策、HR 管理体系以及 AHA 的文化上进行变革，但是执行团队确信，这是他们能够有效地培养和留住人才，以实现战略的唯一方法。

THE DIFFERENTIATED WORKFORCE 人才管理洞察

AHA 的指导原则：精英管理

问题陈述

制定一个流程及配套的支持性政策与程序，以便在整个组织范围内对人才进行谨慎的调动。这是一个有效的人才管理策略的关键组成部分。战略整合团队和国家战略团队一致认为：为了有效地培养和发展人才、建立和管理后备实力，AHA 必须在整个协会范围内管理战略性职位上的人员调动。

AHA 影响 / 机会

- 确定职业路径，把顶级人才调入具有发展性的职位——培养和发展的机会是留住人才的关键。

- 把现有的高潜能人员名单转化成实际的调动和行动。
- 重点关注战略性职位与这些职位的后备职位。

当前形势

- 人才评估会议，最高三人组（三名最高层的 AHA 执行人员）通过考察确认顶级人才。
- 对 C 级员工重视过多，对 A 级员工重视不够。
- 对“高潜能”没有标准定义。
- 人才调动困难，分支机构或国家中心因害怕出现人员流失或无人替代的情况而“囤积人才”。
- 重新安置政策不具有支持性。
- 没有对职业路径没有充分的界定。
- 高潜能人员进行内部流动的意义没有被清晰地理解。

理想情况

- 领导力模型为当前的能力提供支持。
- 把精力放在战略性职位上。
- 更加完善的“最高三人组”考察流程。
- 发展计划有更好的标准说明，并坚持到底。
- 使用更加一致的语言。
- AHA 的两个主要治理主体，即战略整合团队（SIT）和国家战略团队（NST），拥有战略性职位的所有权和管理权。
- 整个协会范围内的重新安置政策到位。

需要采取的行动

- SIT 和 NST 同意“拥有”战略性职位以及所有的职位调动推荐。
- 完成对战略性职位的确认。
- 建立 SIT 和 NST 对战略性职位上的员工审查机制，设定年度 / 季度审查流程。
- 制定一个适用整个协会范围的重新安置政策。

- 重新检查整个协会范围的员工评定和审查流程。

职责和资源

- 对人才的评定、审查及调动——SIT / NST 的职责。
- 流程的设计和管理——HR 咨询团队的职责。

后续步骤

- 完成识别 AHA 战略性职位的人才需求的流程。
- 定义由 SIT 和 NST “拥有” 的职位。
- 为 SIT 和 NST 建立一个流程，对战略性职位上的员工进行评定和考核，以及确定高潜能员工作为这些职位的继任者。
- 制定适用整个协会范围的重新安置政策或步骤。

资料来源：AHA 内部资料。经许可使用。

在 AHA：招募和甄选员工

WWT 工作组探索的下一个要素是招募和甄选。该团队讨论了在提升大区总监绩效的过程中，不同 HR 管理实践活动的相对重要性，并一致同意：所有这些要素都是重要的，但招募和甄选为提高这些角色的平均绩效水平提供了最大的机会。原因是，大区总监角色的候选人（无论是内部的还是外部的）之间有很大的差异，如果降低聘用较低绩效员工的可能性、提高聘用高绩效员工的可能性，就能够对 AHA 执行战略的能力产生巨大的影响。AHA 需要一个常规流程来进行员工的招募、甄选、调动以及重新安置。

协会提升招募和甄选方面的能力需要一种多层面的方法。执行团队对于“大幅提升关键职位的后备人员实力”这一目标表示认可。首先，需要立即解决目前在各个分支机构和国家中心发生的人才囤积现象。这一现象发生的原因是，这些机构的领导者们如果实现了他们的财务目标，将会受到奖励，而如果他们的高潜能员工中有一个离开了分支机构，比如说去协会的其他什么地方寻找机会，这个分支机构的领导常常就会面临资金筹集量下降的境况。

AHA 还必须努力将“大区总监”这个职位打造成品牌职位，以便内部与外部候选人都能清楚地理解协会对这一角色的期望值。WWT 想要做的是：了解更多关于绩效最高、绩效最低的大区总监出自哪里的信息；更广泛地分享关于候选人才质量的信息；对招聘主管提供更好的、更稳定的培训（例如对负责战略性职位招聘工作的主管提供高级面试技巧培训），并给出时间让他们把事情做对；在所有必要的地方进行招聘流程电子化；将招募工作重点瞄准战略性职位，并为战略性职位提供更多的招募资源；为招募者提供以激励奖金为基础的工资，例如，将奖金建立在战略性雇员的终身成功之上；最后，必须追踪管理者过去的雇用记录、产出、人员流动以及晋升情况，警惕出现表现不佳的雇主和表现不佳的发展者的循环模式。

总的来说，这些变革的重要性是巨大的，WWT 认为，他们对变革所承担的义务以及对变革的投资水平要与问题的重要性相一致。下文“AHA 指导原则：招募和甄选”是对原则和行动项目的一个总结。

THE DIFFERENTIATED WORKFORCE

人才管理洞察

AHA 指导原则：招募和甄选

问题陈述

在竞争不断加剧的环境中，为了更好地完成 AHA 的使命，我们需要吸引和留住战略性人才。我们必须不断地主动发现潜在的最优秀的人才，并用技术来强化我们的努力。整个组织更大的发展和机遇来自吸引到最优秀的人才。对于 AHA，世界级的招募和甄选策略对实现并超额完成 2010 年的目标是至关重要的。

AHA 影响 / 机会（包括“不作为的风险”）

为了让 AHA 成为一个世界级的雇主，并且加强实现组织使命所必需的后备人才的实力，我们有必要解决目前人员流动率过高的问题，还要推出相应的策略和行动，以实现“在竞争日趋激烈的就业市场上吸引和留住协会所需要的人才”这一目标。要成为一个能让有潜力的员工看到挑战、机遇以及职业发展的企业，协会必须解决这些问题，并在协会所需的时间、人才、技术上进行投资。

如果不立即行动，组织绩效很可能遭受损失，而且协会想达到并超过 2010 年的战略目标将会非常困难。

当前形势

当前缺少整个协会范围内的招募。实际上，我们有 13 种不同的方法可以影响效力、效率以及成本。整个协会范围的人员流动率是 23%，大部分的员工离职发生在他们进入协会后的前三年，这影响了我们实现“吸引和留住人才”这一目标，削弱了管理者的有效性。“AHA 为雇员提供职业发展机会”这一点在就业市场上并没有得到广泛认可。我们缺乏 AHA 品牌，同时需要一个强大而有效的网站。其他的问题包括：

- 战略职位上的后备人员不充足。
- 职位头衔、薪资以及重新安置的实践之间相互不一致。
- 招募多样化员工的有效性不稳定。
- 没有从始至终保持一致地利用“按时间顺序深入的结构化面试”法（chronological in-depth structured interview）/ 顶级评级法（Topgrading）。
- 无效的和非自动的申请人追踪。
- 缺乏职业生涯发展计划。
- 非营利观点影响对顶级人才的吸引。

理想情况

要成为理想雇主，吸引、甄选、发展以及留住那些为实现协会的重大使命而不能缺少的、富有激情并引人注目的人才。为此，协会要做到如下几个方面：

- 强有力的、充满吸引力的、世界级的网站呈现。
- 强势的 AHA 雇主品牌。
- 清晰的、有前瞻性的、战略性的招募计划。
- 使用自动化的工具完成应聘者的分类、筛选、追踪、共享以及管理工作。
- 管理者有前瞻性地全力投入人才搜寻和招募。
- 有效地吸引并留住多样化的候选人。
- 职业发展路径描述清晰、开发成熟。
- 始终为战略性职位提供有竞争力的薪酬和福利，以及超常的总薪酬。
- 发展并贯彻有效的面试技术以及合适的测试和甄选流程。

需要采取的行动

- 创建一个 AHA 雇主品牌。
- 建立一个世界级的 AHA 的求职网站。
- 坚持不断地为招聘经理提供培训。
- 聘用流程机械化（电子招募）。
- 对战略性职位采用定向招募方法。
- 为负责战略性职位招募的工作人员提供高级面试技巧培训。
- 确定最优招募和甄选实践，以便在全国范围内推广采用。
- 确定最优甄选流程，并在整个协会范围内贯彻执行。
  - ◇ 审查“按时间顺序深入的结构化面试法”/顶级评级法，并提出建议。
  - ◇ 审查评定流程，尤其是对战略性职位的评定流程。

- ◇ 管理层评定、销售人员评定、人格量表以及技能检测。
- ◇ 个人证明材料或背景调查。
- ◇ 申请 / 自我表露，资料 / 简历储存。
- ◇ 设计职业发展路径并进行沟通交流。
- 自 2007 年 7 月 1 日起，实施“职位头衔标准化”。

资料来源：AHA 内部资料。经许可使用。

在 AHA：新员工入职

AHA 采用“登船”（on-boarding）这一术语来描述将新雇员纳入协会的过程。WWT 工作组得出的结论是，AHA 文化是很难向新员工解释的，但有一些事情又是他们必须首先经历的。

AHA 负责筹集资金的员工的工作周期主要受事件驱动，因此招募和甄选工作要在一个不间断的基础上进行。一个在一场大型庆祝活动的筹备过程中加入协会的新雇员可能永远不会理解整个流程，因为他 / 她是被立即“放”到那个缺人的职位上。由于事情可能接踵而至，很多新雇员从未有机会完全理解他们的工作，领导团队发现这一点正是高潜能雇员不断流失的一个重要因素。

AHA 执行团队需要改变这一过程，确保新雇员在被安置到有望实现重要成果的职位之前，能做好充分的准备。正如一位管理者指出的：“在我们没有给他们足够的时间去学习之前，就对他们产生期望，问题自然就出现了。”

WWT 一致认为，对于关键职位，有两个入职新策略的中心要素：

- 组织一个适用于整个协会范围的、针对新员工的入职培训课程。
- 主管人员对培训新员工的责任制。

这意味着该协会要有效地培训管理者，使管理者做好准备，以便担当相应的角色来保证他们的下属入职成功。主管人员不仅要培训、训练和指导新员工，而且要传递整个协会内的知识和信息。WWT 还决定继续采用新员工训练营的方式，重点放在员工和志愿者的管理、员工成功关键要素的环境扫描方面，而“员工成功”是由战略地图确定的（参见“AHA 指导原则：新员工入职”）。

THE DIFFERENTIATED WORKFORCE 人才管理洞察

AHA 指导原则：新员工入职

理想情况

结构化的入职流程

- 确定活动的类型，这些活动能够促使新员工与其直接上级、同事以及指导者之间开展更多的工作交流。

师徒 / 伙伴关系

- 通过检查最佳实践完成情况，确定成功计划的关键要素。
- 向他人介绍新员工时，将其视为战略性职位全体人员的一部分。

为新员工修改目标设定流程

- 给新员工时间，让他们有效地融入协会。在为新员工设定目标过程中，为主管人员提供更具体的方向。
  - ◇ 关于筹集资金工作人员的具体规范已获 SIT / NST 同意，它们是对原目标设定流程中部分内容的修改。

确保主管人员对入职的新员工承担责任。在新员工入职后的最初 90 天内，主管人员需要大量介入新员工的入职流程。通过 AHA 大学开发培训机制检查新员工的当前需求。以上责任要作为被考核项纳入绩效管理流程。

需要采取的行动

- 新员工入职培训，整个协会范围内的基础课程。
- 明确培训经理们在入职过程中的角色。
- 主管人员对入职新员工负责。
- 在入职过程中，允许修改目标。
- 针对战略性职位提供结构化的流程，以建立师徒 / 伙伴关系。
- 针对战略性职位上的新员工提供结构化的流程，以履行入职过程中的承诺。
- 所有新员工定向训练的清单。
  - ◇ 决定时间和主题要求。
- 对基础课程进行需求评估 / 差距分析。
  - ◇ 什么是员工需要“理解、操作以及交付”的。
- 确定基础课程的组成部分。
- 建立传导机制。
  - ◇“及时传导”的最好方法。
- 制定实施计划 / 时间表。

需要的资源

- 由 HR 咨询团队下属小组进行管理，同时利用国家中心与分支机构两方面的资源。
- 开发培训模块的预计成本为 6 万美元。

资料来源：AHA 内部资料。经许可使用。

在 AHA：培训和教育

WWT 工作组从一开始就知道，有效的人才管理策略需要极大地加强培训和教育程序，尤其是对关键职位。该小组决定，该流程应当从认真的需求评估入手，要针对使每个职位绩效成功所需要的知识、技能和能力。该小组同时明确了以下期望：管理者对他们下属员工的发展负责，每位员工都要有个性化的培训计划，该计划包括基础培训（针对所有员工）与根据其自身需要而定制的专门培训。WWT 得出的结论认为，战略性职位很可能需要定制化的领导力培训。参见下文“AHA 指导原则：学习与发展”，其中对 AHA 职位说明中的关键要素进行了总结。

在 AHA，支持 A 类职位的最重要的创新或许要算 AHA 大学的创立。我们相信 AHA 大学是第一所在为所有雇员提供传统的课程之外、明确地把重点放在战略能力和战略职位上的企业大学。到目前为止，AHA 对 AHA 大学的投资是巨大的，而且也是相当成功的（见图 7-3）。

THE DIFFERENTIATED WORKFORCE 人才管理洞察

AHA 指导原则：学习与发展

问题陈述

需要建立一个系统来识别 AHA 的学习需求并予以满足，这对于形成实现 2010 年目标所必需的战略能力和技能是必不可少的。与培训和发展的必需性相关联的是：在非营利市场保持优势地位的需要、对更多数量的技术熟练雇员的需求，以及提高 AHA 雇员生产效率所能产生的效益。

研究证实，当使用有针对性的方法与内容时，协会内关于学习的训练与专门培训所具有的积极作用，能够对销售人员的绩效产生积极影响。

在当前研究的支持下，这个 AHA 系统要与整个协会的目标保持战略一致性，有效地提供基础学习内容，并在 AHA 内进行整合。它应当提供一个系统化的方法来确定学习需求，然后为员工提供学习通道。最后，协会必须制订一种方法，来衡量和汇报培训的成果及其对组织绩效的作用。

愿景陈述

提供关于学习与发展的能力的综合课程与资源，重点在于增强 AHA 的关键战略能力。

AHA 影响 / 机会（包括“不作为的风险”）

在上面提到的研究之外，还有其他研究也对培训项目的设计及方法提供了更深刻的理解。

有充分的证据证明，当培训的设计和开展过程能满足 AHA 的需求与学习者的需求时，以及当培训后的环境能够支持学习者对所学内容或技能进行应用时，培训就会产生更好的组织所期待的效果。我们的培训和教育方法应当建立在这方面现有的大量科学成果之上。

如果没有方法来系统地建立与发展那些实现目标所需的战略知识和能力，协会就无法实现目标。

该系统是 AHA 创建与众不同的市场优势或竞争优势的一次机会（它将协会与其他非营利性组织区分开来）。

如果没有一个现代化的、高影响力的培训和教育计划，AHA 就无法发展后备人才实力，而这些后备人才是保持资金筹集和知识传导方面的高水平成功所必需的。现有的系统虽然满足了协会的某些需求，但仍然是零散的，而且按它当前的形态是无法聚焦到如何满足 AHA 的战略要求这一点的。

当前形势

- 职能管理分散——所有分支机构都提供培训，这造成了重复及更低的投资收益。
- AHA 内资源的差别巨大。
- 用于领导力开发的资源极少。
- 国家中心有一些集中管理的资源，但是要满足整个协会范围内的需求或实现战略，不仅缺少内部客户对期望成果的信息输入，还缺少内部客户对现有课程与期望课程的信息输入。

- 在线追踪工具——仁科（People Soft）——运行不佳，部分员工和管理者很难或者无法联机在线。
- 缺少关于外部领导力最佳实践的培训资源。
- 缺少 AHA 人才发展策略。
- 缺少混合式学习方法。
- 没有效果衡量和追踪机制。
- 员工发展未被视为管理者的责任之一。
- 缺少个人发展计划，或者虽然有计划，但前后不一致。
- 缺少对员工所需的基础学习的确认证明。
- 没有需求评估。
- 只有当培训对大多数员工都有益时，才会考虑培训的时间安排。

理想情况

- 所有培训都应在一个愿景或宏观性的考虑下，例如 AHA 大学。
- 高管层的角色是阐明战略、确定 A 类职位以及决定优先重点、胜任能力项等。
- 先需求评估，再制定策略。
- 管理者对其所辖员工的发展结果承担责任；需要清晰的优先重点，给员工成长的时间，并奖励这样做的管理者。
- 每位员工都应当有一个个性化的学习计划。
- 实现方式应当多样化，包括课堂培训、在线学习和网络会议，等等。研究各种途径的成功之处，并利用它们为相应方式提供指导。
- 培训计划既要包括每位员工都需要的基础内容，也要包括每个人的个性化需求。
- 针对过度训练、把员工压垮的情况，需要平衡以下方法之间的关系：培训与一对一教练指导，学习与技能的不断应用，以及关于“成功”的定期、具体的反馈。

- 对培训结果的衡量应当以科学研究成果为引导，而且要以可靠的衡量方法论为基础。

需要采取的行动

- 创建一个 AHA 大学，负责在协会的各个层面提供一个经验学习的集成系统；这个“心脏大学”应当由一位既有直线管理经验又有教育与培训经验的内容专家来领导。
- 贯彻一个学习管理系统（LMS）。
- 制定战略导向或者监督系统，以确保与 AHA 的优先重点相连。
- 当前的资源清单：职员、预算、工具、外部资源，等等。

职责与资源

- 需要对现有的培训资源进行评定，并将这些资源与关键战略的实现相匹配。
- 评估在培训领域的胜任力和技能情况。
- 需要成本信息。

后续步骤（我们如何开始？）

- 编制现有培训资源、项目、许可证、外部资源等详细目录。
- 评定现有培训人员的技能，包括他们当前的能力、未来的能力以及两者之间的差距。
- 确定内容专家及能够授课的 AHA 管理者。
- 绘制现有资源到战略能力的路线，据此确定差距。
- AHA 大学研究所选项并提供解决办法。
- 采用一种成本计算方法，用它来确定目前整个协会范围内的培训费用和成本。
- 确定已接受培训的雇员与未接受培训的雇员各自对协会的价值，并随着时间的推移持续追踪。
- 采用一套标准化的方法来评定员工的生产效率。

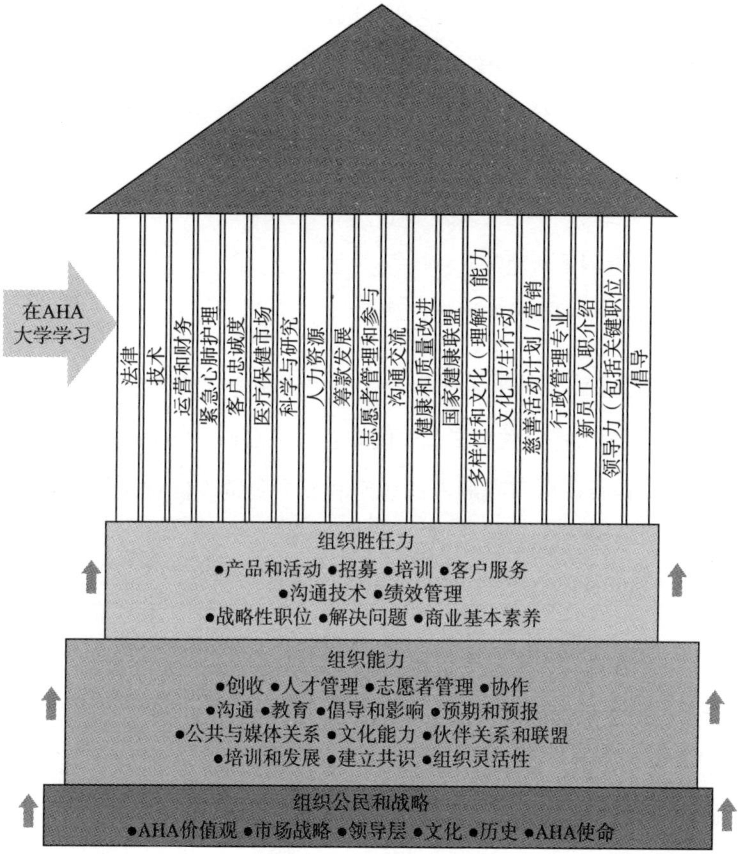

图 7-3　AHA 大学

在 AHA：绩效管理

在 AHA，整个协会范围内的人才管理流程的目的在于：提供一个关于关键职位上的员工在雇用生命周期内的管理框架，使在对其相关事件进行讨论、检查以及决策制定时能够保持前后一致。高层领导者共同对保持流程的完整性负责，流程的设计要满足以下特性要求：

- 培育坦率反馈的组织文化。

- 关键职位上顶级人才的职业生涯，以及关键职位的后备职位（feeder-pool positions）得到积极管理。
- 被定位为关键职位后备人才的高潜能员工会获得必需的发展经历和工作机会。
- 积极开展顶级人才的交叉共享（cross-sharing）。
- 发展计划得到清晰地定义和执行。
- 目标设定将根据战略能力进行调整。

在人才评审方面，WWT 工作组决定模仿通用电气的阶段 C 流程（Session C process）。执行团队将对关键职位（例如：大区总监）负责，对其进行集中式、联合式的管理。执行团队对在职者的评定和发展负责，也对人员的调动及后备人才的总体水平负责。该流程包括：

- 本地人才评审。由首席执行官、负责现场运营的首席运营官、国家中心 HR 副总裁以及分支机构的执行副总裁共同参与的年度会议，仍然是对分支机构员工进行评审及信息收集的基石。
- 国家人才评审。评审国家中心职员的过程与上述方法相似，每年由国家中心的首席运营官主持。所收集的信息将用于整个协会范围内的人员评审。
- 整个协会范围的人才评审。SIT / NST 每年举行两次正式会议，讨论顶级的关键职位在职者的状况，并评审这些工作的后备职位在职人员的准备情况。

AHA 发展了一套整合性的战略性人力资本规划流程。这一流程的终点是一个为期两天的整个协会范围的人才管理峰会。领导者和高级 HR 管理团队聚集在一间大会议室里，所有的战略性职位与其后备职位都按地区分列在墙上，每个管理者对每位候选人进行一次评定。然后，执行团队的讨论重点集中在“候选人将会被调动到哪里”、“谁现在做好了调入某个职位的准备”以及“发展需求是什么”这些方面。这一流程看上去就像美国职业橄榄球联赛（NFL）选秀一样，获得了极大的成功。每年要召开三次会议，保证关键职位上的200名雇员中的每一位每年被评审一次。管理者们认为，“必须事先做好准备以保证讨论质量”这一规则对于促使他们在全年中保持对人才发展工作的关注有着非常重要的作用。高层管理团队对此所抱的期望是相当高的，管理者知道必须做好讨论他们的人才发展情况的准备。

THE DIFFERENTIATED WORKFORCE
人才管理洞察

AHA 指导原则：绩效管理

问题陈述

以关键的战略能力为依据，AHA 的绩效管理体系应当定义、认可、发展并奖励能够促使协会成功的关键战略行为。

AHA 影响 / 机会

AHA 有机会完成：

- 为管理者提供持续的培训，使他们具备能力来对员工的行为与发展负责。
- 培训管理者如何创造一种与员工进行开放、定期反馈的文化氛围。
- 确保绩效标准的重点是结果，而不是活动。
- 将战略性职位纳入目标设定流程，这样目标就有了“入股者（buy-in）”。

当前形势

- 没有给管理者提供持续或者正规的绩效管理培训。

- 管理者没有给予定期的绩效反馈。
- 绩效标准过多地关注一系列活动，对结果关注不够。
- 对未完成绩效回顾工作的管理者没有任何惩罚措施。
- 设定目标的环节没有员工介入。

理想情况

- 对管理者进行持续的绩效管理培训。
- 管理者在导师引导、教练辅导以及日常管理上花费更多的时间。
- 管理者对员工发展负责，如员工发展获得成功，他们将受到奖励。
- 创建一种支持开放、持续、坦诚地绩效反馈的 AHA 文化。
- 绩效标准精简，且关注重点是结果。
- 采用最新的 HR 信息系统技术（HR information systems）为绩效管理程序提供支持并使程序简化。

需要采取的行动

- 创立 AHA 大学。初步课程设计可以是重点针对管理者的绩效管理课程。管理者的培训将包括：教练技术、多元化员工管理、招募甄选、领导能力、如何提供有效的绩效反馈、冲突管理。AHA 大学也可以开发其他关于销售技巧、志愿者管理等培训课程。
- 从决定一位员工将被雇用那一刻起，就要根据这位员工的入职时间与继任计划制订培训计划，且培训计划要落实到位。
- 如果管理者的团队中有一名员工在组织中得到提升，那么这位管理者应该得到奖励，需要设计这一奖励系统；也应当考虑奖励那些能够被调动到其他分支机构的管理者和员工。
- 在对员工个人为职位带来的优势给予认可的前提下，制定关注结果的绩效标准。管理者的绩效标准也应当反映多元化、招募甄选、教练技术以及员工发展这些要点。此外，绩效标准应当体现：如果管理者没有使员工得到恰当的发展，将面临什么样的后果。
- HR 信息系统更新。开发并实施追加模块，如招募、继任计划、考勤管理、更顺畅的绩效在线管理、为员工和管理者提供关于员工信息的增强型自助服务。

职责和资源

- HR 工作人员应当在外部咨询顾问的指导下，完成这些模块的开发，并为战略性成果的实施提供支持，以确保绩效管理的成功。
- HR 信息系统技术是简化流程及在整个组织中保持管理方法的稳定一致的关键。

后续步骤

- 创建 AHA 大学。大学可以根据培训总监的技能和参与者的地理位置等情况，在不同的地区设立校园。主要成本将用来开发培训项目模块。当前每个分支机构在员工培训方面都分配了资金，这些资金为员工进入 AHA 大学提供了支持。
- 开发一个奖励系统，以奖励那些有效地发展员工的管理者。这方面的成本将被协会内的总人员流动率的下降所覆盖。
- 修订绩效标准，使其能反映为管理者设定的需强化的技能。时间表：在年中完成修订。更新 HR 信息系统——这可能是实施战略过程中花费最大的部分。时间表：正在进行中。

资料来源：AHA 内部资料。经许可使用。

在 AHA：建立薪酬理念

当 WWT 开始考虑采用期权来提升关键职位（特别是大区总监）的绩效时，WWT 就发现无论是薪酬水平还是薪酬结构，都是确信无疑的重大问题。所以，首先，WWT 工作组制定了明确的薪酬理念，以帮助管理者制定薪酬决策（见下文“AHA 薪酬理念”）。

WWT 同意，必须仔细检查大区总监的薪酬水平（相对于外部市场而言），在某些情况下，要通过增加风险薪酬（直接随绩效的变动而变动）来增加总薪酬水平。该工作组也同意，对高管层或者执行层的激励还不够大，不足以为现有创新所涉及的风险提供担保。

该团队得出的结论是，要成功地执行新的薪酬目标，需要进行一系列的变革。AHA 需要一个适用整个协会的、确保基本薪酬与激励薪酬的管理一致性的方法。AHA 必须为战略性职位支付更高的薪酬，增大激励薪酬或其他奖励的支付频率，向管理者发放奖金以奖励他们在人才发展和保留方面所做的贡献，给予管理者更大的自由权来做出绩效工资方面的决策。最后，薪水和头衔的透明度对于在整个协会内部有效地调动和培养人才是至关重要的。关于这些原则和行动，见下文“AHA 指导原则：薪酬”。

THE DIFFERENTIATED WORKFORCE 人才管理洞察

AHA 薪酬理念

理念陈述

关键职位是指在组织内经确认的、对战略目标和协会使命的实现具有显著杠杆效用潜能的那些职位。为了吸引、雇用并留住这些职位上的人才，表示出协会对他们的贡献的认可，有必要采用差异化的管理方式来管理关键职位的现金报酬总额——基本工资及在适用情况下的激励报酬。

关键职位现金报酬总额指导原则

基本工资。对目前被任命的或者调入关键职位的职员，基本工资的调整会有很大的差异，这取决于他们当前的薪酬标准。在多数情况下，关键职位上个人的基本工资水平一般定位在薪酬范围的中间值与最大值之间。他们的薪酬水平在很大程度上受到雇员被安置在该职位之前的经验与薪酬标准的影响。在某些情况下，对关键职位上某个新员工的薪酬水平的定位，可能超过这个职位的薪酬范围的最大值。在这种情况下，可以允许基本工资上调最多 15%。如果个人同意进行横向调动或者降级来承担某一关键职位，可以考虑在薪酬上给予一次性补偿或基本工资上调 15%，即使个人的薪酬水平本身就已高过新职位的薪酬范围的最大值。

激励报酬。被分配到适用激励报酬的关键职位上的职员，有资格获取相当于他们新的基本工资的 X%~Y% 的目标激励报酬。激励报酬的实际支付值将在激励报酬的目标支付值的 X%~Y% 之间变动。某些高层的关键职位，如高级副总裁执行董事职位，也可能有资格参加长期激励计划，目标激励报酬值相当于其所在职位的薪酬范围中间值的 X%~Y%。这些计划的标准及激励报酬水平等细节将在单独的文件中扼要叙述。

其他注意事项。关键职位对协会绩效影响的意义应当被视为所有薪酬决策中的一个影响因素。每个个体的情况都是独特的，对于执行副总裁与将雇用新员工的管理者们，需要给予他们一些自由裁量权。HR 负责提供指引。执行副总裁或者分支机构的执行副总裁有权批准关键职位上的薪酬水平及变动。

资料来源：AHA 内部资料。经许可使用。

THE DIFFERENTIATED WORKFORCE

人才管理洞察

AHA 指导原则：薪酬

问题陈述

AHA 将采用一种有竞争力的、固定加可变的薪酬计划来回报战略性职位上的员工，同时也采用有竞争力的整体薪酬回报模型来吸引、留住、激励所有的员工。

AHA 影响 / 机会

对整个协会范围内的“全面薪酬”采用标准化和具有竞争力的管理方法；完成从“以平等为基础”到“以公平为基础”的薪酬策略的根本转变。

当前形势

在当前的环境中，协会在不同地区采用了不一致的薪酬等级标准、薪酬水平、激励模型、职位头衔以及福利措施。这种一致性的缺失无形中破坏了协会在实施绩效薪酬计划、继任者规划策略及整体薪酬回报模型方面的努力。这样的结果就是，AHA 持续经历着令人难以接受的高员工流失率、所剩无几的战略性职位的人才储备，还要耗用大量资源（时间和金钱）重新填补、配置人员。

理想情况

- 协会希望雇员和应聘者认同我们是一家具有强大的全国性雇主品牌的组织。
- 协会希望雇员和应聘者明白，薪酬、福利、激励报酬（短期的和长期的）、绩效工资及重新安置计划的设计是全球性的、覆盖整个协会的（“全球性”表示所使用的框架是一致的；它并不是说我们要用同样的方式对待所有的职位。这一点也支持了协会的一个理念：即使对战略性职位，也要进行区别对待）。
- 协会期望能够有效、高效地留住、发展顶级人才以及在整个 AHA 范围内实现对顶级人才的共享。
- 为了实现以上愿望，协会需要在整个组织中，自上而下地“入股”，以实施一个持续、连贯的全面薪酬和整体薪酬回报计划。

职责和资源

HR部门，与之相伴必不可少的还有：协会已明确的负责管理相关战略性职位的管理者，以及HR咨询顾问。

后续步骤

- 继续使用薪酬顾问，由其提供所有职位的薪酬幅度、等级设置、不同地区评税差别、生活成本等方面的建议；重点是关键的战略性职位。
- 成立由上述相关领域内的专家和HR组成的任务小组，与这个小组共同确定可在全国使用的、可接受的职位头衔。
- 与咨询顾问、专家和HR共同工作，提出可被接受的激励计划（短期的和跨年度的）建议。
- 制定一个适用全球不同地区的重新安置政策和程序。
- 评价当前HR职能内的人员配置模型，以决定是否需要补充人事资源来支持薪酬项目计划按时达成。

资料来源：AHA内部资料。经许可使用。

在AHA：人才管理体系变革

WWT工作组颁布的变革方案是意义重大且全方位的。变革流程中有两个方面尤其重要：第一，每个建议和发展计划都建立在对战略目标“到2010年，将中风和心脏病的发病率下降25%”进行细致分析的基础上。第二，根据以上分析，WWT工作组得出结论，需要增加对所有雇员的投资，而对关键职位的投资比例增幅应当更大。因此，该流程的最终结果不是将资源从非战略性职位转移到战略性职位，而是要增加对所有雇员的投资，因为这些投资将会给AHA带来经济收益。表7-2总结了应当为所有雇员而转变的人才管理实践以及应该特别为战略性职位而转变的人才管理实践。

表 7-2　　WWT（人才制胜）工作小组的管理实践

	所有的 AHA 雇员	针对战略性职位的附加建议
招募	• 打造 AHA 雇主品牌 • 建立世界级的 AHA 求职网站 • 为招聘经理提供更好的、更持续稳定的培训；给予充分的时间等待其能力提升到位 • 聘用流程机械化（电子招募）	• 对战略性职位采用定向招募方式 • 为负责战略性职位招募工作的人员提供高级面试技巧培训
新员工入职	• 主管人员对新员工培训负责 • 帮助经理们做好准备或使其接受培训，使其了解自身在下属成功入职过程中担负的角色 • 在新员工入职过程中，根据情况修改设定的目标 • 整个协会范围内的基础课程 • 平衡“课堂学习”与“实地学习”的课程设置	• 使战略性职位上的新员工入职流程更加结构化，以保证执行效果 • 建立与高级管理者的师徒/伙伴关系
培训与教育	• AHA 大学：充分利用通用方法 • 先需求评估，再制定策略 • 管理者对其所辖员工的发展状况承担责任 • 每位员工都应当有一个针对个人的培训计划，其中包括基础课程和个性化需求	• 定制化的领导力培训
薪酬	• 薪酬透明度 • 增大激励薪酬或其他奖励的支付频率 • 需要更多的表扬认可 • 给予管理者更大的自由权来做出绩效工资方面的决策 • 关于基本工资与激励薪酬，在整个协会范围采用具有持续性、一致性的管理方法 • 向管理者发放奖金以奖励他们在人才发展和人才保留方面所做的贡献	• 在许可范围内支付更高的薪酬 • 采用长期激励措施
绩效管理	• 对管理者进行持续的绩效管理培训 • 创建开放坦率的反馈文化 • 确保量身定做的目标与战略能力之间有关联性 • 绩效标准更加聚焦，但不会包括对全部工作的要求	• 使战略性职位上的员工能够介入目标设定流程

资料来源：AHA 内部资料。经许可使用。

沟通与坦率至关重要

只有当人才管理差异化策略的实施原因与操作方式向员工完全公开透明了，人才管理差异化才会是最有效的。**在整个差异化策略的执行过程中，公司对员工持有坦诚、开放的态度，这对于变革的成功推进是极为重要的。**上文所提及的所有要素都必须始终如一地（且坚持不懈地）与员工进行沟通和交流。

对于“差异化”，员工对它的理解程度可能远远超过我们所认为的。以往的经验证明，这一过程会产生真正的兴奋感与少量的痛苦。我们曾举办过很多次研讨会和小组讨论，探讨关于根据职位不同而实行差异化管理的主题，在这些讨论中，管理者（尤其是 HR 经理们）比雇员更加具有抗拒心理。雇员其实看得非常清楚：**在大多数企业中，80% 的价值是由 20% 的工作职位创造的。**如果你能够坦诚、透明地对待雇员，他们将会欣赏企业的诚实；在最优秀和最有前途的雇员中，有些人目前担任的是非战略性职位，他们自会找到方法进入这些战略职位。

对于管理者，不断增加的人才管理职责会遇到一些抵触是意料中的，对于他们这其实也不能算非理性。对于员工，你可以预期那些来自绩效排名在最末三分之一的员工的反对之声；同样，你也可以预期来自最高绩效员工的支持，通常是狂热的支持。

在 AHA：沟通与坦率

AHA 付出相当大的努力来实现对这些目标的分享与传播，管理者称赞这些努力是 WWT 所获成功中的一个重要部分。具体地说，AHA 在与员工的沟通活动中，强调了以下关键点：

- 只有那些最优秀的、最具有资格的候选人才能进入关键职位。
- 这些职位将得到重点的培训和发展，因为它们是 AHA 未来的分支机构及国家中心的执行副总裁的后备职位。
- 薪酬必须根据职位的重要性以及每个人的绩效结果来进行审查与调整。
- 对于 AHA 领导层，AHA 必须采取手段来帮助这些高管职位的重要性以及对协会的贡献。

为了强调这几点，CEO 卡斯·惠勒给 AHA 所有的经理和执行高管发了一份备忘录，由此揭开了沟通的序幕。

下面是卡斯·惠勒发给执行团队的备忘录：

日期：2007年5月21日

致：排名前50位的大区市场的执行主管

来自：首席执行官卡斯·惠勒先生

主题：关于AHA关键职位会议的参会邀请

今年前些时候，我宣布了几项AHA的新计划，这些计划关注的焦点是“人才制胜”。到目前为止，你们应该清楚新计划中最关键的一点是什么，那就是我们对AHA中的“关键”职位的重视和投资日益增长。作为排名前50位的市场的大区执行主管，你们的职位被列为“第一阶段”的关键职位，因为你们之中的每一位都对AHA筹集资金能力有如此大的影响，而这一能力对于我们正践行的拯救生命的使命又有巨大影响；也因为你们对AHA的人员——无论是职员还是志愿者——的发展有如此大的影响。（排名前50位的市场大区执行主管的完整名单请见附件。）

因为你们担任着这个关键角色，所以AHA将为你们提供额外的培训和发展机会，以增强你们的领导能力，所以AHA要帮助你们为在未来担当AHA的执行领导角色做好准备。牢记这一承诺，我非常激动地邀请你们参加AHA首届关键职位会议，该会议将于2007年9月26日星期三在得克萨斯州的达拉斯市召开。

我将主持一场特别晚宴，作为本次大会的开启序幕。晚宴将于9月25日星期二举行。其他后勤方面的细节将会在接下来的几周内提供。现在，我请您腾出9月25日晚上和9月26日一天的时间，参加AHA的关键职位就职大会。

期望在9月与诸位共享时光，让我们携手努力，为了我们所担负的使命。

谢谢！

资料来源：AHA内部资料。经许可使用。

WWT 也为全体员工列出了一些常见问题的解答（FAQs）。

THE DIFFERENTIATED WORKFORCE 人才管理洞察

“人才制胜”常见问题解答

一般情况

为什么 AHA 现在就实行新的发展计划？作为一个组织，我们认识到，未来的成功需要协会拥有有创新、有才能、有积极性的雇员，他们愿意奉献于我们的使命。我们拥有的人才决定了我们将取得怎样的成功。我们所做的变革将帮助 AHA 留住目前我们所拥有的极好的员工，也将帮助我们为空缺职位吸引最优秀的候选人。

这些变革对我有何影响？首先，我们致力于帮助你更清晰地定义你的职业发展路径，为你提供更多的培训和发展机遇，从而帮助你获得在事业上继续前行所需的技能。其次，AHA 的资金筹集和文化卫生行动的工作人员将会看到，他们的绩效目标会发生一些变化，既有符合当前能力状况的基础目标，又有能激发他们的潜能的挑战目标。最后，如果你是一名主管，AHA 的电子招募工具会使你在招募和雇用流程中发挥更加积极的作用。需要你筛选的纸质材料将会更少，你将会更直接地接触到你想面试的候选人。

这些变革的目标主要是为了吸引新人才到 AHA 来吗？不是。尽管有些变革的重点是吸引新人才，但大多数的变革重点是当前在 AHA 内的人才。我们希望竭尽所能让现有的员工投身于他们的工作，并鼓励他们通过在 AHA 的职业生涯磨砺，成长为更加专业化的人才。

这些变革从何时开始实施？AHA 的回答是：整个项目将在 2007 年全面铺开。

我怎样可以了解到更多的关于实施状况的信息？关于项目实施的最新详细信息，请访问关于 HeartSmarts 的论坛特别讨论区。

关键职位

为什么我们把某些职位确定为"关键职位"？因为这些职位对协会创收、对成功开展那些与使命相关的活动有着最重大的影响，所以它们是关键职位。既然它们如此重要，那么将顶级绩效人才放在这些职位上就是至关重要的事情了。AHA 要对这些职位上的员工进行更高比例的投资，以增强他们的能力，帮助他们更好地发展，这样他们就会有更强的能力帮助协会实现并超过 2010 年的目标。

如果我处在关键职位上，对我会有什么要求？如果你正处在关键职位上，你将会接受额外的教练指导和培训，既要帮助你在目前的角色上表现突出，又要帮助你为担任 AHA 未来的执行主管角色做好准备。

基础性职位的作用是什么？ AHA 要实现目标，所有的职位都要发挥作用。没有被确定为关键职位的那些职位就是基础性职位，因为它们帮助我们奠定成功的基础。

如果我不在"关键"职位上，我在 AHA 是否仍有职业发展前景？答案绝对是：有！我们将持续进行人才评审，在这些评审中，我们将坐下来与员工一起确定他们的技能、愿望以及他们所具有的培训和发展潜力区域。我们希望所有的员工都明白他们的职业发展路径，知道他们如要继续向前就必须做些什么。我们的很多基础性职位都是关键职位的后备职位。此外，我们的业务正在不断地变化，现在的基础性职位将来有可能成为关键职位，唯以我们的业务需要和驱动因素为准。

关键职位是怎样确定的？我们采用 4 个标准来定义关键职位：

- 战略影响力。对 AHA 执行经营战略（的某些部分）所需要的能力具有相当高比例的影响力。
- 绩效变动性。这一角色上低绩效者和高绩效者之间的差距是巨大的。

- 顶级人才影响。在这一职位上，顶级人才将会显著地提升实现AHA 经营战略的成功几率。
- 难以获得。要吸引和留住这一角色上的顶级人才，有很大的难度。

为什么只有排名前 50 位的大区总监被认为是关键职位呢？这只是确定关键职位的第一阶段。到 2007 年底之前，将会确定更多的关键职位。话说回来，AHA 选择把这些职位作为第一阶段的关键职位，也是因为这些职位明显地符合关键职位的标准，我们也相信大区总监这一角色最有可能对协会能否成功实现未来的收入目标产生影响。

所有的职位都和资金筹集有关吗？不是。虽然我们确定的第一批关键职位与资金筹集是相关的，但是 AHA 中还有很多代表不同功能的其他关键职位。

资料来源：AHA 内部资料。经许可使用。

在 AHA：与员工沟通人才管理策略

除了 CEO 卡斯·惠勒的备忘录以及常见问题解答之外，AHA 负责沟通的团队制订了一个全方位的沟通计划，以确保每个人都理解 WWT 项目的预期成果以及这些成果对他们的职位可能造成的影响。很重要的一点是，沟通计划的第一阶段是经过深思熟虑并仔细筹划的。AHA 的管理团队对这一过程中的每一要素都是公开坦率的，作为结果，员工对整个流程的理解更加透彻、对整个流程也更加信任。AHA 执行人员认为这一流程是使整个 WWT 过程能被全面理解和接受的一个关键要素（见表 7-3）。

表 7-3　　在 AHA 实施差异化的人才管理过程

第 1 阶段——项目发布

沟通媒介	描述	关键信息	接收对象
生动的电子邮件邀请	动画电子邮件（Flash e-mail）可以使雇员对即将到来的网络直播（2007 年 5 月 1 日）产生兴奋和期待，鼓励雇员参加	• 协会正在改变 AHA 吸引、招募以及留住新人才的方式 • 协会想与诸位共享这些重要的变革	所有雇员
会议要求	Outlook 上发布日程公告，包括日期（2007 年 5 月 1 日）、时间以及网络直播的链接	• 确保观看网络直播，学习"AHA 如何赢得人才战" • 此处提供观看网络直播的入口	所有雇员
卡斯的语音邮件	来自卡斯的简短的语音邮件能鼓励雇员参加 2007 年 5 月 1 日的网络直播	• 确保观看网络直播，学习"AHA 如何赢得人才战" • 此处提供观看网络直播的入口	所有雇员
执行副总裁（EVP）工具包	Deck、问题与解答（Q&A）、关键信息、传单、时间表；EVP 向经理们介绍相关信息，或者亲临现场介绍，或者通过电话会议 / 网络会议方式	• 在 AHA，大区总监这一角色至关重要，因为它直接影响到协会为完成使命筹集资金的能力。 • AHA 已经确定第一批关键职位为排名前 50 名的大区总监。把我们的顶级人才放在关键职位上是非常重要的。更多的关键职位将在下半年完成确认。 • AHA 成立了一个小组，包括人口数量排名前 13 位的大区（确保每个分支机构都有一个较大的区域市场在小组中）。这一小组将共推最佳实践、重点关注如何加速协会在较大市场中的成长。此外，接下来的一年中，AHA 将为小组成员提供专门的培训和能力发展计划，加强他们的领导能力，帮助他们为进入 AHA 更高级别的执行主管职位做好准备。 • AHA 推出的新发展计划包括：新雇主品牌、修订后的在职员工推荐计划、目标设定流程的调整、新员工入职 / 入职培训流程的增强功能，以及致力于为整个组织提供持续的培训和发展机会的 AHA 大学。 • AHA 面向所有员工的、正在进行中的发展项目将投入更多，但是，AHA 要对关键职位将进行更高比例的投资，因为 AHA 未来的成功要依赖于我们发展这些职位上的人才并留住他们。	分支机构和国家中心的 EVP 们

续前表

沟通媒介	描述	关键信息	接收对象
管理者召开面向雇员的会议	与员工进行面对面的交流，概要讲解“赢得人才战”的发展计划构成，使雇员有提问题的机会 每位执行副总裁应当决定如何向各自的分支机构传达信息。有两个可选项： 1. 执行副总裁在分支机构全体人员参加的大会上，向所有职员传达 2. 执行副总裁通过电话会议 / 网络会议传达给他的直接下级，这些直接下级再向他们的员工进行传达	• AHA 未来的成功取决于发展和留住最有才能的员工的能力 • AHA 正推出新的雇主品牌，它将帮助 AHA 吸引和招募适合的雇员，并能帮助将我们同其他也在争夺同样人才的那些雇主区分开来 • 所有的雇员都能够通过 AHA 大学获得额外的培训和发展机会 • AHA 的目标设定流程将会发生变化，要确保所有的雇员都有清晰的职业发展道路，都能获得在这条道路上前进所需的能力发展 • AHA 正在完善新员工入职 / 入职培训流程，使其在整个协会内更加一致，确保新员工都能得到一个好的开始 • AHA 中的每个人都有清晰的职业发展道路，都能获得能力的发展 • 在关键职位上的员工可以获得额外的培训与发展机会来加强他们的领导力技能，以及帮助他们做好担当 AHA 未来的执行高管职位的准备	所有雇员

资料来源：AHA 内部资料。经许可使用。

尽管我们已经提供了多家公司实行人才管理差异化的例子，但 AHA 是一个非常全面、高度成功的案例。在下面的采访中，CEO 卡斯·惠勒、首席运营官南希·布朗以及高级 HR 副总裁比尔·阿肯巴克对 AHA 的“人才制胜”项目提供了个人的思考和评论。

高管采访：AHA 的人才制胜之路

促使你们在 2005 年下半年建立“人才制胜”工作组（WWT）的因素有哪些？

卡斯·惠勒（以下简称卡斯）：很大一部分原因与挫败感和一种觉醒有关，“挫败”是与人才的高流失率、顶级人才的招募困难相关的，“觉醒”则是指我们意识到：如果我们在重要的位置上没有合适的人才，我们将不可能实现 AHA 的战略目标。2005 年，我们让管理团队参加在纽约举办的世界商业论坛，我们听到的一个共同主题就是：如果你在适当的职位没有顶级人才，你将很难实现你的目标。就这样，我们通过这些“外部之眼”所了解到的，加上我们自己的经验，便得出结论，我们必须在整体的人才发展领域做得更好。所以，AHA 任命了由南希·布朗担任主席的高级执行团队来处理这些问题，同时我们赋予他们解决问题所需要的权力与资源。

南希·布朗（以下简称南希）：AHA 的执行副总裁们也表达了对新入职人才流失、吸引和保留年轻员工遇到困难等问题的焦虑。所以我们结合从你（注：采访人马克·休斯里德）这里获取的信息与从其他人那得到的信息，产生了成立人才制胜工作组的想法。这个工作组包括 11 名最高执行主管与来自 AHA 国家中心（即公司中心）及地区性分支机构的代表成员。两年半之后，工作组成立时的所有成员（除了两人离开协会）都仍在积极地介入小组工作。

WWT 工作组涉及的范围非同寻常地广泛——卡斯所下的指令实质上是要全面地重新思考“员工是如何对 AHA 的成功做出贡献的”这个问题。最初，你是否预料到这个项目的范围会发展成现在这样庞大?

南希: 一开始我们并没有意识到牵涉的工作有多少，直到我们真正开始深入。我们原本以为这个过程只需要12~18个月的时间。但是，当我们认识到其中的所有细节以及按顺序完成的重要性时，我们就知道，实现这一计划需要花费更长的时间。不过，我们也认识到取得一些早期成果的重要性，这样我们才不会感觉好像是在漫无边际地拖延。

卡斯: WWT工作组的一个重要的与众不同之处，就在于它既对战略发展承担责任,又对战略执行承担责任。这就能在较大程度上确保战略的持续发展，同时又能提高执行的质量。

南希: 整个过程中还有一个重要环节，就是定期向执行高管团队汇报WWT工作组取得的进展，而不是等到项目产生最终结果再向执行团队汇报。这有助于让工作组的每个人都投身于其中，也有助于让那些不是工作组成员的人们保持对过程的参与状态并为最终的成果做出贡献。我们将高管团队的反馈信息带回工作组，并将这些反馈继续融入变革流程中，这种情况发生了多次。

推动WWT工作组取得成功的关键因素有哪些?

南希: 我认为关键问题是，要在一开始就创建正确的人才管理理念。对我们来说，关键就是进行大量的沟通交流，在对雇员的期望与对管理者的期望方面都要建立共识。那么，我们期望管理者做什么?我们又期望雇员做什么?HR做什么?例如，经过沟通，我们开始明白我们期望HR支持这些新战略，所以他们需要判断，为了确保新战略实现，他们应当放下手中的哪些事情。于是，他们就需要讨论一下接下来需要停止的工作。

另一关键是我们针对“如何实施人才管理策略”所进行的公开、坦诚的交流。在制定决策时，我们曾经进行过多次的强力对话。在开始阶段，为了达成一致意见，我们耗费了不少时间。所以，一旦做出决定，我们就会非常好地执行，决不会后退或者重复陈旧做法。我们曾经多次在没有窗户的房间中开过极痛苦的、为期两天的会议，就是为了共同努力达成一致意见。然而，一旦我们做到这点，领导者就会成为AHA的人才管理策略的拥护者。

比尔·阿肯巴克：我认为我们取得成功的一个关键因素就是，我们一直在做的所有工作以及继续要做的工作全部都是以战略文件为中心的。这是一个巨大的资源，共有156页，阐述了AHA想要达成的目标、AHA希望为人所知的方面，还有为达成目标AHA所要采用的策略。它真的能帮助我们理解：现在和将来我们擅长什么。这对我们来说是一个很大的不同之处，AHA在人才管理策略以及HR的各项发展计划中所做的一切，都重新与“聚焦建立并增强完成组织使命所需要的那些能力”关联起来。因此，我们希望已经避免了那种常见的典型的HR脱节情况：看起来像疯狂的科学家，仅仅为了做HR工作而做HR工作。事实上，我们已经能够解释在HR的发展计划内，AHA做什么可以加速提升绩效。我们要建立更加具有吸引力的工作场所，HR必须保证它的所有成果机制与战略紧密相连。

当我们完成整个计划时，这给了我新的启示。我们一直很努力地要把战略与HR之间的这些连接点连起来，以使每个人都了解对“成功”的衡量标准。我们所做的一切，无论是为了驱动绩效的长期激励计划，还是绩效管理计划，或是组建AHA大学，一切都是为了推动我们的战略。我个人认为，这个战略是我见过的最全面、最先进的文件之一。我们将会继续注意在方向上的变化，这是不可避免的。随着成为“理想工作环境”的内涵的变化，我们也将继续调整和改进我们的人才管理策略。今天的现实环境要求我们必须比以往任何时候都要更频繁地检查我们的战略，而HR也必须做出相应的反应，询问自己：我们的管理实践需要怎样的变革？

卡斯：我认为，大家在读过这本书之后会马上着手准备变革。同时我也认为，非常重要的一点是：如果他们还没有一个好的战略规划，他们这样就是本末倒置了。

南希：AHA 的一大强项是计划性及协会能不断地与外部环境保持联系。我们非常擅于抓住我们碰上的新发展机会。我们有能力做到这一点，因为我们已经将重点放在人才管理策略的执行上了。这不是简单地写在纸上的一堆建议，这一进程已经在执行，尽管不是很完美，但它已经执行得很好了。

卡斯：关于这一点，很大一部分是基于这样一个事实，即 WWT 工作组承担的责任不仅仅只是设计，还有执行方面的责任。整个过程就像一个潜艇，先潜入水下，然后浮出水面呼吸一下新鲜空气、与更广层面的团队一起工作，接着再潜至水下，做另外一些工作。这样做的结果就是决策质量会得到改善。这个过程真正地提高了分支机构层面的 HR 职能，这样一来，HR 工作人员就可以把注意力放在成为战略伙伴上，而不是仅仅执行日常事务上。这就是我为 HR 工作人员所设定的目标。我希望他们成为分支机构执行团队的战略伙伴，而不是让“急事的奴隶”① 挤走了他们的重要性。

在执行这个项目的过程中，执行团队的想法发生了怎样的变化？

南希：刚开始时，他们想寻找结构性更强的方法。这是一群自认为相当博学且能跟得上现代管理实践的人，但是他们确实已经接受了所有那些你帮助我们看到并理解的新原则。所以他们的关注点就转为找寻标准更一致的方法以及寻找对整个协会最有利、而不只是对他们自己领地有利的事情。

没有人离开工作组，同时还有很多人一直在问他们如何能够加入这个工

① 查尔斯·赫梅尔（Charles Hummel）在《急事的奴隶》（*Tyranny of the Urgent*）一书中说：重要的事情通常不需要在今天或者是这个星期完成，但急事却非得立刻行动不可。——译者注

作组。可以说，WWT 工作组被视为整个组织中具有非常积极作用的闪亮点。工作组的两名成员曾说，在他们的职业生涯中，这是执行得最好的项目。继续向前发展，我希望能够保持所有事情的协调性，我不想打断我们目前正在执行的工作流。

哪一部分运作得不是很完善？如果能够重新再做一次，你会采取哪些不同的举措？

南希：人员在组织内的调动还没能达到管理团队所期望的那种有效程度。如何使人员调入空缺职位这一环节更便利，是我们仍在不断调整的事情。每天，我们都必须审视哪个关键职位有空缺，我可以提供怎样的帮助来填补这个空缺，我怎样才让高潜能名单上的人员能够调入这些空缺的关键职位？这是我们现在最大的发展机会所在。

员工对该过程有什么反应？

南希：当我们公布关键职位的名单时，大家的反应并不是很强烈。也有一些员工会问："为什么我的职位不在这上面？这到底是什么意思？"我们一开始就明确了比例关系：3 600 名雇员中有 240 名处在关键职位上，并强调我们对所有雇员和职位都会进行投资，但是对于能促进战略成功的少数关键职位，我们对它们的管理必须有所差别。其实，人们也并不是无所事事地成天都在关心他们是否处在关键职位上，只有当针对关键职位的活动和公告出来时，问题才会出现。

比尔：我个人认为员工的反应产生的是一种有益的好奇心，促使他们关心那些对 AHA 起重要作用的事情。我们听到的问题多半是："我怎样才能进入关键职位？"事实上，一个非常有趣的结果是：员工们似乎都非常乐意为关键职位上的人员工作，这是我们意料之外的又一个积极影响。

在这个过程中，你们的员工曾经对哪些变化有特别的反应吗？

南希：没有消极反应，但有人也会问："我们怎样可以执行得更快？"例如，每个人对AHA大学感到很兴奋，他们特别想让它即刻可用。事实上，我们遭到的反对声比我们预料的少得多。这说明人们为此已做好准备。

比尔：我预料会遭到一些反对，但整体来说，我们推出的所有发展计划真得都获得了大量的支持。我们希望最优秀的人员想进入关键职位，现在我们已经看到这一现象正在发生。

南希：我们对关键职位的发展投入越来越多，相应地对关键职位的期望也越来越大。与此同时，这些职位的门槛越来越高，这一点也开始得到大家的普遍支持。

在实行差异化的进程中，您是否已经开始看到一些有形收益？

南希：我们在吸引人员、调动人员、支付薪酬、提供培训、新员工入职及人员沟通等方面所给予的所有注意力、所有努力都确实得到了回报。在过去两年中，在AHA工作不到三年时间的雇员流失率已经下降了8%~10%；同时，员工敬业度得分有了极大的提高。我们可以看看执行副总裁和他们的工作人员所采取的行为，他们现在正在做的很多事情，其实是因为他们知道：他们备受关注的工作是降低顶级人才的流失率、打造更加敬业的员工团队。如果我们还没有把目光聚焦在这些关键职位上，那么上述的很多事情都不会发生。我们真正地开始关注管理者是如何支配时间的了。

执行管理层非常投入地每天都在为他们的员工以及这些员工的优劣程度而担心。他们不想失去这些人员，这一关注是有重大意义的。

AHA的HR团队已经能够表明：高度敬业雇员的流失率降低了23.4%，单位员工的筹款活动收入提高了15.5%，整体收益增长率提高了147%。此外，在过去的两年里敬业度得分大幅度提高，我们认为这是 WWT 工作组的努力和 AHA 对人才发展的新重视所带来的直接结果。因此，我们正在目睹经济方面显现出来的成果。

比尔：对关键职位的讨论，促使我们用一种不同的方式去思考如何应用我们的资源。举例来说，排名前 13 位的大区总监现在所处的位置显然远远好于在经历这个过程之前他们所在的位置。很明显，我们为支持他们的成长与发展所做的工作、他们所获得的关注以及他们在组织中的新定位，都对他们的绩效具有积极的影响。关键职位的发展计划及关键职位自身是 AHA 的人才管理策略基础的重头部分，并且已经产生了重大的影响。对关键职位实行差异化管理，对于每个人都真的具有强大的号召力。大家一致认可这是一种推动成果的好方法。我们与执行团队共同完成的工作确实把我们紧紧团结在一起。现在我所听到的交流话题更多的是关于我们正在一起做什么，而不是我们各自正在做着什么不同的工作。

WWT 工作组队下一步的工作计划是什么？

南希：我们将会继续围绕关键职位加强执行能力，为他们继续进行管理活动的差异化。我们已经为每个关键职位小组选定了领导者，而这些领导者是极有责任感的。我们每两个月召开一次会议，主要讨论他们在关键职位小组中为加强团队意识所做的工作。在接下来的几个月里，筹建 AHA 大学是我们的另一项重大计划。

新的 HR 流程改进计划是我们现在应当给予极大关注度的事情。我们如何才能最高效、最有效地提供 HR 服务，如何更合理地利用 AHA 那些富有才能的 HR 执行高管的时间？

比尔：接下来，HR 领导团队对人才管理策略执行的支持是非常重要的。

HR 也要密切关注人才管理体系的变革过程，确保它们不断地进行微调，以便为战略执行提供有效的支持。我们还要建立新的 HR 实践，比如说：作为人才管理策略的一部分，职业宽带（career banding）（为雇员提供更宽泛的发展空间，以取代狭窄的职业路径）也许会是我们最终的去向。在创建理想的工作环境的“竞争曲线”[①]上保持领先位置所需要做的一切，都是我们要集中精力努力完成的。HR 团队一年聚一次来决定要调整多少福利或者提高、降低薪酬的日子已经一去不复返了。由于现在及将来我们可获得的员工的稀缺性，我们必须始终处于事业的制高点，我们需要创新和执行。

对于启动了类似过程的其他组织，您有什么补充建议吗？

南希：我们本可以在国家中心低调地尝试此项工作，但是我认为建立起一个全协会范围的工作团队，人人都有主人翁精神、人人都能参与整个过程的设计与实施，是我们成功的关键因素。我们确保这一工作团队能够包容各种各样的观点。还有一点非常重要，即确保这是一个涉及全面管理层的发展计划，而不仅仅是一份 HR 职能的发展计划。如果我们没有做到这些，我料想情况就不会是现在这个样子。

比尔：精心挑选高管团队（成员组合应该是总部与分支的执行高管的恰当搭配），这个团队的成员中应当形成一种良性的对抗，这样才能确保所有的问题都能摊到桌面上。要为变革创建引人注目的案例，使过程与成果和所有的荣誉都属于工作团队。

卡斯：使这个高管团队能够全身心投入并形成一个协同管理过程是十分关键的。即使你是在一个集权化的环境中工作，通过在这个协同管理过程中建立主人翁精神，你同样会得到更长远的发展。

① 可参见第 4 章中作者观点“达到世界一流水平的路径不是线性的，而是指数曲线”。——译者注

本章小结 THE DIFFERENTIATED WORKFORCE

本书的关键启示是：为了确保在目前的经济环境下成功地执行战略，大多数企业都需要采纳“差异化的人才管理策略”。一种无差异化的或者是“一招鲜吃遍天”的万能通用方法，即使是用最新的行话来表达，也不可能实现你认为有可能实现的战略成功。你已经被卷入了人才争夺战，但是胜利到底是什么样子，却是一点也不清楚。我们提供了另一种选择：其重点是“与人才携手赢得战争”，即人才制胜。我们的方法可以在你的战略成功与人才管理策略之间建立起直接关联，并提供了实施这一策略的一套系统的方法。正如美国心脏协会的经验所示，这一方法实现了人才竞争的所有承诺，你不必再等到“下一年”。

THE DIFFERENTIATED WORKFORCE

译者后记

TRANSFORMING TALENT INTO STRATEGIC IMPACT

寻找驱动战略执行的杠杆点

人力资源如何有力驱动战略?

前不久，闻名世界的管理咨询大师拉姆·查兰（Ram Charan）在《哈佛商业评论》撰写文章，提出首席人力资源官应该超越业务伙伴的传统定位，从幕后走向台前，进入核心决策层，成为“战略决策者”。

拉姆的理由非常简单，20世纪80年代，由于资本稀缺，负责资本配置和管理的首席财务官成为公司的“二把手”；如今，人才成为最稀缺的资源，负责人才管理的首席人力资源官自然要扮演举足轻重的角色。

后来在一次论坛上，有个面对面交流的机会。我请他说说背后的思考，拉姆说，几十年来自己接触、辅导了无数企业，最深刻的感受就是：**企业的问题就是人的问题。少数人才决定了企业的成败。人才管理是制胜关键。**

尽管这个逻辑有过于简单的嫌疑，但很显然，拉姆其实是想化繁为简，抓住主要矛盾，把握企业发展的关键逻辑。经验丰富的领导者会有共鸣：这个逻辑是非常犀利的。

本书的最大亮点也正在于此。作者们没有追求面面俱到、四平八稳的阐述，而是阐述了一个再简单不过的结论：**人力资源若想有力驱动战略，方法很简单，把最优秀的A类人才，放在最重要的A类岗位上。**

这个结论近乎于常识。但常识其实并不简单。比如，什么是A类岗位？传统上，人力资源部门会用岗位价值评估的套路方法来回答这个问题：按照既定的因素，对岗位进行打分。作者们则完全颠覆了这一点，**岗位的价值不应取决于岗位评估，而应该由它对战略的贡献来决定。**

迪士尼花了很大力气来挑选和培训清洁工，为什么？迪士尼主题公园的价值主张是“地球上最快乐的地方”，因此为游客创造独一无二的快乐体验，是迪士尼的核心组织能力之一。在公园内，与游客接触最多的就是清洁工，包括问路、咨询、寻求其他帮助等。清洁工的表现，将在很大程度上影响甚至决定游客的体验。因此，在清洁工的挑选和培训等方面的投入，能够带来战略绩效。

小米对客服职位的激励远超同行，为什么？创始人之一黎万强曾说过，小米的商业模式就是“做好服务收小费”，这就决定了服务就是小米的核心竞争力。而客服职位的战略性价值就在于：他们能在与客户的互动中给予超出客户预期的满意体验，进而保持良好口碑并持续扩散。因此小米会在文化、待遇、成就感等方面给予客服职位更多的倾斜性投入，这种人才策略可以加强小米公司的差异性竞争优势。

通常，人力资源管理提升可分为三个阶段：事务性人力资源管理、专业性人力资源管理和战略性人力资源管理（当然还有更高的阶段，此处暂时不做讨论）。对于已经完成专业化建设、希望进阶到战略性人力资源管理的企业而言，本书的最有价值之处，就在于提供了开展战略性人力资源管理工作的关键逻辑。

在翻译本书的同时，我们也同时翻译了 HR 转型领域的多本经典著作。在这一过程中，感受最深的一点，就是**人力资源若想创造价值，必须摆脱传统的专业职能视角的局限，真正将战略和业务作为人力资源工作的起点，建立由外而内的思维**。本书既有让人豁然开朗的理念，也提供了实用的工具和丰富的实践案例，是 HR 部门从处理事务性工作转而发挥战略性作用的必读之书。

当然，作者们“战略为先，战略决定组织和人才”的观点，今天可能会惹来一点争议。无论是柯林斯的“先人后事”，还是“今天人才地图决定战略地图”的说法，都看似与之冲突。但倘若读者稍微深入思考，就会发现其实并不矛盾。对于绝大多数的企业，对于企业中的绝大多数岗位，本书的内容不但适用，而且极具价值。

限于译者能力，书中肯定存在不足之处，敬请批评指正。可通过个人微信公众号“HR 转型突破”联系交流。

在翻译本书的过程中，曾佳和我得到了许多同仁的帮助，在此衷心感谢郭燕飞、吕航、贺丹、刘丽君，他们给予我们极为重要的支持与鼓励。

感谢以下朋友，他们在译稿完成后，成为我们的第一批“通读并找茬”的读者，为我们提供了近千条反馈意见，帮助我们精修译稿，共同成就您面前的这本书。他们是：夏国玮、谭淑君、宗茜、宋清君、赵文辉、黄钦东、郑春香、任苗、马彦、葛嘉、宫殿（排名不分先后）。

最后要特别感谢湛庐文化的编辑们的大力支持，使得这本好书能够以崭新的译本再次面世。感谢各位读者对本书的厚爱，祝君阅读愉快！

湛庐，与思想有关……

如何阅读商业图书

商业图书与其他类型的图书，由于阅读目的和方式的不同，因此有其特定的阅读原则和阅读方法，先从一本书开始尝试，再熟练应用。

阅读原则1 二八原则

对商业图书来说，80%的精华价值可能仅占20%的页码。要根据自己的阅读能力，进行阅读时间的分配。

阅读原则2 集中优势精力原则

在一个特定的时间段内，集中突破20%的精华内容。也可以在一个时间段内，集中攻克一个主题的阅读。

阅读原则3 递进原则

高效率的阅读并不一定要按照页码顺序展开，可以挑选自己感兴趣的部分阅读，再从兴趣点扩展到其他部分。阅读商业图书切忌贪多，从一个小主题开始，先培养自己的阅读能力，了解文字风格、观点阐述以及案例描述的方法，目的在于对方法的掌握，这才是最重要的。

阅读原则4 好为人师原则

在朋友圈中主导、控制话题，引导话题向自己设计的方向去发展，可以让读书收获更加扎实、实用、有效。

阅读方法与阅读习惯的养成

（1）回想。阅读商业图书常常不会一口气读完，第二次拿起书时，至少用15分钟回想上次阅读的内容，不要翻看，实在想不起来再翻看。严格训练自己，一定要回想，坚持50次，会逐渐养成习惯。

（2）做笔记。不要试图让笔记具有很强的逻辑性和系统性，不需要有深刻的见解和思想，只要是文字，就是对大脑的锻炼。在空白处多写多画，随笔、符号、涂色、书签、便签、折页，甚至拆书都可以。

（3）读后感和PPT。坚持写读后感可以大幅度提高阅读能力，做PPT可以提高逻辑分析能力。从写读后感开始，写上5篇以后，再尝试做PPT。连续做上5个PPT，再重复写三次读后感。如此坚持，阅读能力将会大幅度提高。

（4）思想的超越。要养成上述阅读习惯，通常需要6个月的严格训练，至少完成4本书的阅读。你会慢慢发现，自己的思想开始跳脱出来，开始有了超越作者的感觉。比拟作者、超越作者、试图凌驾于作者之上思考问题，是阅读能力提高的必然结果。

好的方法其实很简单，难就难在执行。需要毅力、执著、长期的坚持，从而养成习惯。用心学习，就会得到心的改变、思想的改变。阅读，与思想有关。

[特别感谢：营销及销售行为专家 孙路弘 智慧支持！]

我们出版的所有图书，封底和前勒口都有“湛庐文化”的标志

湛庐文化 Cheers Publishing
a mindstyle business 与思想有关

并归于两个品牌

财富汇　　心视界

找“小红帽”

为了便于读者在浩如烟海的书架陈列中清楚地找到湛庐，我们在每本图书的封面左上角，以及书脊上部 47mm 处，以红色作为标记——称之为**“小红帽”**。同时，封面左上角标记**“湛庐文化 Slogan”**，书脊上标记**“湛庐文化 Logo”**，且下方标注图书所属品牌。

湛庐文化主力打造两个品牌：**财富汇**，致力于为商界人士提供国内外优秀的经济管理类图书；**心视界**，旨在通过心理学大师、心灵导师的专业指导为读者提供改善生活和心境的通路。

阅读的最大成本

读者在选购图书的时候，往往把成本支出的焦点放在书价上，其实不然。

时间才是读者付出的最大阅读成本。

阅读的时间成本=选择花费的时间+阅读花费的时间+误读浪费的时间

湛庐希望成为一个“与思想有关”的组织，成为中国与世界思想交汇的聚集地。通过我们的工作和努力，潜移默化地改变中国人、商业组织的思维方式，与世界先进的理念接轨，帮助国内的企业和经理人，融入世界，这是我们的使命和价值。

我们知道，这项工作就像跑马拉松，是极其漫长和艰苦的。但是我们有决心和毅力去不断推动，在朝着我们目标前进的道路上，所有人都是同行者和推动者。希望更多的专家、学者、读者一起来加入我们的队伍，在当下改变未来。

湛庐文化获奖书目

《大数据时代》

国家图书馆“第九届文津奖”十本获奖图书之一
CCTV“2013中国好书”25本获奖图书之一
《光明日报》2013年度《光明书榜》入选图书
《第一财经日报》2013年第一财经金融价值榜“推荐财经图书奖”
2013年度和讯华文财经图书大奖
2013亚马逊年度图书排行榜经济管理类图书榜首
《中国企业家》年度好书经管类TOP10
《创业家》“5年来最值得创业者读的10本书”
《商学院》“2013经理人阅读趣味年报•科技和社会发展趋势类最受关注图书”
《中国新闻出版报》2013年度好书20本之一
2013百道网•中国好书榜•财经类TOP100榜首
2013蓝狮子•腾讯文学十大最佳商业图书和最受欢迎的数字阅读出版物
2013京东经管图书年度畅销榜上榜图书，综合排名第一，经济类榜榜首

《牛奶可乐经济学》

国家图书馆“第四届文津奖”十本获奖图书之一
搜狐、《第一财经日报》2008年十本最佳商业图书

《影响力》（经典版）

《商学院》“2013经理人阅读趣味年报•心理学和行为科学类最受关注图书”
2013亚马逊年度图书分类榜心理励志图书第八名
《财富》鼎力推荐的75本商业必读书之一

《人人时代》（原名《未来是湿的》）

CCTV《子午书简》•《中国图书商报》2009年度最值得一读的30本好书之“年度最佳财经图书”
《第一财经周刊》• 蓝狮子读书会•新浪网2009年度十佳商业图书TOP5

《认知盈余》

《商学院》“2013经理人阅读趣味年报·科技和社会发展趋势类最受关注图书”
2011年度和讯华文财经图书大奖

《大而不倒》

《金融时报》• 高盛2010年度最佳商业图书入选作品
美国《外交政策》杂志评选的全球思想家正在阅读的20本书之一
蓝狮子•新浪2010年度十大最佳商业图书，《智囊悦读》2010年度十大最具价值经管图书

《第一大亨》

普利策传记奖，美国国家图书奖
2013中国好书榜•财经类TOP100

《真实的幸福》

《第一财经周刊》2014年度商业图书TOP10
《职场》2010年度最具阅读价值的10本职场书籍

《星际穿越》

2015年全国优秀科普作品三等奖

《翻转课堂的可汗学院》

《中国教师报》2014年度“影响教师的100本书”TOP10
《第一财经周刊》2014年度商业图书TOP10

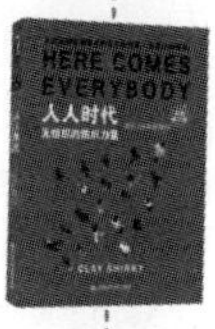

湛庐文化获奖书目

《爱哭鬼小隼》
国家图书馆“第九届文津奖”十本获奖图书之一
《新京报》2013年度童书
《中国教育报》2013年度教师推荐的10大童书
新阅读研究所“2013年度最佳童书”

《群体性孤独》
国家图书馆“第十届文津奖”十本获奖图书之一
2014“腾讯网•啖书局”TMT十大最佳图书

《用心教养》
国家新闻出版广电总局2014年度“大众喜爱的50种图书”生活与科普类TOP6

《正能量》
《新智囊》2012年经管类十大图书，京东2012好书榜年度新书

《正义之心》
《第一财经周刊》2014年度商业图书TOP10

《神话的力量》
《心理月刊》2011年度最佳图书奖

《当音乐停止之后》
《中欧商业评论》2014年度经管好书榜•经济金融类

《富足》
《哈佛商业评论》2015年最值得读的八本好书
2014“腾讯网•啖书局”TMT十大最佳图书

《稀缺》
《第一财经周刊》2014年度商业图书TOP10
《中欧商业评论》2014年度经管好书榜•企业管理类

《大爆炸式创新》
《中欧商业评论》2014年度经管好书榜•企业管理类

《技术的本质》
2014“腾讯网•啖书局”TMT十大最佳图书

《社交网络改变世界》
新华网、中国出版传媒2013年度中国影响力图书

《孵化Twitter》
2013年11月亚马逊（美国）月度最佳图书
《第一财经周刊》2014年度商业图书TOP10

《谁是谷歌想要的人才？》
《出版商务周报》2013年度风云图书•励志类上榜书籍

《卡普新生儿安抚法》（最快乐的宝宝1•0~1岁）
2013新浪“养育有道”年度论坛养育类图书推荐奖

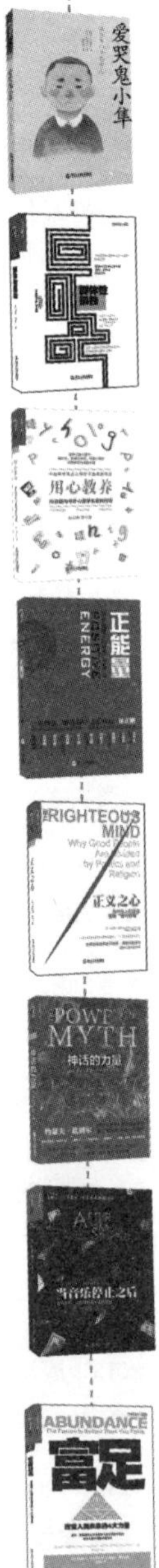

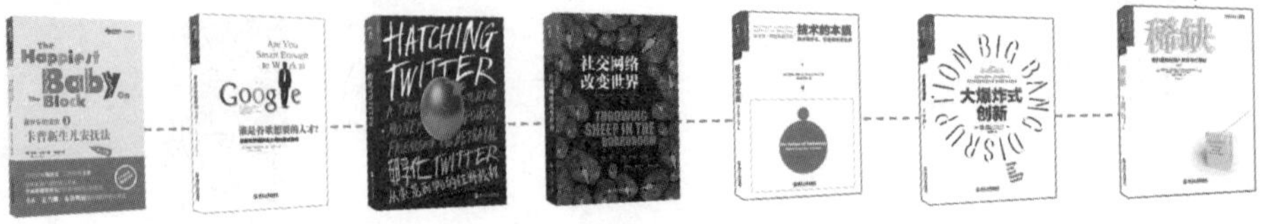

延伸阅读

《领导力与新科学》（经典版）

扫码直达本书购买链接

◎ 中欧国际工商学院创业学兼职教授，中欧创业与投资中心主任李善友、用友网络科技股份有限公司董事长兼CEO王文京、北京大学新闻与传播学院教授，新媒介批评者胡泳、畅销书《一分钟经理人》作者肯·布兰佳联袂推荐。

◎ 组织管理领域最前沿的大师和思想家，哈佛大学博士玛格丽特·惠特利经典名作。

《创业无畏：指数级成长路线图》

扫码直达本书购买链接

◎《创业无畏》与《从0到1》双双进入美国权威网络媒体Business Insider 2015年最佳商业畅销新书榜单。

◎ X大奖基金会主席兼首席执行官，奇点大学执行主席彼得·戴曼迪斯继《富足》之后又一部扛鼎之作！

◎ 美国前总统克林顿、张瑞敏、张亚勤、高红冰、网大为、李开复、徐小平、毛大庆、陈劲联袂推荐。

《指数型组织：打造独角兽公司的11个最强属性》

扫码直达本书购买链接

◎ 奇点大学创始执行理事、奇点大学全球大使萨利姆·伊斯梅尔重磅新书！

◎ 美国亚马逊网站有史以来评分最高的商业书，被Frost & Sullivan公司评为2014年最佳商业图书。

◎ 海尔集团董事局主席张瑞敏、清华大学教授陈劲、北京大学新闻与传播学院教授胡泳、奇点大学执行主席，X大奖创始人彼得·戴曼迪斯、谷歌公司工程总监，奇点大学校长雷·库兹韦尔、德勤领先创新中心联合董事长约翰·哈格尔三世联袂推荐。

《共享经济：重构未来商业新模式》

扫码直达本书购买链接

◎ 共享经济鼻祖，汽车共享公司Zipcar、无线网络连接公司Veniam、点对点汽车租赁公司Buzzcar以及拼车网站GoLoco的联合创始人罗宾·蔡斯最新力作。

◎ 优客工厂创始人毛大庆领衔，滴滴出行，途家，万能钥匙联袂推荐。

图书在版编目（CIP）数据

重新定义人才 /（美）贝克尔，休斯里德，贝蒂著；曾佳，康至军译．—杭州：浙江人民出版社，2016.3

ISBN 978-7-213-07162-1

Ⅰ.①重…　Ⅱ.①贝…　②休…　③贝…　④曾…　⑤康…　Ⅲ.①人才管理-研究　Ⅳ.①C962

中国版本图书馆 CIP 数据核字（2016）第 030094 号

浙江省版权局
著作权合同登记章
图字：11-2016-18 号

上架指导：企业管理 / 人才战略

重新定义人才

作　　者：［美］布莱恩·贝克尔　马克·休斯里德　理查德·贝蒂　著
译　　者：曾　佳　康至军　译
出版发行：浙江人民出版社（杭州体育场路347号　邮编　310006）
市场部电话：（0571）85061682　85176516
集团网址：浙江出版联合集团　http://www.zjcb.com
责任编辑：金　纪
责任校对：朱志萍
印　　刷：北京鹏润伟业印刷有限公司
开　　本：720mm × 965 mm　1/16　　**印　　张：**16.5
字　　数：23.2万　　**插　　页：**2
版　　次：2016年3月第1版　　**印　　次：**2016年11月第2次印刷
书　　号：ISBN 978-7-213-07162-1
定　　价：59.90 元